Direito
Eleitoral

O GEN | Grupo Editorial Nacional – maior plataforma editorial brasileira no segmento científico, técnico e profissional – publica conteúdos nas áreas de concursos, ciências jurídicas, humanas, exatas, da saúde e sociais aplicadas, além de prover serviços direcionados à educação continuada.

As editoras que integram o GEN, das mais respeitadas no mercado editorial, construíram catálogos inigualáveis, com obras decisivas para a formação acadêmica e o aperfeiçoamento de várias gerações de profissionais e estudantes, tendo se tornado sinônimo de qualidade e seriedade.

A missão do GEN e dos núcleos de conteúdo que o compõem é prover a melhor informação científica e distribuí-la de maneira flexível e conveniente, a preços justos, gerando benefícios e servindo a autores, docentes, livreiros, funcionários, colaboradores e acionistas.

Nosso comportamento ético incondicional e nossa responsabilidade social e ambiental são reforçados pela natureza educacional de nossa atividade e dão sustentabilidade ao crescimento contínuo e à rentabilidade do grupo.

Luciana Fernandes de **Freitas**

COORDENAÇÃO
Renee do Ó **Souza**

Direito Eleitoral

- A autora deste livro e a editora empenharam seus melhores esforços para assegurar que as informações e os procedimentos apresentados no texto estejam em acordo com os padrões aceitos à época da publicação, e todos os dados foram atualizados pela autora até a data de fechamento do livro. Entretanto, tendo em conta a evolução das ciências, as atualizações legislativas, as mudanças regulamentares governamentais e o constante fluxo de novas informações sobre os temas que constam do livro, recomendamos enfaticamente que os leitores consultem sempre outras fontes fidedignas, de modo a se certificarem de que as informações contidas no texto estão corretas e de que não houve alterações nas recomendações ou na legislação regulamentadora.

- Fechamento desta edição: *03.06.2022*

- A autora e a editora se empenharam para citar adequadamente e dar o devido crédito a todos os detentores de direitos autorais de qualquer material utilizado neste livro, dispondo-se a possíveis acertos posteriores caso, inadvertida e involuntariamente, a identificação de algum deles tenha sido omitida.

- **Atendimento ao cliente: (11) 5080-0751 | faleconosco@grupogen.com.br**

- Direitos exclusivos para a língua portuguesa
  Copyright © 2022 by
  Editora Forense Ltda.
  Uma editora integrante do GEN | Grupo Editorial Nacional
  Travessa do Ouvidor, 11 – Térreo e 6º andar
  Rio de Janeiro – RJ – 20040-040
  www.grupogen.com.br

- Reservados todos os direitos. É proibida a duplicação ou reprodução deste volume, no todo ou em parte, em quaisquer formas ou por quaisquer meios (eletrônico, mecânico, gravação, fotocópia, distribuição pela Internet ou outros), sem permissão, por escrito, da Editora Forense Ltda.

- Capa: Bruno Sales Zorzetto

- **CIP – BRASIL. CATALOGAÇÃO NA PUBLICAÇÃO.
  SINDICATO NACIONAL DOS EDITORES DE LIVROS, RJ.**

  F936d

  Freitas, Luciana Fernandes de
  Direito eleitoral / Luciana Fernandes de Freitas; coordenação Renee do Ó Souza. – 1. ed. – Rio de Janeiro: Método, 2022.
  368 p.; 21 cm. (Método essencial)

  Inclui bibliografia
  ISBN 978-65-5964-478-0

  1. Direito eleitoral – Brasil. 2. Serviço público – Brasil – Concursos. I. Souza, Renee do Ó. II. Título. III. Série.

  22-77903 CDU: 342.8(81)

  Gabriela Faray Ferreira Lopes – Bibliotecária – CRB-7/6643

Agradecimentos

Agradecimentos infinitos pela oportunidade e confiança que a editora e o organizador desta coleção depositaram no êxito deste trabalho.

Gratidão especial ao meu companheiro de vida Diogo Correia Ferreira, que, além de contumaz incentivador, foi presença na minha ausência, enquanto dedicada a estudar e confeccionar estas linhas.

Obrigada a todos que, com suas contribuições, seja pelo apoio pessoal, intelectual, espiritual e moral, me permitiram lançar esta obra.

Ad majorem dei gloriam!

Em especial, dedico esta obra ao meu pai, Promotor de Justiça aposentado do Estado do Rio Grande do Sul, Paulo Roberto Gomes de Freitas, que desde as eleições de 1982, em Cruz Alta-RS, com o aguerrimento e competência que lhe são peculiares, desempenhou a bela e árdua função do Ministério Público Eleitoral, de assegurar a lisura do processo eleitoral, a liberdade do voto, a representatividade política, construindo e fortalecendo a democracia.

Em seu nome, estendo esta singela homenagem a todos os colegas de Ministério Público, Juízes, advogados, oficiais de justiça, servidores da Justiça Eleitoral e demais profissionais que se destrincham para a realização das eleições em todos os cantos do nosso continental país; a tarefa, embora gratificante, é hercúlea.

Aos meus filhos, aos seus filhos, ao leitor: entusiasmem-se a lutar, cotidianamente, pela democracia.

Nota da Autora

O estudo do Direito Eleitoral e a compreensão de sua aplicabilidade são de tamanha importância para a consolidação de um processo democrático de escolha dos representantes do povo brasileiro, solidificando a República, que desbordam de simples linhas e renderiam, sem dúvidas, longas páginas de argumentação. No entanto, talvez pela forma fluida como são disciplinadas suas regras a cada pleito eleitoral, ou pela ausência de uma disciplina obrigatória nos currículos acadêmicos das faculdades de direito, sua compreensão acaba sendo relegada a segundo plano, acompanhada de uma espécie de rejeição (injusta) pelo aprofundamento da matéria.

E assim foi, inclusive, a experiência pessoal desta autora, até que, em 2012 – eleições municipais, lotada no gabinete da Vice-Procuradoria Geral Eleitoral na Procuradoria-Geral da República (PGR), como analista processual –, tive a oportunidade de trabalhar com a matéria e me despir dos preconceitos: é um conhecimento e prática tão essenciais como inebriantes! Depois, como Promotora Eleitoral, foram sucessivas eleições, além de cursos e palestras, até que percebi a sistematização da matéria como essencial para a compreensão geral do Direito Eleitoral.

Neste livro, portanto, fruto da experiência pessoal e prática como professora e Promotora Eleitoral, almejei (e rogo tê--lo alcançado) desenvolver linhas precisas, seguras e, até o limite do possível, profundas, sobre o conteúdo geral de Direito Eleitoral, trazendo os principais temas para provas de concursos públicos e atuação prática dos mais diversos profissionais da área, pautada pela atualização de acordo com as resoluções e decisões do Tribunal Superior Eleitoral (TSE).

Para facilitar a compreensão, ao final de cada capítulo, foram inseridos os enunciados sumulares, jurisprudência e destaques. Aguardo dos leitores não apenas a mensagem de que se renderam à beleza do Direito Eleitoral, mas também as sugestões para que possamos sempre melhorar. Boa leitura!

Luciana Fernandes de Freitas

fernandesdefreitasluciana@gmail.com

Instagram: @lucianafernandesdefreitas

Sumário

Parte I

TEORIA GERAL DO DIREITO ELEITORAL 1

Capítulo 1

A base constitucional do Direito Eleitoral brasileiro 3

1.1 Conceito e objetivo do Direito Eleitoral 3

1.2 Direitos políticos 4

   1.2.1 Direito de sufrágio e voto 6

   1.2.2 Instrumentos de participação popular (plebiscito, referendo, iniciativa e consulta popular) 7

   1.2.3 Perda e suspensão dos direitos políticos 11

1.3 Exercício do voto: alistamento (capacidade eleitoral ativa) 14

   1.3.1 Alistamento 15

   1.3.2 Voto em trânsito 18

   1.3.3 As pessoas transsexuais 20

   1.3.4 Cancelamento e revisão de eleitorado 21

1.4 Elegibilidade (capacidade eleitoral passiva) 22

1.5 Inelegibilidade 28

1.6 O microssistema jurídico eleitoral 45

1.7 As fontes do Direito Eleitoral 46

1.8 Poder Regulamentar do Tribunal Superior Eleitoral 48

1.9 Competência legislativa em Direito Eleitoral 49

Capítulo 2

Princípios do Direito Eleitoral 59

2.1 Princípio da moralidade eleitoral 59

2.2 Princípio da isonomia 60

2.3 Princípio da democracia partidária 60

xii Direito Eleitoral

2.4 Princípio republicano 61
2.5 Princípio do pluralismo político 62
2.6 Princípio da liberdade de organização partidária 62
2.7 Princípio da fidelidade partidária 63
2.8 Princípio da lisura das eleições 65
2.9 Princípio do aproveitamento do voto 66
2.10 Princípio da anterioridade eleitoral 66

Capítulo 3

Sistema proporcional e majoritário 71

3.1 Sistema majoritário 72
3.2 Sistema proporcional 74

Capítulo 4

Justiça Eleitoral – Organização e competência 83

4.1 Função jurisdicional 84
4.2 Função administrativa 85
4.3 Função regulamentar 85
4.4 Função consultiva 86
4.5 Tribunal Superior Eleitoral 87
4.6 Tribunais Regionais Eleitorais 88
4.7 Juízes eleitorais 88
4.8 Juntas eleitorais 89

Capítulo 5

Ministério Público Eleitoral 93

5.1 Exercício de atividade político-partidária por membros do Ministério Público 96

Capítulo 6

Partidos políticos 99

6.1 Conceito, natureza jurídica 99
6.2 Direito partidário 101

Sumário xiii

6.3 Princípios aplicáveis aos partidos políticos 101
6.3.1 Legalidade 101
6.3.2 Autonomia 102
6.3.3 Fidelidade partidária 103
6.4 Coligações partidárias 105
6.5 Federações partidárias 106
6.6 Propaganda partidária 108
6.7 Outros direitos relativos aos partidos políticos 110
6.8 Recursos do fundo partidário e do fundo especial de financiamento de campanha (art. 17, § 3º, da CF) e a cláusula de barreira progressiva 111
6.9 Prestação de contas dos partidos políticos 114

Capítulo 7

LGPD (Lei Geral de Proteção de Dados) e *compliance* eleitoral 133

7.1 Princípios 134
7.2 Âmbito eleitoral 135
7.3 Lei de Acesso à Informação e LGPD 138
7.4 *Compliance* eleitoral 143

Capítulo 8

O Direito Eleitoral sob a perspectiva de gênero 147

8.1 Políticas afirmativas – reserva de 30% das candidaturas 149
8.2 Recursos financeiros – distribuição dos fundos 151
8.3 Distribuição do tempo de propaganda eleitoral 152
8.4 Violência política 153
8.5 Reflexos criminais 155

Parte II

DIREITO ELEITORAL APLICADO ÀS ELEIÇÕES (DA ORGANIZAÇÃO DAS ELEIÇÕES À DIPLOMAÇÃO DOS ELEITOS) 161

Capítulo 9

Procedimentos de organização e eleições 163

xiv Direito Eleitoral

9.1 A realização das eleições 164
9.2 Apuração 167

Capítulo 10

Convenções partidárias e registro de candidaturas 173

10.1 Convenções partidárias 173
10.2 Registros de candidaturas 176

Capítulo 11

Publicidade eleitoral (propaganda institucional, propaganda partidária e propaganda eleitoral) 187

11.1 Propaganda eleitoral 189
11.2 Prazo de realização e propaganda antecipada 197
11.3 Propaganda em bens públicos e particulares 199
11.4 Regras gerais da realização da propaganda 202
11.5 No dia das eleições 208
11.6 Representação por propaganda irregular 209

Capítulo 12

Enquetes e pesquisas eleitorais 215

Capítulo 13

Arrecadação e limites de gastos de campanha eleitoral 219

13.1 Regras gerais 219
13.2 Representação por descumprimento dos limites legais de doação 222
13.3 Representação por arrecadação e gastos ilegais (art. 30-A da Lei nº 9.504/1997) 225
13.4 Prestação de contas de campanha eleitoral 227

Capítulo 14

Diplomação dos eleitos e posse 231

14.1 Diplomação 231

14.2 Posse 233

Parte III

PROCESSO JUDICIAL ELEITORAL 235

Capítulo 15

Regras gerais para as demandas eleitorais 237

15.1 Acordo de não persecução cível 239

15.2 Divisão das ações eleitorais 241

Capítulo 16

Ações eleitorais 243

16.1 Ação de Impugnação ao Registro de Candidatura (AIRC).. 243

16.2 Ação de Investigação Judicial Eleitoral (AIJE) 248

16.3 Captação ilícita de sufrágio – art. 41-A da Lei Eleitoral 256

16.4 Representações por conduta vedada 259

16.5 Ação de Impugnação ao Mandato Eletivo (AIME) 271

16.6 Recurso contra expedição de diploma (RCED) 273

16.7 Ação rescisória eleitoral 278

Capítulo 17

Crimes eleitorais e Processo Penal Eleitoral 283

17.1 Natureza jurídica e bem jurídico tutelado 283

17.2 Disposições penais gerais no Código Eleitoral 283

17.3 Classificação dos crimes eleitorais 284

17.4 Novos crimes contra o Estado Democrático de Direito 285

17.5 Crimes eleitorais em espécie 290

17.6 Processo Penal Eleitoral 302

17.6.1 Investigação dos crimes eleitorais 303

17.6.2 Ação penal 304

17.6.3 Procedimento 306

17.6.4 Jurisdição e competência 310

xvi Direito Eleitoral

17.6.5 Das prisões 312
17.6.6 Recursos 315

Capítulo 18

Recursos eleitorais 317

18.1 Recursos em face das decisões dos juízes eleitorais e das juntas eleitorais 318
  18.1.1 Apelação criminal 318
  18.1.2 Recurso em sentido estrito 319
  18.1.3 Recurso inominado eleitoral 319
  18.1.4 Recurso parcial 320
  18.1.5 Embargos de declaração 320
18.2 Recursos em face das decisões dos Tribunais Regionais Eleitorais 320
  18.2.1 Recurso parcial 320
  18.2.2 Recurso inominado eleitoral 321
  18.2.3 Recurso especial eleitoral 321
  18.2.4 Recurso ordinário eleitoral 322
  18.2.5 Agravo 323
18.3 Recursos em face das decisões do TSE 323
  18.3.1 Recurso extraordinário 323
  18.3.2 Recurso ordinário constitucional 324

Anexo

Consolidação das alterações eleitorais de 2021 329

1 Emenda Constitucional nº 111/2021 (Minirreforma) 329
2 Lei Complementar nº 184/2021 (altera a LC nº 64/1990) 331
3 Lei nº 14.192/2021 – Violência política contra a mulher 341
4 Lei nº 14.197/2021 – Crimes contra a democracia 342
5 Lei nº 14.208/2021 – Federações Partidárias 343
6 Lei nº 14.211/2021 – Regras para o sistema proporcional.... 343

Referências 345

Parte I

TEORIA GERAL DO DIREITO ELEITORAL

1

A base constitucional do Direito Eleitoral brasileiro

1.1 Conceito e objetivo do Direito Eleitoral

A Constituição da República é a fonte principiológica do Direito Eleitoral, pois estabelece os elementos básicos do regime jurídico do Estado Democrático de Direito, fundado na representação e na soberania popular, conforme se depreende do art. 1º da Carta Magna:

> Art. 1º A República Federativa do Brasil, formada pela união indissolúvel dos Estados e Municípios e do Distrito Federal, constitui-se em Estado Democrático de Direito e tem como fundamentos:
>
> I – a soberania;
>
> II – a cidadania;
>
> III – a dignidade da pessoa humana;
>
> IV – os valores sociais do trabalho e da livre iniciativa;
>
> V – o pluralismo político.
>
> Parágrafo único. Todo o poder emana do povo, que o exerce por meio de representantes eleitos ou diretamente, nos termos desta Constituição.

4 Direito Eleitoral

O modelo constitucional de democracia brasileira é a semidireta, modalidade que condensa o modelo representativo (democracia indireta, na qual o povo escolhe e legitima seus representantes através de eleições periódicas) e o modelo de participação direta do povo (democracia direta, exercício do poder pelo povo sem intermediários, como na iniciativa popular) para o exercício das funções de governo – também denominada "democracia participativa".

Com base em tais premissas, podemos sintetizar que o Direito Eleitoral é um ramo do Direito Público que se ocupa da regulamentação dos processos democráticos, tendo por objetivo o estudo e apreciação dos institutos, normas e procedimentos que regulam o exercício do direito ao sufrágio com a finalidade de concretizar a soberania popular, dar validade à ocupação de cargos políticos e legitimar o exercício do poder estatal (CÂNDIDO, 2012, p. 25).[1]

O Direito Eleitoral, portanto, vai se ocupar de todo o "processo eleitoral", que tem início com o alistamento do eleitor e se encerra com a diplomação dos eleitos.

> Neste ínterim, torna-se objeto do Direito Eleitoral todo o conjunto de atos relativos à organização das eleições, ao registro de candidatos, à campanha eleitoral (principalmente no que se refere ao combate ao abuso de poder econômico por parte de candidatos), à votação, à apuração e à proclamação dos resultados (NETO BARREIROS, 2020, p. 22).

1.2 Direitos políticos

A Constituição Federal (arts. 14 a 16) disciplina o exercício dos direitos políticos, que nada mais são do que o conjunto de normas reguladoras do exercício da soberania popular, para a par-

---

[1] Joel J. Cândido define Direito Eleitoral como sendo um "ramo do Direito Público que trata de institutos relacionados com os direitos políticos e as eleições, em todas as suas fases, como forma de escolha dos titulares dos mandatos eletivos e das instituições do Estado".

ticipação ativa nos rumos da sociedade, como o direito ao voto, os instrumentos de participação popular e, se compreendidos de forma mais geral, o direito de opinião/expressão, direito a sindicalização, de constituição de associações e participação em conselhos, e o direito de reunião. A pergunta-chave dos direitos políticos é saber: como os cidadãos participam em uma democracia? A resposta nos conduz aos instrumentos de participação que materializam os direitos políticos.

Conforme destaca **Gilmar Mendes** (2016, p. 739):

> Os direitos políticos formam a base do regime democrático. A expressão ampla refere-se ao direito de participação no processo político como um todo, ao direito ao sufrágio universal e ao voto periódico, livre, direto secreto e igual, à autonomia de organização do sistema partidário, à igualdade de oportunidade dos partidos políticos. Nos termos da Constituição, a soberania popular se exerce pelo sufrágio universal e pelo voto direto e secreto e, nos termos da lei, mediante plebiscito, referendo e iniciativa popular (art. 14).

Portanto, direitos políticos são o conjunto de prerrogativas de direto público que se conferem ao nacional, atribuindo-lhe a qualidade de cidadão, permitindo sua participação direta e indireta na formatação e organização da vontade do Estado, como forma de exercício da soberania popular.

Muito importante é o que apontam Clever Vasconcelos e Marco Antonio da Silva (2020, p. 40), no sentido de que os direitos políticos não estão relacionados na Constituição em um rol exaustivo, sendo possível a lei estabelecer outros direitos dessa natureza, como a instituição de diversos conselhos municipais, estaduais e federais referentes a temas como da criança e adolescente, racial, saúde, idoso, segurança pública etc. E o exemplo da Lei estadual do Rio Grande do Sul n° 11.179, de 25 de junho de 1998, que disciplina a consulta direta à população no que tange à destinação de verbas orçamentárias voltadas a investimentos de interesse regional. No mesmo passo, o art. 116, § 1°, da Lei Orgânica do

6 Direito Eleitoral

Município de Porto Alegre, que dispõe sobre participação popular na elaboração das leis orçamentárias.

1.2.1 Direito de sufrágio e voto

O art. 14 da Constituição Federal estabelece que a soberania popular será exercida pelo sufrágio universal e pelo voto direto e secreto, com valor igual para todos, e, nos termos da lei, mediante plebiscito, referendo e iniciativa popular. Então, precisamos delimitar, primeiramente, no que se consubstanciam o sufrágio universal e o voto.

Conforme assevera Paulo Bonavides (2003, p. 228), entende-se por sufrágio o "poder que se reconhece a certo número de pessoas (o corpo de cidadãos) de participar direta ou indiretamente na soberania, isto é, na gerência da vida pública". É o poder de sufrágio representativo da soberania popular, sendo exercido através do voto, instrumento de materialização do sufrágio manifestado nas eleições, das consultas populares (plebiscitos e referendos), e da iniciativa popular de lei. Portanto o voto corporifica o direito de sufrágio.

Ainda segundo a Constituição da República, no seu art. 60, § 4º, II, constitui-se em cláusula pétrea **voto direto, secreto, universal e periódico**. O voto indireto, excepcionalmente, é admissível, em caso de vacância simultânea dos cargos de prefeito e vice-prefeito ou governador e vice-governador, ou ainda presidente e vice-presidente da República, nos últimos dois anos de mandato, casos em que a Constituição determina a realização de eleições indiretas para os cargos vagos, a fim de que sejam completados os mandatos vagos. Importante ainda destacar que **a obrigatoriedade do voto não é cláusula pétrea no Brasil.**

Por fim, não é demais apontar que escrutínio é o procedimento de concretização do voto, sendo este a materialização do sufrágio.

Sufrágio	Poder do povo de manifestação quanto aos atos da vida pública. ■ universal (destinado ao povo em geral, admitindo restrições proporcionais e razoáveis. Ex.: restrição do voto para menores de 16 anos).
Voto	Veículo de realização (concretização) do poder de sufrágio. a) direto (sem intermediários); b) secreto (sigilo do voto, inviolabilidade das urnas); c) universal (destinado ao povo em geral, admitindo restrições proporcionais e razoáveis. Ex.: restrição do voto para menores de 16 anos); d) periódico (inexistência de mandatos políticos representativos vitalícios).
Escrutínio	Procedimento do voto.

1.2.2 Instrumentos de participação popular (plebiscito, referendo, iniciativa e consulta popular)

A democracia semidireta ou participativa (nosso modelo constitucional) é caracterizada pela mescla entre a representação popular definida nas eleições (sufrágio popular) e a existência de mecanismos de participação direta do povo no exercício do poder soberano do Estado, denominados de "institutos da democracia participativa", como o plebiscito, referendo e a iniciativa popular de lei, todos previstos constitucionalmente e regulamentados pela Lei nº 9.709/1998.

Com as alterações ocorridas pela Emenda Constitucional nº 111/2021, o art. 14, § 12, da CF passou a contar com outro mecanismo de participação popular, as denominadas **consultas populares**. As consultas populares serão realizadas concomitantemente às eleições municipais sobre questões locais aprovadas pelas Câmaras Municipais e encaminhadas à Justiça Eleitoral até 90 (noventa) dias antes da data das eleições, observados os limites operacionais relativos ao número de quesitos.

8   Direito Eleitoral

Plebiscito e referendo são "consultas formuladas ao povo para que delibere sobre matéria de acentuada relevância, de natureza constitucional, legislativa ou administrativa" (art. 2º da Lei nº 9.709/1998).

A principal distinção entre eles é a de que **o plebiscito é convocado previamente** à criação do ato legislativo ou administrativo que trate do assunto em pauta, cabendo ao povo, pelo voto, aprovar ou negar o que lhe fora submetido à apreciação, ao passo que **o referendo é convocado posteriormente** à edição do ato legislativo ou administrativo, cabendo ao povo ratificar ou rejeitar a proposta.

Quando a questão posta à apreciação (prévia ou posterior) for de relevância nacional e nas previstas no § 3º do art. 18 da Constituição – incorporação, subdivisão ou desmembramento dos estados –, o plebiscito e o referendo são convocados mediante **decreto legislativo.** Por sua vez, nas questões de competência dos estados, do Distrito Federal e dos municípios, o plebiscito e o referendo serão convocados em conformidade, respectivamente, com a Constituição estadual e com a Lei Orgânica.

Referente ao procedimento, ambos são similares. A primeira etapa é a aprovação do ato convocatório para a consulta popular (plebiscito ou referendo). Depois, o presidente do Congresso Nacional dará ciência à Justiça Eleitoral, a quem incumbirá, nos limites de sua circunscrição, fixar a data da consulta popular, tornar pública a cédula respectiva, expedir instruções para a realização do plebiscito ou referendo e assegurar a gratuidade nos meio de comunicação de massa concessionários de serviço público, aos partidos políticos e às frentes suprapartidárias organizadas pela sociedade civil em torno da matéria em questão, para a divulgação de seus postulados referentes ao tema sob consulta.

O referendo, por ser posterior, pode ser convocado no prazo de 30 dias, a contar da promulgação de lei ou adoção de medida administrativa. O plebiscito e o referendo, convocados nos termos da citada lei, será considerado aprovado ou rejeitado por **maio-**

ria simples, de acordo com o **resultado homologado pelo Tribunal Superior Eleitoral (TSE)**.

Importante lembrar que, para a incorporação de Estados entre si, subdivisão e desmembramento para se anexarem a outros, ou formarem novos estados ou territórios federais, é necessária a aprovação da população diretamente interessada, por meio de **plebiscito** realizado na mesma data e horário em cada um dos Estados, e do Congresso Nacional, por lei complementar, ouvidas as respectivas Assembleias Legislativas. Considera-se população diretamente interessada toda a população do Estado que poderá ter seu território desmembrado, valendo essa mesma regra em caso de desmembramento, incorporação ou subdivisão de municípios.

Para ilustrar, vamos rememorar que, no dia 23 de outubro de 2005, foi realizado o **referendo** sobre a proibição do comércio de armas de fogo e munições no país. A alteração no art. 35 do Estatuto do Desarmamento (Lei nº 10.826/2003) tornava proibida a comercialização de arma de fogo e munição em todo o território nacional, salvo para as entidades previstas no art. 6º do estatuto. Como o novo texto causaria impacto sobre a indústria de armas do país e sobre a sociedade brasileira, o povo deveria concordar ou não com ele. Os brasileiros rejeitaram a alteração na lei.[2]

Anos antes, em 1993, o povo brasileiro foi consultado, em **plebiscito**, sobre a adoção pelo país da Monarquia/República e do Presidencialismo/Parlamentarismo, sagrando-se vencedora a combinação atualmente vigente, do binômio República Presidencialista.

Em 11 de dezembro de 2011, realizou-se no estado do Pará o maior plebiscito regional da história do Brasil, tendo como objeto a discussão acerca da criação de duas novas unidades federativas, decorrentes de um desmembramento do território paraense: o Estado do Carajás e o Estado do Tapajós, tendo o eleitorado do

---

[2.] Fonte: TSE. Disponível em: https://www.tse.jus.br/eleicoes/plebiscitos-e-referendos/referendo-2005/referendo-2005-1. Acesso em: 11 abr. 2021.

Estado do Pará, por ampla maioria, recusado a divisão do território paraense, encerrando a discussão sobre a criação das novas unidades federativas.

A iniciativa popular de lei, outro importante instituto da democracia participativa, é também prevista na Constituição e disciplinada pela Lei n° 9.709/1998, que a define como a

> apresentação de projeto de lei à Câmara dos Deputados, subscrito por, no mínimo, um por cento do eleitorado nacional, distribuído pelo menos por cinco Estados, com não menos de três décimos por cento dos eleitores de cada um deles.

Trata-se, portanto, da prerrogativa que o povo tem, no âmbito da democracia semidireta, de apresentar projeto de lei, que poderá, ou não, tornar-se lei, dependendo da aprovação do Congresso Nacional. Essa iniciativa popular de lei deverá ater-se a um só assunto, não podendo, portanto, ser apresentado projeto com uma mescla de assuntos. Além disso, o projeto de lei de iniciativa popular não poderá ser rejeitado por vício de forma, cabendo à Câmara dos Deputados, por seu órgão competente, providenciar a correção de eventuais impropriedades de técnica legislativa ou de redação. A tramitação de projeto de iniciativa popular de lei federal sempre é iniciada na Câmara dos Deputados, justamente por representar essa casa legislativa o povo em geral (Senadores representam os Estados).

Roberto Moreira de Almeida (2017, p. 87) faz referência ao denominado *recall* político e veto popular, como um dos instrumentos de participação popular; no entanto, eles não foram admitidos pela Constituição do Brasil. O *recall*, comum nos EUA, é o instrumento pelo qual o eleitor revoga um mandato eletivo, comprovada a inabilidade do eleito, é possível que os eleitores, através de sufrágio, revoguem o mandato. Veto popular, de outra banda, é o instrumento pelo qual o cidadão poderia vetar a tramitação de projetos de lei no Congresso Nacional e casas legislativas estaduais, distritais e municipais.

1.2.3 Perda e suspensão dos direitos políticos

É possível um cidadão perder ou ter suspendido os seus direitos políticos, **mas não pode haver cassação**, conforme preceitua o art. 15 da Constituição da República:

> Art. 15. É vedada a cassação de direitos políticos, cuja perda ou suspensão só se dará nos casos de:
>
> I – cancelamento da naturalização por sentença transitada em julgado;
>
> II – incapacidade civil absoluta;
>
> III – condenação criminal transitada em julgado, enquanto durarem seus efeitos;
>
> IV – recusa de cumprir obrigação a todos imposta ou prestação alternativa, nos termos do art. 5º, VIII;
>
> V – improbidade administrativa, nos termos do art. 37, § 4º.

Inicialmente, tem-se por cassação a ideia de retirada forçada dos direitos políticos de alguém, sem devido processo legal, por um ato de autoridade, como se fosse consequência de um poder de império, o que de forma alguma se coaduna com o Estado Democrático de Direito. Até por decorrência do registro histórico brasileiro de governos autoritários e ditatoriais, a Constituição da República preferiu deixar expressa a vedação.

Contudo, muita atenção para não serem confundidas a cassação vedada pelo art. 15 da CF, que se refere aos direitos políticos em geral, uma espécie de morte cidadã, com a cassação de mandatos eletivos derivada de processo legal judicial, com observância de todas as garantias processuais, como ampla defesa, contraditório e juízo natural. As hipóteses de cassação de mandatos (legislativo e executivo) estão estabelecidas de forma taxativa pela Constituição, sem importar, contudo, na perda dos direitos políticos em geral, mas tão somente a suspensão.

A **perda dos direitos políticos** é a privação total de tais direitos, em regra irreversível, ao passo que na suspensão teremos

12 Direito Eleitoral

a privação temporária de tais direitos, previamente estabelecida. Suspensos os direitos políticos outorgados de um nacional, este continua com a qualidade de cidadão, mas com seu direito de exercício da cidadania, em seu sentido estrito, suspenso temporariamente.

A perda dos direitos políticos se dará nas hipóteses de cancelamento da naturalização por sentença transitada em julgado, perda da nacionalidade brasileira nata e na recusa de cumprir obrigação a todos imposta ou prestação alternativa (exemplo: serviço militar obrigatório, convocação do tribunal do júri) conforme art. 5°, VIII da CF, e é da competência do Poder Judiciário, mediante devido processo legal, aplicar a suspensão ou perda dos direitos políticos. A perda da nacionalidade brasileira nata não está expressa no art. 15 da CF, mas se torna decorrência lógica do nacional que perder a nacionalidade brasileira porque optou por outra nacionalidade. Essa hipótese não alcança casos de mais de uma nacionalidade, desde que mantida a nacionalidade brasileira (VASCONCELLOS; DA SILVA, 2020, p. 43).

Em tais casos, seria possível a reaquisição dos direitos políticos perdidos?

A resposta é afirmativa e ocorrerá quando: (a) houver a desconstituição da decisão de cancelamento da naturalização, em razão de ação rescisória, no entanto, é hipótese rara; (b) caso haja superveniente arrependimento, quanto ao inadimplemento da obrigação a todos imposta, e o cidadão regularizar sua situação junto às Forças Armadas (art. 4°, § 2°, da Lei n° 8.239/1991).

Por fim, no tocante a **suspensão dos direitos políticos**, que nada mais é do que uma impossibilidade temporária de exercício dos referidos direitos, temos as hipóteses de: (a) incapacidade civil absoluta; (b) condenação criminal transitada em julgado, enquanto durarem seus efeitos; e (c) improbidade administrativa.

A incapacidade civil é matéria regulada pela lei civil. A suspensão dos direitos políticos em razão de condenação criminal transitada em julgado é considerada efeito automático da condenação definitiva, razão pela qual seria desnecessária declaração da suspensão no texto da decisão judicial. Após o trânsito em julgado (somente com o trânsito em julgado, motivo pelo qual temos no Brasil a possibilidade de voto do preso provisório), a autoridade

A base constitucional do Direito Eleitoral brasileiro   **13**

judicial competente comunicará o Juízo Eleitoral da Zona ao qual o condenado é alistado para que proceda às anotações de praxe no cadastro eleitoral.

Em que pese a suspensão dos direitos políticos pela condenação transitada em julgado ser considerada automática, cuidado especial deve ser lançado para manifestação pretérita do STF sobre o tema, no caso do Senador Ivo Cassol (AP 565, Rel. Min. Cármen Lúcia), no qual a Corte alterou o seu entendimento, em razão dos votos dos Ministros Teori Zavascki e Roberto Barroso, e deliberou que a suspensão não seria automática, pois exercendo mandato parlamentar dependeria de deliberação da casa a qual o parlamentar é vinculado.

Nos termos da Súmula nº 9 do TSE, não haverá necessidade de reabilitação criminal para a restauração dos direitos políticos, pois cumprida a pena cessará a suspensão dos direitos políticos, cabendo ao interessado comprovar a cessação da causa suspensiva junto ao cartório eleitoral e requerer novamente sua inscrição, conforme dispõe o art. 81 do Código Eleitoral.

Dispõe o art. 37, § 4º, da CF que

> os atos de improbidade administrativa importarão a suspensão dos direitos políticos, a perda da função pública, a indisponibilidade dos bens e o ressarcimento ao erário, na forma e gradação previstas em lei, sem prejuízo da ação penal cabível.

Esse dispositivo está regulamentado pela Lei de Improbidade Administrativa e pela Lei Complementar de Inelegibilidades (LC nº 64/1990), alterada pela Lei da Ficha Limpa.

Perda dos direitos políticos	Suspensão dos direitos políticos
■ Cancelamento da naturalização por sentença transitada em julgado.	■ Incapacidade civil absoluta.
■ Perda da nacionalidade brasileira nata.	■ Condenação criminal transitada em julgado, enquanto durarem seus efeitos.

14 Direito Eleitoral

Perda dos direitos políticos	Suspensão dos direitos políticos
■ Recusa de cumprir obrigação a todos imposta ou prestação alternativa.	■ Improbidade administrativa.

O cidadão que for beneficiado com os institutos despenalizadores da transação penal, suspensão condicional do processo e acordo de não persecução criminal não terão seus direitos políticos suspensos. Diferente será a hipótese da aplicação da suspensão condicional da pena, prevista no art. 77 do CP, pois o beneficiário desse instituto de fato recebe uma sentença penal condenatória (ALMEIDA, 2017, p. 133).

1.3 Exercício do voto: alistamento (capacidade eleitoral ativa)

Algumas regras devem estar presentes para o exercício do direito político do voto, são normas específicas que garantem e regulam o exercício da soberania popular, na forma direta ou indireta, outras são causas nas quais o cidadão não pode incorrer (negativos), traço contrário do Direito político positivo (QUEIROZ, 1998, p. 57), como não possuir a idade mínima para concorrer aos cargos políticos, conforme art. 14, § 3º, VI, da CF, não incidir em inalistabilidade e os analfabetos.

Para o exercício do voto e da participação como candidato, importante destacar os conceitos de alistabilidade, elegibilidade e inelegibilidade, categorias que serão analisadas detidamente. Se entende por alistabilidade as condições que devem ser preenchidas para o cidadão se tornar eleitor(a). São eles (CF, art. 14): (a) nacionalidade brasileira; (b) idade mínima de 16 anos; e (c) alistamento eleitoral. Elegibilidade, por sua vez, é o conjunto de condições pessoais e legais para o cidadão concorrer ao pleito eleitoral, ao passo que inelegibilidade são situações nas quais o cidadão não pode incorrer.

Os direitos políticos positivos se identificam com as condições de elegibilidade e alistabilidade, ao passo que os direitos políticos negativos são as causas de inelegibilidade.

1.3.1 Alistamento

O alistamento eleitoral, previsto no art. 14, § 1°, da CF, é a primeira etapa do processo eleitoral, sendo o ato por meio do qual o indivíduo se habilita, perante a Justiça Eleitoral, como eleitor e sujeito de direitos políticos, adquirindo a capacidade eleitoral ativa. O título eleitoral, por sua vez, é o documento que comprova o alistamento do eleitor. O alistamento está regulamentado pelo Código Eleitoral, pela Lei n° 9.504/1997 e pela Resolução TSE n° 21.538/2003.

O alistamento se faz mediante a qualificação e a inscrição do eleitor (ato complexo). A qualificação é o ato pelo qual o indivíduo faz a prova do cumprimento das exigências legais para se tornar eleitor. A inscrição, por sua vez, é o registro da pretensão à condição de eleitor, com o preenchimento de formulário específico denominado RAE (requerimento de alistamento eleitoral). O RAE tem seu processamento eletrônico por um servidor da justiça eleitoral, e realizado na presença do eleitor.

Em regra, conforme o Código Eleitoral (CE), o alistamento é obrigatório para os brasileiros que têm entre 18 e 70 anos de idade, e facultativo para: (a) o analfabeto; (b) os que tenham entre os 16 e 18 anos (até a data do pleito); (c) os que tenham mais de 70 anos (art. 6°, I, *b*, do CE); (d) os inválidos (art. 6°, I, *a*, do CE); e (e) os que se encontrem fora do País (art. 6°, I, *c*, do CE).

O art. 30 da Resolução n° 23.659/2021 sobre alistamento trouxe uma novidade, permitindo que a partir da data em que a pessoa completar 15 anos, seja realizado o seu alistamento eleitoral, em que pese o voto ser exercido com 16 anos.

Alistamento obrigatório	Alistamento facultativo
Maiores de 18 até 70 anos.	Maiores de 15 anos até 18 incompletos.
	Analfabetos (se houver a alfabetização superveniente, deve se alistar).

O inalistável não pode votar nem ser votado. De acordo com o Código Eleitoral e CF, são inalistáveis, não podendo votar nem serem votados: (a) os menores de 16 anos; (b) os que não saibam exprimir-se na língua nacional (art. 5°, II, do CE); (c) os conscritos, durante o período militar obrigatório (art. 14, § 2°, da CF); (d) os que estejam privados dos direitos políticos (suspensão ou perda dos direitos políticos); (e) os estrangeiros (art. 14, § 2°, da CF), salvo os portugueses residentes no Brasil há mais de três anos, mesmo sem naturalização, por força do Decreto n° 3.927/2001, que aprovou o Tratado da Amizade.

É pacífico na doutrina a não recepção da inalistabilidade daqueles que não saibam exprimir-se na língua nacional pela CF/1988, não sendo mais regra válida.

Inalistáveis
a) menores abaixo de 15 anos;
b) os conscritos, durante o período militar obrigatório;
c) os que estejam privados dos direitos políticos (suspensão ou perda dos direitos políticos);
d) os estrangeiros (art. 14, § 2°, da CF), salvo os portugueses residentes no Brasil há mais de três anos, mesmo sem naturalização, por força do Decreto n° 3.927/2001, que aprovou o Tratado da Amizade.

Com relação à transferência de domicílio eleitoral, merece destaque o art. 38 da Resolução TSE n° 23.659/2021:

> Art. 38. A transferência só será admitida se satisfeitas as seguintes exigências:
>
> I – apresentação do requerimento perante a unidade de atendimento da Justiça Eleitoral do novo domicílio no prazo estabelecido pela legislação vigente;
>
> **[Atenção: 151 dias ou mais antes da data da eleição, art. 93 da Lei n° 9.504/1997.]**
>
> II – transcurso de, pelo menos, um ano do alistamento ou da última transferência;
>
> III – tempo mínimo de três meses de vínculo com o município, dentre aqueles aptos a configurar o domicílio eleitoral, nos termos do art. 23 desta Resolução, pelo tempo mínimo

A base constitucional do Direito Eleitoral brasileiro **17**

de três meses, declarado, sob as penas da lei, pela própria pessoa (Lei nº 6.996/1982, art. 8º);

IV – regular cumprimento das obrigações de comparecimento às urnas e de atendimento a convocações para auxiliar nos trabalhos eleitorais.

§ 1º Os prazos previstos nos incisos II e III deste artigo não se aplicam à transferência eleitoral de:

a) servidora ou servidor público civil e militar ou de membro de sua família, por motivo de remoção, transferência ou posse (Lei nº 6.996/1982, art. 8º, parágrafo único); e

b) indígenas, quilombolas, pessoas com deficiência, trabalhadoras e trabalhadores rurais safristas e pessoas que tenham sido forçadas, em razão de tragédia ambiental, a mudar sua residência.

§ 2º Não comprovada de plano a regularidade das obrigações referidas no inciso IV deste artigo, e não sendo o caso de isenção, será cobrada do eleitor ou da eleitora multa no valor arbitrado pelo juízo da zona eleitoral de sua inscrição.

§ 3º Se a multa devida por ausência às urnas ou por desatendimento a convocações para os trabalhos eleitorais ainda não tiver sido arbitrada pelo juízo eleitoral competente, o eleitor ou a eleitora poderá optar, desde logo, por recolhê-la no valor máximo, não decuplicado, previsto na legislação.

§ 4º Feito o pagamento da multa, será concluída a transferência e, se for o caso do § 3º deste artigo, será feita a comunicação ao juízo competente, com vistas à extinção de eventual procedimento administrativo em que se apure a situação de mesário faltoso.

Atente-se que, ao falar em alistamento, não estamos nos referindo ao voto, mas sim à regra geral de inscrição do eleitor na Justiça Eleitoral.

O analfabeto, apesar de alistável, é inelegível, isto é, ele pode votar (capacidade eleitoral ativa), porém não pode ser vota-

18 Direito Eleitoral

do (capacidade eleitoral passiva). Trata-se de mandamento constitucional previsto no art. 14, § 4°, da Constituição, sendo vedada a interpretação extensiva dessa inelegibilidade, exigido apenas que o candidato saiba ler e escrever minimamente, conforme já decidiu o TSE (AgR-REsp n° 424.839 – CARIRA – SE, *DJe* 04.09.2012, Rel Min. Arnaldo Versiani).

Para as pessoas com deficiência, conforme estabelece o Estatuto da Pessoa com Deficiência, o poder público deverá garantir todos os direitos políticos e a oportunidade de exercê-los em igualdade de condições, estando obrigada, também, ao alistamento, na esteira do que dispõe a Resolução n° 23.659/2021. Contudo, nos termos do art. 15 dessa resolução, não estará sujeita a sanção a pessoa com deficiência que torne impossível ou demasiadamente oneroso o cumprimento das obrigações eleitorais, relativas ao alistamento e ao exercício do voto. Nesse sentido também, importante a leitura do Processo Administrativo TSE n° 18.483/ES, Rel. Min. Gilmar Mendes.

As pessoas com Transtorno do Espectro Autista não só podem a partir dos 16 anos, como têm a obrigação de votar depois dos 18 anos. Essa regra vale para todas as pessoas com necessidades específicas e se lhes aplica, no que couber, as regras da Resolução n° 23.659/2021.

Os presos provisórios e os adolescentes internados têm o direito de votar, uma vez que seus direitos políticos não estão suspensos, estando os procedimentos estabelecidos na Resolução do TSE n° 23.219/2010 e Resolução 23.659/2021 (art. 12, parágrafo único). Se não estiverem alistados, deve ser oportunizada a realização do ato. Com relação ao índio, a Lei n° 6.001/1971 (Estatuto do Índio) estabelece que ele pode se alistar desde que: (a) seja capaz de exprimir-se na língua nacional; (b) seja portador de documento, podendo ser o registro administrativo da Funai.

1.3.2 Voto em trânsito

Estabelece o art. 233-A do Código Eleitoral (com redação dada pela Lei n° 13.165, de 2015):

aos eleitores em trânsito no território nacional é assegurado o direito de votar para Presidente da República, Governador, Senador, Deputado Federal, Deputado Estadual e Deputado Distrital em urnas especialmente instaladas nas capitais e nos Municípios com mais de cem mil eleitores.

Portanto, nas eleições gerais, é permitida essa espécie de voto, na qual o eleitor realiza o voto fora do seu domicílio eleitoral.

Para tanto, o eleitor deverá fazer uma habilitação prévia perante a Justiça Eleitoral no período de até 45 dias da data marcada para a eleição, indicando o local em que pretende votar, e aos eleitores que se encontrarem fora da unidade da Federação de seu domicílio eleitoral somente é assegurado o direito à habilitação para votar em trânsito nas eleições para Presidente da República.

A lei também dispõe que os membros das Forças Armadas, os integrantes dos órgãos de segurança pública a que se refere o art. 144 da Constituição Federal, bem como os integrantes das guardas municipais mencionados no § 8º do mesmo art. 144, poderão votar em trânsito se estiverem em serviço por ocasião das eleições.

O voto no exterior é obrigatório para os que possuem domicílio eleitoral no exterior apenas nas eleições para Presidente e Vice-Presidente da República. No entanto, se os cidadãos residirem no exterior, mas com domicílio eleitoral em município brasileiro, o voto é obrigatório em todas as eleições, cabendo justificar suas ausências às urnas enquanto estiverem fora do país.

O eleitor, em geral, que deixar de votar e não justificar perante o juiz eleitoral até 30 dias após a realização da eleição "incorrerá na multa de 3 (três) a 10 (dez) por cento sobre o salário-mínimo da região, imposta pelo juiz eleitoral e cobrada na forma prevista no art. 367" do Código Eleitoral (art. 7º). Não havendo a prova de que votou na última eleição, pagou a respectiva multa ou de que se justificou devidamente, o eleitor sofrerá algumas importantes restrições, não podendo:

Art. 7º, § 1º, CE:

I – inscrever-se em concurso ou prova para cargo ou função pública, investir-se ou empossar-se neles;

20 Direito Eleitoral

II – receber vencimentos, remuneração, salário ou proventos de função ou emprego público, autárquico ou paraestatal, bem como fundações governamentais, empresas, institutos e sociedades de qualquer natureza, mantidas ou subvencionadas pelo governo ou que exerçam serviço público delegado, correspondentes ao segundo mês subsequente ao da eleição;

III – participar de concorrência pública ou administrativa da União, dos Estados, dos Territórios, do Distrito Federal ou dos Municípios, ou das respectivas autarquias;

IV – obter empréstimos nas autarquias, sociedades de economia mista, caixas econômicas federais ou estaduais, nos institutos e caixas de previdência social, bem como em qualquer estabelecimento de crédito mantido pelo governo, ou de cuja administração este participe, e com essas entidades celebrar contratos;

V – obter passaporte ou carteira de identidade;

VI – renovar matrícula em estabelecimento de ensino oficial ou fiscalizado pelo governo;

VII – praticar qualquer ato para o qual se exija quitação do serviço militar ou imposto de renda.

1.3.3 As pessoas transsexuais

Na edição da Resolução TSE nº 23.562/2018, alterando disposições da Resolução TSE nº 21.538, de 14 de outubro de 2003, veio estabelecida a permissão para inclusão do nome social (vedado o ridículo ou que atente contra o pudor) no cadastro e atualização do modelo de título eleitoral. Além disso, pautado no princípio da dignidade humana, o TSE passou a entender que na expressão "cada sexo", conforme a regra do art. 10, § 3º, da Lei das Eleições (Lei nº 9.504/1997), segundo a qual cada partido ou coligação preencherá o mínimo de 30% e o máximo de 70% para candidaturas de cada sexo, está contida referência ao gênero, e não ao sexo biológico do indivíduo, razão pela qual homens e mulheres transexuais e travestis podem ser contabilizados nas respectivas cotas de candidatura masculina e feminina, desde que figurem como tal nos requerimentos de alistamento eleitoral.

1.3.4 Cancelamento e revisão de eleitorado

Por cancelamento entende-se a suspensão provisória ou definitiva do direito de votar, com as hipóteses previstas taxativamente no rol do art. 71 do Código Eleitoral. São causas de cancelamento: (a) a infração dos arts. 5º e 42 (art. 5º, II, CE); (b) a suspensão ou a perda dos direitos políticos (art. 15 da CF); (c) a pluralidade de inscrição (inscrito em mais de uma zona eleitoral simultaneamente); (d) o falecimento do eleitor; (e) deixar de votar em 3 (três) eleições consecutivas, salvo se justificou ou pagou a multa.

> Art. 71. São causas de cancelamento:
>
> I – a infração dos artigos 5º e 42;
>
> II – a suspensão ou perda dos direitos políticos;
>
> III – a pluralidade de inscrição;
>
> IV – o falecimento do eleitor;
>
> V – deixar de votar em 3 (três) eleições consecutivas.

O inciso I do art. 71 não foi recepcionado pela CF. Na hipótese do inciso II, com relação à suspensão dos direitos políticos, não se trata de causa de cancelamento, mas de mera impossibilidade temporária.

Com relação à pluralidade de inscrições, é importante mencionar que, para atestar a sua ocorrência, nos termos do inciso III, é realizado o **procedimento de batimento**, um cruzamento para conferir as informações cadastrais art. 77 da Resolução nº 23.659/2021.

Por fim, atenção especial deve ser dispensada ao inciso V, pois não basta deixar de votar nas três eleições consecutivas, é preciso que o eleitor não justifique, tampouco pague a multa (art. 130 da Resolução nº 23.659/2021).

A revisão do eleitorado nada mais é do que a hipótese de cancelamento coletivo de inscrições eleitorais em razão de fraude no alistamento de determinada zona eleitoral ou município. É um procedimento administrativo para verificação se os eleitores de determinada zona eleitoral ou município estão nela efetivamente domiciliados, sempre presidido pelo juiz eleitoral de onde ocorrer.

A revisão pode ser realizada em duas hipóteses: (1) art. 105 da Resolução nº 23.659/2021, indicam movimentação atípica, realizada pelo TSE; e (2) art. 71, § 4º, do CE, realizada pelo TRE, com prévia comprovação de fraude.

Impende salientar que não será realizada correição em ano eleitoral, salvo situações excepcionais e mediante prévia autorização do Tribunal Superior Eleitoral.

1.4 Elegibilidade (capacidade eleitoral passiva)

O alistamento eleitoral confere ao cidadão o título eleitoral, a aptidão para votar, ou seja, a capacidade eleitoral ativa. No entanto, para ele ser elegível, para que possa ser candidato nas eleições e receber votos para determinado cargo político, deve o cidadão preencher as condições de elegibilidade, que nada mais é do que a capacidade eleitoral passiva, também denominado de direito público político subjetivo passivo.

São condições de elegibilidade, requisitos positivos, conforme estabelece art. 14, § 3º, da CF:

a) **nacionalidade brasileira;**

A nacionalidade brasileira refere-se aos brasileiros natos e naturalizados, logo, válido concluir que os estrangeiros em geral não possuem a capacidade eleitoral passiva. Os portugueses com residência permanente no Brasil, preenchidos os requisitos da reciprocidade previstos no art. 12, § 1º, CF, podem alistar-se como eleitores e pretender candidatura.

No art. 12, § 3º, da Constituição, está a seguinte determinação:

> São privativos de brasileiro nato os cargos: I – de Presidente e Vice-Presidente da República; II – de Presidente da Câmara dos Deputados; III – de Presidente do Senado Federal; IV – de Ministro do Supremo Tribunal Federal; V – da carreira diplomática; VI – de oficial das Forças Armadas; VII – de Ministro do Estado da Defesa. (Grifo nosso.)

b) pleno exercício dos direitos políticos;

O cidadão não pode ter perdido ou estar com a suspensão dos seus direitos políticos, precisa ter a capacidade eleitoral ativa e passiva.

c) o alistamento eleitoral;

Conforme analisado em tópico anterior.

d) o domicílio eleitoral na circunscrição;

Aquele que pretender se candidatar deverá estar domiciliado na circunscrição que pretenda concorrer por, pelo menos, seis meses antes da eleição. Na prática, exemplifico, se o cidadão pretende ser vereador, deverá ter domicílio eleitoral no respectivo Município ao menos seis meses antes da data da eleição. Da mesma forma, caso pretenda ser deputado, deve estar domiciliado no Estado-membro ao qual será candidato ao menos seis meses antes da eleição.

É crucial ter em mente que o domicílio eleitoral não se confunde com o domicílio civil, previsto no art. 70 do Código Civil. Para a lei eleitoral, domicílio tem uma concepção mais flexível, abrangendo o local em que o interessado possui vínculos políticos, sociais, patrimoniais e negociais. Por exemplo, a cidadã pode candidatar-se ao cargo de prefeita no município onde tem residência, nasceu, cresceu, criou os filhos, embora tenha casa na capital, porque seus filhos lá estudam.

Nesse sentido, é farta a jurisprudência do TSE:

> Domicílio eleitoral. O domicílio eleitoral não se confunde, necessariamente, com o domicílio civil. A circunstância de o eleitor residir em determinado município não constitui obstáculo

a que se candidate em outra localidade onde é inscrito e com a qual mantém vínculos (negócios, propriedades, atividades políticas) (Ac. de 16.11.2000 no AgRg REspe nº 18.124, Rel. Min. Garcia Vieira, red. designado Min. Fernando Neves).

Também é nesse sentido o art. 23 da Resolução nº 23.659/2021:

> Para fins de fixação do domicílio eleitoral no alistamento e na transferência, deverá ser comprovada a existência de vínculo residencial, afetivo, familiar, profissional, comunitário ou de outra natureza que justifique a escolha do município.

e) **filiação partidária;**

Para ser candidato, o cidadão deverá estar filiado a um Partido Político ao menos seis meses antes da data da eleição, salvo se o estatuto do partido político exigir prazo superior (nunca inferior). Além disso, ocorrendo fusão ou incorporação de partidos, será considerada para efeitos de filiação partidária a data em que o candidato se filiou no **partido de origem**.

Os militares da ativa são dispensados do cumprimento desse requisito, bastando sua escolha em convenção partidária para a realização do registro de candidatura; contudo, permanece a necessidade de afastamento ou agregação, conforme dispõe o Estatuto dos Militares – Lei nº 6.880/1980. Anote-se que os conscritos são inelegíveis.

Nos termos da Lei nº 9.096/1995 – Lei dos Partidos Políticos (alterada pela Lei nº 13.877/2019), as filiações partidárias são comunicadas automaticamente ao juízo eleitoral a partir da inserção dos dados do filiando no sistema da Justiça Eleitoral por meio dos presidentes de diretórios ou comissões provisórias, ou quem por eles designados.

Se houver omissão pela agremiação partidária, culposa (desídia) ou dolosamente (má-fé), em informar a filiação de determinado cidadão à Justiça Eleitoral, o filiado prejudicado pode requerer diretamente ao Juízo Eleitoral a inclusão de seu nome e dados no rol de filiados, conforme previsto no art. 19, § 2º, da Lei nº 9.096/1995, entendimento sumulado pelo TSE:

> Súmula nº 20 – A prova de filiação partidária daquele cujo nome não constou da lista de filiados de que trata o art. 19 da Lei nº 9.096/1995, pode ser realizada por outros elementos de convicção, salvo quando se tratar de documentos produzidos unilateralmente, destituídos de fé pública.

Trata-se de entendimento plenamente compatível com a filiação por meio eletrônico.

Quando constatada a duplicidade ou pluralidade de filiações partidárias, a Justiça Eleitoral deverá manter a filiação mais recente e determinar o cancelamento das demais, nos termos da legislação em vigor.

O desligamento do filiado pode ocorrer de forma voluntária, devendo este comunicar de forma escrita ao órgão de direção municipal e ao Juiz Eleitoral da Zona em que for inscrito, observando-se o prazo de dois dias para produção dos necessários efeitos jurídicos, nos termos do parágrafo único do art. 21 da Lei dos Partidos Políticos. Caso o cidadão proceda à filiação em partido diverso, ocorrerá a desfiliação automática do então filiado ao partido anterior. É o que dispõe sistemática disposição dos arts. 21 e 22, V, parágrafo único, ambos da Lei dos Partidos Políticos.

A filiação partidária é condição de elegibilidade constitucional, de forma que as denominadas candidaturas avulsas, isto é, candidaturas para cargos eletivos sem a prévia filiação partidária, não subsistem em nosso ordenamento, em que pese estar prevista essa possibilidade no art. 25 do Pacto Internacional sobre Direitos Civis e Políticos e no art. 23, inc. I, *b*, e inc. II, do Pacto de São José. Mesmo que se considere a supralegalidade dos tratados de Direitos Humanos, não recepcionados pelo quórum qualificado da emenda constitucional, conforme orientação do STF, a filiação partidária como condição de elegibilidade é constitucional, não alterada, portanto, por esses diplomas internacionais.

O tema das candidaturas avulsas é dos mais intrigantes. Inclusive, o Plenário do Supremo Tribunal Federal, na Questão de Ordem no ARE nº 1.054.490 (Rel. min. Roberto Barroso, Tribunal Pleno, *DJe* 09.03.2018 – Tema 974 – RG), reconheceu a existência de repercussão geral da "discussão acerca da admissibilidade ou não de candidaturas avulsas em **eleições majoritárias**, por sua inequívoca relevância política".

Sobre essa possibilidade, como bem asseveram Renee do Ó Souza e Leonardo Yukio D. S. Kataoka (2019, p. 172):

> A norma contida nos pactos, que proclama a juridicidade das candidaturas avulsas, favorece a participação política porque, além de ampliar o número de cidadãos aptos a disputar eleições para cargos públicos no Brasil, amplia a qualidade representativa do sistema eleitoral vigente e harmoniza-se com outras normas constitucionais fundamentais.

Trata-se, a meu ver, de inegável consagração de um direito fundamental político, o de ser votado, que provavelmente ganhará corpo nas discussões vindouras; importante manter atenção para a decisão que será exarada na Repercussão Geral Tema 974 do STF.

f) idade mínima.

Consoante estabelece a Lei Eleitoral, a idade mínima constitucional (art. 14, § 3º, VI, CF) exigida para cada cargo eletivo é constatada na data da posse, salvo quando exigidos os 18 anos, como no cargo de vereador, quando então a aferição se dará no dia do pedido de registro de candidatura à Justiça Eleitoral (até 15 de agosto do ano da eleição), conforme dispõe o art. 11, § 2º, da Lei nº 9.504/1997.

Idades mínimas: a) 35 anos para Presidente e Vice-Presidente da República e Senador; b) 30 anos para Governador e Vice-

-Governador de Estado e do Distrito Federal; c) 21 anos para Deputado Federal, Deputado Estadual ou Distrital, Prefeito, Vice-Prefeito e juiz de paz; d) 18 anos para Vereador.

Um detalhe é muito importante: não se pode confundir capacidade eleitoral passiva (elegibilidade) com alistamento e registrabilidade.

Alistamento é o procedimento pelo qual o cidadão se habilita, perante a Justiça Eleitoral, como eleitor e sujeito de direitos políticos, adquirindo a capacidade eleitoral ativa, sendo o título de eleitor seu documento comprobatório. Capacidade eleitoral passiva é a aptidão do cidadão para ser votado, ou seja, ser candidato. Registrabilidade, por sua vez, são requisitos exigidos para aquele que pretende ser candidato fazer o seu registro como candidato, estabelecidos no art. 11, § 1°, da Lei n° 9.504/1997 (Lei das Eleições). O pedido de registro deve ser instruído com determinados documentos, sob pena de não exercer o direito de concorrer, em razão do indeferimento do pedido de registro de candidatura.

Por fim, para ser elegível, é necessário que o cidadão seja indicado em convenção partidária e se desincompatibilize de função ou cargo/emprego público caso o exerça na circunscrição territorial na qual disputará a eleição.

A doutrina considera a desincompatibilização um afastamento da restrição à capacidade eleitoral passiva (VASCONCELLOS, DA SILVA, 2020, p. 52), motivo pelo qual é importante falar sobre ela. Desincompatibilização é o afastamento voluntário do servidor público, pelo prazo exigido na legislação eleitoral, de sua função, emprego ou cargo público com a finalidade de participar do processo eleitoral. Nesse particular, entendo que a desincompatibilização deve ser tratada como uma causa de inelegibilidade específica, que ocorre com determinadas pessoas em razão do exercício de cargos públicos.

A desincompatibilização pode ser classificada como temporária ou definitiva. A temporária ocorre em razão de licença com a finalidade de concorrer no pleito eleitoral, ao passo que será de-

28 Direito Eleitoral

finitiva quando houver renúncia ao mandato em exercício, para concorrer a outro, ou quando houver a exoneração do servidor ou aposentadoria, tudo com a finalidade eleitoral. Os prazos de desincompatibilização são diversos, a depender da função, cargo ou emprego público e estão previstos na Constituição Federal e na Lei Complementar n° 64/1990.

A desincompatibilização deve ser apreciada no momento do registro de candidatura do cidadão, e poderá ocorrer preclusão se a questão não foi objeto de impugnação, quando se tratar de desincompatibilização infraconstitucional. Diferentemente, não incidirá a preclusão em hipóteses de desincompatibilização constitucionais.

A desincompatibilização deve ocorrer de fato e direito (mediante a licença ou exoneração), e deverá ser comprovada no registro de candidatura. O termo inicial é a data do pedido da desincompatibilização, sendo o prazo contado de forma sequencial e sem interrupção. A contagem do prazo é regressiva, tendo como marco referencial o dia do primeiro turno das eleições.

1.5 Inelegibilidade

Inelegibilidade são causas impeditivas do direito de ser votado, ou seja, retiram a capacidade eleitoral passiva e estão expressamente previstas na Constituição Federal e na Lei Complementar que as regula (LC n° 64/1990). Tratam-se, portanto, de condições obstativas ao exercício de mandato eletivo.

Existem inelegibilidades previstas na Constituição, mas o art. 14, § 9°, da CF estabelece que:

> lei complementar estabelecerá outros casos de inelegibilidade e os prazos de sua cessação, a fim de proteger a probidade administrativa, a moralidade para o exercício do mandato, considerada a vida pregressa do candidato, e a normalidade e legitimidade das eleições contra a influência do poder econômico ou o abuso do exercício de função, cargo ou emprego na administração direta ou indireta.

São os casos das inelegibilidades previstas na Lei das Inelegibilidades, assim denominada a LC n° 64/1990, substancialmente alterada pela Lei da Ficha Limpa e recentemente pela Lei Complementar n° 184/2021.

A principal diferença entre elas é que as inelegibilidades constitucionais não se submetem a preclusão, ao passo que as inelegibilidades infraconstitucionais estão sujeitas a prazo preclusivo, de modo que se não forem arguidas tempestivamente serão ineficazes.

As inelegibilidades constitucionais poderão ser arguidas a qualquer tempo, tanto na fase de registro de candidatura, como depois das eleições no recurso contra a expedição de diploma. No entanto, as inelegibilidades infraconstitucionais somente poderão ser arguidas no registro, sob pena de preclusão.

Marcos Ramayana (2016, p. 193) assevera que:

> Se um pré-candidato não se afasta e este fato não é alegado no seu pedido de registro, a questão simplesmente ficará preclusa de argumentação (decairá o direito de invocar-se esta causa de inelegibilidade infraconstitucional). Assim, poderá o inelegível exercer o mandato eletivo, não sendo o caso de ajuizamento de AIME contra a diplomação, porque a matéria não é considerada de natureza constitucional, incidindo o disposto no art. 259, parágrafo único do CE.

No entanto, pode ocorrer que determinada causa de inelegibilidade surja de forma superveniente ao registro de candidatura (momento no qual se aferem as condições de elegibilidade e causas de inelegibilidade) e antes da eleição. Nessa hipótese, poderá ser arguida no recurso contra diplomação.

Na classificação das inelegibilidades, importante destacar o entendimento de Adriano Soares da Costa (2009), para quem todas as hipóteses de ausência, perda ou impedimento à elegibilidade denominam-se inelegibilidade. Assevera o eleitoralista que aquele que não preenche as condições de elegibilidade é inelegível, simplesmente porque não cumpriu os requisitos positivos.

30 Direito Eleitoral

As inelegibilidades que não decorrem de sanções denominou o autor de inelegibilidade inata. Quando, porém, a inelegibilidade decorre de impedimento à obtenção da elegibilidade ou de perda da elegibilidade que se tinha, como efeito de um fato jurídico ilícito, entendeu tratar-se de uma inelegibilidade cominada, que pode ser apenas para uma eleição em que o fato ilícito se deu (inelegibilidade cominada simples) ou para determinado trato de tempo, envolvendo outras possíveis eleições (inelegibilidade cominada potenciada).

As inelegibilidades também são classificadas em absolutas ou relativas. As absolutas são as vedações gerais, que abrangem todo o território nacional independentemente do cargo/mandato político em disputa, como os inalistáveis e os analfabetos. Por sua vez, as inelegibilidades relativas são condições específicas que atingem determinado cidadão, como, por exemplo, as inelegibilidades decorrentes do exercício de uma função, e que permitem a desincompatibilização, para afastamento da acusa impeditiva do exercício do mandato eletivo.

Dentro das inelegibilidades funcionais está a regra de magistrados e membros do Ministério Público e do Tribunal de Contas não poderem manter qualquer participação político-partidária quando do exercício de suas funções. Dessa forma, havendo a pretensão de concorrer a algum mandato eletivo, deverão pedir aposentadoria ou exoneração do cargo público até seis meses antes da eleição. Há uma situação excepcional, do Promotor de Justiça ou Procurador da República que ingressou na carreira do Ministério Público antes da vigência da Constituição Federal de 1988.

Nesse ponto, merece destaque que, nas discussões sobre o novo Código Eleitoral,[3] há previsão de ser estabelecida uma quarentena, ou seja, de que juízes e membros do Ministério Público terão de se afastar definitivamente de seus cargos e funções quatro anos antes do pleito. A mesma regra será válida para policiais federais,

---

3. Fonte: Agência Câmara de Notícias.

A base constitucional do Direito Eleitoral brasileiro **31**

rodoviários federais, policiais civis e guardas municipais. Quanto a militares e policiais militares, os quatro anos deverão ser anteriores ao começo do período de escolha dos candidatos e das coligações previsto para o ano eleitoral, que começa em 20 de julho.

Para facilitar a compreensão (e visão!) da matéria, transcrevemos a seguir todos os casos de inelegibilidade estabelecidos na constituição e na lei de inelegibilidades:

■ CF – INELEGIBILIDADES CONSTITUCIONAIS

Art. 14, § 4º, CF – Inalistáveis e analfabetos

Os analfabetos possuem capacidade eleitoral ativa, pois o voto é facultativo, no entanto, não possuem a capacidade eleitoral passiva.

Atenção para os enunciados das Súmulas nºs 15 e 55 do TSE, que consideram a CNH prova suficiente, para o registro de candidatura, de alfabetização, bem como que o exercício do mandato eletivo não é capaz de por si só gerar presunção de alfabetização.

> **Art. 14, § 5º, CF.** O Presidente da República, os Governadores de Estado e do Distrito Federal, os Prefeitos e quem os houver sucedido, ou substituído no curso dos mandatos poderão ser reeleitos para um único período subsequente.
>
> (Grifos nossos.)

É uma regra destinada a alternância do poder (princípio republicano), impedindo que uma pessoa ocupe por mais de duas vezes o mesmo cargo, ainda que de forma transitória, tornando-os inelegíveis para um terceiro mandato, o que a doutrina denomina de efeito reflexo da reelegibilidade (GOMES, 2008, p. 220).

O vice-prefeito que substituiu o prefeito seis meses antes do pleito e é eleito prefeito em eleição subsequente não poderá candidatar-se à reeleição, sob pena de configurar terceiro mandato (REspe nº 23.570-TSE, Rel. Min. Carlos Velloso).

Em razão dessa mesma regra, é vedada a figura do prefeito itinerante ou prefeito profissional (RE 637.485/RJ, Rel. Min. Gilmar Mendes).

32 Direito Eleitoral

A título de complemento, crucial depositar atenção para a "regra dos vices", prevista no art. 1°, § 2°, da LC n° 64/1990: "O Vice-Presidente, o Vice-Governador e o Vice-Prefeito poderão candidatar-se a outros cargos, preservando os seus mandatos respectivos, desde que, nos últimos 6 (seis) meses anteriores ao pleito, não tenham sucedido ou substituído o titular".

> **Art. 14, § 6°, CF.** Para concorrerem a outros cargos, o Presidente da República, os Governadores de Estado e do Distrito Federal e os Prefeitos devem renunciar aos respectivos mandatos até seis meses antes do pleito. (Grifos nossos.)

Foi o que ocorreu, a título ilustrativo, com o então governador de São Paulo José Serra, que renunciou à chefia do executivo estadual para concorrer, nas eleições de 2010, à presidência da república.

Aspecto interessante dessa regra se verifica no que tange ao presidente da Câmara Municipal (que é um vereador), caso tenha substituído, nos seis meses antes do pleito, o Prefeito Municipal. Nessa hipótese, o vereador estaria impedido de concorrer à reeleição para outro mandato de vereador, mas poderia concorrer à reeleição no executivo municipal.

> **Art. 14, § 7°, CF.** São inelegíveis, no território de jurisdição do titular, o cônjuge e os parentes consanguíneos ou afins, até o segundo grau ou por adoção, do Presidente da República, de Governador de Estado ou Território, do Distrito Federal, de Prefeito ou de quem os haja substituído dentro dos seis meses anteriores ao pleito, salvo se já titular de mandato eletivo e candidato à reeleição. (Grifos nossos.)

É a denominada **inelegibilidade reflexa**, instituída com o objetivo de garantir a igualdade na disputa eletiva, impedindo a vantagem que poderia ser verificada pelo titular do cargo ser parente. É inelegibilidade que só alcança os chefes do poder executivo e quem os tenha sucedido ou substituído.

Essa inelegibilidade somente incide nos cargos em disputa da mesma circunscrição do titular, ou seja, o cônjuge do prefeito é inelegível no mesmo município, mas pode concorrer em outros municípios, ou disputar cargos estaduais e federais.

Exemplo 1: Mãe e filho são candidatos a Governadora e Vice-Governador de Estado, respectivamente, na mesma eleição. É possível? Sim, pois nenhum deles está exercendo a chefia de poder executivo, ambos são elegíveis.

Exemplo 2: Pai é Governador e se afasta do cargo seis meses antes do pleito e o filho pretende lançar candidatura a Deputado Estadual. Ambos são elegíveis, salvo o pai para governador, se já foi reeleito para o cargo.

Exemplo 3: Mãe é governadora e candidata à reeleição, não tendo se afastado nos últimos seis meses, e sua filha pretende lançar candidatura a Deputada Estadual. A filha é inelegível, pois na mesma circunscrição que sua parente consanguínea exerce a chefia do executivo.

Exemplo 4: Mãe é Prefeita Municipal e sua filha pretende lançar candidatura ao legislativo estadual. A filha é elegível, uma vez que a circunscrição de abrangência para deputada estadual é maior do que a de sua mãe (municipal).

Exemplo 5: Pai é governador e candidato à reeleição, não se afastando do cargo nos últimos seis meses. Filho é candidato à reeleição para o legislativo estadual. Ambos são elegíveis (ALMEIDA, 2017, p. 101).

Súmula Vinculante n° 18/STF: "A dissolução da sociedade ou do vínculo conjugal, no curso do mandato, não afasta a inelegibilidade prevista no § 7° do artigo 14 da Constituição Federal".

- **LC N° 64/1990 – ART. 1°, I – INELEGIBILIDADE PARA QUALQUER CARGO**

a) os inalistáveis e os analfabetos;

b) os membros do Congresso Nacional, das Assembleias Legislativas, da Câmara Legislativa e das Câmaras Municipais, que hajam perdido os respectivos mandatos por infringência

34 Direito Eleitoral

do disposto nos incisos I e II do art. 55 da CF, dos dispositivos equivalentes sobre perda de mandato das Constituições Estaduais e Leis Orgânicas dos Municípios e do Distrito Federal, para as eleições que se realizarem durante o período remanescente do mandato para o qual foram eleitos e nos oito anos subsequentes ao término da legislatura;

c) o Governador e o Vice-Governador de Estado e do Distrito Federal e o Prefeito e o Vice-Prefeito que perderem seus cargos eletivos por infringência a dispositivo da Constituição Estadual, da Lei Orgânica do Distrito Federal ou da Lei Orgânica do Município, para as eleições que se realizarem durante o período remanescente e nos 8 (oito) anos subsequentes ao término do mandato para o qual tenham sido eleitos;

Atenção!

Essa hipótese de inelegibilidade, pela expressa disposição do texto constitucional, não se aplica ao Presidente da República que vier a perder o cargo, porque há regra específica estabelecida no art. 52 da CF, uma vez condenado, por 2/3 dos votos dos membros do Senado Federal, por prática de crime de responsabilidade, haverá inabilitação por oito anos, para o exercício de função pública, sem prejuízo das demais sanções judiciais cabíveis.

Porém, no caso do *impeachment* da Presidente Dilma Rousseff, o Senado Federal permitiu a ela o direito de voltar a exercer funções públicas, mesmo após a confirmação do seu *impeachment* pela prática de crime de responsabilidade, ensejando o denominado "fatiamento do instituto constitucional". Contudo, salvo melhor juízo, o art. 52 da CF contém uma estrutura unitária incindível, como apontou o vencido Min. Celso de Melo, de forma que não poderia ter ocorrido essa divisão da norma praticada pelo Senado.

---

d) os que tenham contra sua pessoa representação julgada procedente pela Justiça Eleitoral, em decisão transitada em julgado ou proferida por órgão colegiado, em processo de apuração de abuso do poder econômico ou político, para a eleição na qual concorrem ou tenham sido diplomados, bem como para as que se realizarem nos oito anos seguintes;

A base constitucional do Direito Eleitoral brasileiro **35**

e) os que forem condenados, em decisão transitada em julgado ou proferida por órgão judicial colegiado, desde a condenação **até o transcurso do prazo de oito anos após o cumprimento da pena**, pelos crimes (grifos nossos):

1. contra a economia popular, a fé pública, a administração pública e o patrimônio público;

2. contra o patrimônio privado, o sistema financeiro, o mercado de capitais e os previstos na lei que regula a falência;

3. contra o meio ambiente e a saúde pública;

4. eleitorais, para os quais a lei comine pena privativa de liberdade;

5. de abuso de autoridade, nos casos em que houver condenação à perda do cargo ou à inabilitação para o exercício de função pública;

6. de lavagem ou ocultação de bens, direitos e valores;

7. de tráfico de entorpecentes e drogas afins, racismo, tortura, terrorismo e hediondos;

8. de redução à condição análoga à de escravo;

9. contra a vida e a dignidade sexual; e

10. praticados por organização criminosa, quadrilha ou bando;

§ 4º A inelegibilidade prevista na alínea *e* do inciso I deste artigo **não se aplica aos crimes culposos e àqueles definidos em lei como de menor potencial ofensivo, nem aos crimes de ação penal privada**. (Incluído pela Lei Complementar nº 135, de 2010.) (Grifos nossos.)

Atenção para o enunciado da Súmula nº 59 do TSE: "O reconhecimento da prescrição da pretensão executória pela Justiça Comum não afasta a inelegibilidade prevista no art. 1º, I, *e*, da LC nº 64/1990, porquanto não extingue os efeitos secundários da condenação".

Também importante o enunciado da Súmula nº 58 do TSE: "Não compete à Justiça Eleitoral, em processo de registro de candidatura, verificar a prescrição da pretensão punitiva ou executória do candidato e declarar a extinção da pena imposta pela Justiça Comum".

36 Direito Eleitoral

O Tribunal Superior Eleitoral tem reiterado entendimento no sentido de que os crimes tributários e licitatórios, em que pese não estejam textualmente contemplados na lista estabelecida por este artigo, atraem a referida inelegibilidade, uma vez que se equiparam, para esses fins, com os crimes contra a administração pública.

No que se refere ao prazo dessa inelegibilidade, no julgamento da ADI 6.630, o STF havia deferido o pedido de suspensão da expressão "após o cumprimento da pena", contida na alínea e do inciso I do art. 1º da Lei Complementar nº 64/1990, nos termos em que fora ela alterada pela Lei Complementar nº 135/2010, tão somente aos processos de registro de candidatura das eleições de 2020 ainda pendentes de apreciação, inclusive no âmbito do TSE e do STF. Tratava-se de decisão monocrática proferida pelo Min. Kassio Nunes. No entanto, em sessão realizada em 9 de março de 2022, por maioria de votos, o Supremo Tribunal Federal não conheceu a Ação Direta de Inconstitucionalidade (ADI) 6.630, ao entendimento de que a questão trazida pela referida ação já foi decidida no ano de 2012 (quando a Corte julgou constitucional a Lei da Ficha Limpa – ADI nº 4.578) e rejeitou a ADI proposta pelo PDT. Nesse sentido, aplicaram a jurisprudência do próprio STF que considera inadmissível ação de controle de constitucionalidade contra norma já julgada constitucional sem que tenha havido alterações fáticas ou jurídicas relevantes que justifiquem a rediscussão do tema.

Portanto, o prazo de contagem dessa inelegibilidade começa a ser contado após o cumprimento da pena, nos exatos termos do texto legal.

As condenações do Tribunal do Júri, por serem proferidas por órgão colegiado, geram, por si só, a inelegibilidade desta alínea, independente de confirmação pelo Tribunal de Justiça. Isso porque a lei não fala em duplo grau de jurisdição ou órgão colegiado de segunda instância, mas tão somente órgão colegiado e de tal característica se reveste o Tribunal do Júri.

f) os que forem declarados indignos do oficialato, ou com ele incompatíveis, pelo prazo de oito anos;

g) os que tiverem suas contas relativas ao exercício de cargos ou funções públicas rejeitadas por irregularidade insanável que configure ato doloso de improbidade administrativa, e por decisão irrecorrível do órgão competente, salvo se esta houver sido suspensa ou anulada pelo Poder Judiciário, para as eleições que se realizarem nos 8 (oito)anos seguintes, contados a partir da data da decisão, aplicando-se o disposto no inciso II do art. 71 da Constituição Federal, a todos os ordenadores de despesa, sem exclusão de mandatários que houverem agido nessa condição; (Redação dada pela Lei Complementar nº 135, de 2010.) (*Vide* Lei Complementar nº 184, de 2021.)

§ 4º-A. A inelegibilidade prevista na alínea *g* do inciso I do *caput* deste artigo não se aplica aos responsáveis que tenham tido suas contas julgadas irregulares sem imputação de débito e sancionados exclusivamente com o pagamento de multa. (Incluído pela Lei Complementar nº 184, de 2021.)

É da competência da Justiça Eleitoral definir se as contas rejeitadas apresentam características de irregularidade insanável que configure ato de improbidade administrativa e, assim, reconhecer a incidência da inelegibilidade.

Atenção!

Alteração importante ocorreu com o novo § 4º-A, inserido pela LC nº 184/2021, para determinar que somente haverá inelegibilidade na hipótese da alínea *g* do inciso I do art. 1º se as contas do administrador forem julgadas irregulares com imputação de débito (ressarcimento ao erário). Se o órgão aplicar apenas multa, essa decisão não gerará inelegibilidade.

---

h) os detentores de cargo na administração pública direta, indireta ou fundacional, que beneficiarem a si ou a terceiros, pelo abuso do poder econômico ou político, que forem condenados em decisão transitada em julgado ou proferida por

38 Direito Eleitoral

> órgão judicial colegiado, para a eleição na qual concorrem ou tenham sido diplomados, bem como para as que se realizarem nos 8 (oito) anos seguintes;
>
> i) os que, em estabelecimentos de crédito, financiamento ou seguro, que tenham sido ou estejam sendo objeto de processo de liquidação judicial ou extrajudicial, hajam exercido, nos 12 (doze) meses anteriores à respectiva decretação, cargo ou função de direção, administração ou representação, enquanto não forem exonerados de qualquer responsabilidade;
>
> j) os que forem condenados, em decisão transitada em julgado ou proferida por órgão colegiado da Justiça Eleitoral, por **corrupção eleitoral, por captação ilícita de sufrágio, por doação, captação ou gastos ilícitos de recursos de campanha ou por conduta vedada aos agentes públicos em campanhas eleitorais que impliquem cassação do registro ou do diploma, pelo prazo de 8 (oito) anos a contar da eleição;** (Grifos nossos.)

As hipóteses da alínea *j* são inelegibilidades decorrentes de ações eleitorais, como efeitos anexos das condenações exaradas pela justiça eleitoral nessas ações. A inelegibilidade prevista nesse dispositivo somente será aplicada se houver efetiva cassação do registro ou diploma, ou seja, a aplicação isolada de multa não acarreta a inelegibilidade prevista nesse artigo. Exemplo: Prefeito condenado por conduta vedada aos agentes públicos (arts. 73 e ss. da Lei nº 9.504/1997), com a única sanção estabelecida na condenação de pagamento de multa. Além disso, importante destacar o conteúdo da Súmula nº 69 do TSE: "Os prazos de inelegibilidade previstos nas alíneas *j* e *h* do inciso I do art. 1º da LC nº 64/1990 têm termo inicial no dia do primeiro turno da eleição e termo final no dia de igual número no oitavo ano seguinte".

> k) o Presidente da República, o Governador de Estado e do Distrito Federal, o Prefeito, os membros do Congresso Nacional, das Assembleias Legislativas, da Câmara Legislativa,

das Câmaras Municipais, que renunciarem a seus mandatos desde o oferecimento de representação ou petição capaz de autorizar a abertura de processo por infringência a dispositivo da Constituição Federal, da Constituição Estadual, da Lei Orgânica do Distrito Federal ou da Lei Orgânica do Município, para as eleições que se realizarem durante o período remanescente do mandato para o qual foram eleitos e nos 8 (oito) anos subsequentes ao término da legislatura;

§ 5º A renúncia para atender à desincompatibilização com vistas a candidatura a cargo eletivo ou para assunção de mandato não gerará a inelegibilidade prevista na alínea *k*, a menos que a Justiça Eleitoral reconheça fraude ao disposto nesta Lei Complementar. (Incluído pela Lei Complementar nº 135, de 2010.)

l) os que **forem condenados à suspensão dos direitos políticos**, em decisão transitada em julgado ou proferida por órgão judicial colegiado, por **ato doloso de improbidade administrativa** que importe **lesão ao patrimônio público e enriquecimento ilícito**, desde a condenação ou o trânsito em julgado até o transcurso do prazo de 8 (oito) anos após o cumprimento da pena; (Grifos nossos.)

A condenação de suspensão aos direitos políticos na decisão de improbidade tem que estar expressa.

Além disso, segundo TSE, a lesão ao patrimônio e o enriquecimento ilícito são requisitos cumulativos (AI nº 41.102/MG, Rel. Min. Edson Fachin).

m) os que forem excluídos do exercício da profissão, por decisão sancionatória do órgão profissional competente, em decorrência de infração ético-profissional, pelo prazo de 8 (oito) anos, salvo se o ato houver sido anulado ou suspenso pelo Poder Judiciário;

n) os que forem condenados, em decisão transitada em julgado ou proferida por órgão judicial colegiado, em razão de

40 Direito Eleitoral

terem desfeito ou simulado desfazer vínculo conjugal ou de união estável para evitar caracterização de inelegibilidade, pelo prazo de 8 (oito) anos após a decisão que reconhecer a fraude;

o) os que forem demitidos do serviço público em decorrência de processo administrativo ou judicial, pelo prazo de 8 (oito) anos, contado da decisão, salvo se o ato houver sido suspenso ou anulado pelo Poder Judiciário;

p) a pessoa física e os dirigentes de pessoas jurídicas responsáveis por doações eleitorais tidas por ilegais por decisão transitada em julgado ou proferida por órgão colegiado da Justiça Eleitoral, pelo prazo de 8 (oito) anos após a decisão, observando-se o procedimento previsto no art. 22;

A inelegibilidade prevista neste dispositivo não mais se aplica aos "dirigentes de pessoas jurídicas responsáveis", a partir da decisão do STF (ADI n° 4.650/DF), que reconheceu a inconstitucionalidade das doações de pessoas jurídicas para as campanhas eleitorais.

O TSE vem decidindo que somente as doações que representam quebra da isonomia entre os candidatos, risco à normalidade e à legitimidade do pleito ou que se aproximam do abuso do poder econômico podem gerar a causa de inelegibilidade prevista nessa alínea.

q) os magistrados e os membros do Ministério Público que forem aposentados compulsoriamente por decisão sancionatória, que tenham perdido o cargo por sentença ou que tenham pedido exoneração ou aposentadoria voluntária na pendência de processo administrativo disciplinar, pelo prazo de 8 (oito) anos.

■ LC N° 64/1990 – ART. 1°, II – INELEGIBILIDADE PARA PRESIDENTE E VICE-PRESIDENTE DA REPÚBLICA

a) **até 6 (seis) meses depois de afastados** definitivamente de seus cargos e funções: (Grifos nossos.)

1. os Ministros de Estado;

2. os chefes dos órgãos de assessoramento direto, civil e militar, da Presidência da República;

3. o chefe do órgão de assessoramento de informações da Presidência da República;

4. o chefe do Estado-Maior das Forças Armadas;

5. o Advogado Geral da União e o Consultor Geral da República;

6. os chefes do Estado-Maior da Marinha, do Exército e da Aeronáutica;

7. os Comandantes do Exército, Marinha e Aeronáutica;

8. os Magistrados;

9. os Presidentes, Diretores e Superintendentes de autarquias, empresas públicas, sociedades de economia mista e fundações públicas e as mantidas pelo poder público;

10. os Governadores de Estado, do Distrito Federal e de Territórios;

11. os Interventores Federais;

12. os Secretários de Estado;

13. os Prefeitos Municipais;

14. os membros do Tribunal de Contas da União, dos Estados e do Distrito Federal;

15. o Diretor Geral do Departamento de Polícia Federal;

16. os Secretários Gerais, os Secretários-Executivos, os Secretários Nacionais, os Secretários Federais dos Ministérios e as pessoas que ocupem cargos equivalentes;

b) os que tenham exercido, **nos 6 (seis) meses anteriores à eleição**, nos Estados, no Distrito Federal, Territórios e em qualquer dos poderes da União, cargo ou função, de nomeação pelo Presidente da República, sujeito à aprovação prévia do Senado Federal; (Grifos nossos.)

c) (Vetado);

42 Direito Eleitoral

d) os que, até 6 (seis) meses antes da eleição, tiverem competência ou interesse, direta, indireta ou eventual, no lançamento, arrecadação ou fiscalização de impostos, taxas e contribuições de caráter obrigatório, inclusive parafiscais, ou para aplicar multas relacionadas com essas atividades;

e) os que, até 6 (seis) meses antes da eleição, tenham exercido cargo ou função de direção, administração ou representação nas empresas da administração indireta, quando, pelo âmbito e natureza de suas atividades, possam tais empresas influir na economia nacional;

f) os que, detendo o controle de empresas ou grupo de empresas que atuem no Brasil, nas condições monopolísticas previstas no parágrafo único do art. 5º da lei citada na alínea anterior, não apresentarem à Justiça Eleitoral, até 6 (seis) meses antes do pleito, a prova de que fizeram cessar o abuso apurado, do poder econômico, ou de que transferiram, por força regular, o controle de referidas empresas ou grupo de empresas;

g) os que tenham, dentro dos 4 (quatro) meses anteriores ao pleito, ocupado cargo ou função de direção, administração ou representação em entidades representativas de classe, mantidas, total ou parcialmente, por contribuições impostas pelo poder Público ou com recursos arrecadados e repassados pela Previdência Social;

h) os que, até 6 (seis) meses depois de afastados das funções, tenham exercido cargo de Presidente, Diretor ou Superintendente de sociedades com objetivos exclusivos de operações financeiras e façam publicamente apelo à poupança e ao crédito, inclusive por meio de cooperativas e da empresa ou estabelecimentos que gozem, sob qualquer forma, de vantagens asseguradas pelo poder público, salvo se decorrentes de contratos que obedeçam a cláusulas uniformes;

i) os que, dentro de 6 (seis) meses anteriores ao pleito, hajam exercido cargo ou função de direção, administração ou representação em pessoa jurídica ou em empresa que mantenha contrato de execução de obras, de prestação de serviços ou de fornecimento de bens com órgão do Poder Público ou sob seu controle, salvo no caso de contrato que obedeça a cláusulas uniformes;

j) os que, membros do Ministério Público, não se tenham afastado das suas funções até 6 (seis) meses anteriores ao pleito;

k) os que, servidores públicos, estatutários ou não, dos órgãos ou entidades da Administração direta ou indireta da União, dos Estados, do Distrito Federal, dos Municípios e dos Territórios, inclusive das fundações mantidas pelo Poder Público, não se afastarem até 3 (três) meses anteriores ao pleito, garantido o direito à percepção dos seus vencimentos integrais.

■ LC N° 64/1990 – ART. 1°, III – INELEGIBILIDADE PARA GOVERNADOR E VICE-GOVERNADOR DE ESTADO E DF

a) os inelegíveis para os cargos de Presidente e Vice-Presidente da República especificados na alínea *a* do inciso II deste artigo e, no tocante às demais alíneas, quando se tratar de repartição pública, associação ou empresas que operem no território do Estado ou do Distrito Federal, observados os mesmos prazos;

b) até 6 (seis) meses depois de afastados definitivamente de seus cargos ou funções:

1. os chefes dos Gabinetes Civil e Militar do Governador do Estado ou do Distrito Federal;

2. os comandantes do Distrito Naval, Região Militar e Zona Aérea;

3. os diretores de órgãos estaduais ou sociedades de assistência aos Municípios;

4. os secretários da administração municipal ou membros de órgãos congêneres.

44 Direito Eleitoral

■ LC N° 64/1990 – ART. 1°, IV – INELEGIBILIDADE PARA PREFEITO E VICE-PREFEITO

a) no que lhes for aplicável, por identidade de situações, os inelegíveis para os cargos de Presidente e Vice-Presidente da República, Governador e Vice-Governador de Estado e do Distrito Federal, observado o prazo de 4 (quatro) meses para a desincompatibilização;

b) os membros do Ministério Público e Defensoria Pública em exercício na Comarca, nos 4 (quatro) meses anteriores ao pleito, sem prejuízo dos vencimentos integrais;

c) as autoridades policiais, civis ou militares, com exercício no Município, nos 4 (quatro) meses anteriores ao pleito.

■ LC N° 64/1990 – ART. 1°, V – INELEGIBILIDADE PARA SENADO FEDERAL

a) os inelegíveis para os cargos de Presidente e Vice-Presidente da República já especificados na alínea *a* do item específico e, no tocante às demais alíneas, quando se tratar de repartição pública, associação ou empresa que opere no território do Estado, observados os mesmos prazos;

b) em cada Estado e no Distrito Federal, os inelegíveis para os cargos de Governador e Vice-Governador, nas mesmas condições estabelecidas, observados os mesmos prazos.

■ LC N° 64/1990 – ART. 1°, VI – INELEGIBILIDADE PARA CÂMARA DOS DEPUTADOS, ASSEMBLEIA LEGISLATIVA E CÂMARA LEGISLATIVA

a) para a Câmara dos Deputados, Assembleia Legislativa e Câmara Legislativa, no que lhes for aplicável, por identidade de situações, os inelegíveis para o Senado Federal, nas mesmas condições estabelecidas, observados os mesmos prazos;

A base constitucional do Direito Eleitoral brasileiro   45

■ **LC Nº 64/1990 – ART. 1º, VII – INELEGIBILIDADE PARA CÂMARA MUNICIPAL**

a) no que lhes for aplicável, por identidade de situações, os inelegíveis para o Senado Federal e para a Câmara dos Deputados, observado o prazo de 6 (seis) meses para a desincompatibilização;

b) em cada Município, os inelegíveis para os cargos de Prefeito e Vice-Prefeito, observado o prazo de 6 (seis) meses para a desincompatibilização.

1.6 O microssistema jurídico eleitoral

O ordenamento jurídico é plasmado por um regramento lógico de regras e princípios em permanente interação, sobre a qual é possível visualizar-se a inserção de diversos microssistemas, tendo a Constituição da República papel fundamental como base jurídica geral, consolidada a mudança de premissa provocada pela Constituição Federal, com a incorporação de novos valores ao Estado, exigindo respeito à probidade administrativa, isonomia, moralidade, normalidade das eleições. Além disso, sobreleva notar que a superação das fraudes anteriormente existentes com a implantação da urna eletrônica, fizeram com que o contencioso pós-eleitoral desse lugar à chamada judicialização das eleições (CHEIM, 2016).

O Direito Eleitoral, pelas suas especificidades, pode ser considerado um microssistema jurídico, composto de normas de caráter material e processual, de naturezas civil, administrativa e criminal – caráter de complementariedade –, permeando, portanto, a existência de relações desse ramo do Direito com outras disciplinas jurídicas, como o Direito Administrativo, o Direito Civil, o Direito Penal e o Direito Processual Civil, Processual Penal e Penal.

Conforme bem salienta Paulo Henrique Lucon (s.d., p. 397-408), "é sempre bom ressaltar que cada ramo do processo merece ser estudado de acordo com as particularidades do direito material que eles visam a atuar a fim de garantir a efetiva satisfação desses direitos" e para atingir esse fim almejado "preveem-se fundamentos jurídicos específicos para a propositura de cada demanda eleitoral".

1.7 As fontes do Direito Eleitoral

As fontes materiais são os diversos fatores que dão ensejo à formação e ao surgimento das normas jurídicas (podem ser de ordens sociais, políticas etc.).

As fontes formais são os meios pelos quais a norma ingressa na ordem jurídica e passa a ter vigência e eficácia no contexto de uma estrutura normativa. São fontes formais do Direito Eleitoral:

a) **Constituição Federal**: Os princípios e as regras fundamentais do Direito Eleitoral advêm da Constituição Federal, e sendo a fonte máxima, todo o regramento eleitoral deve estar de acordo com ela, sob pena de inconstitucionalidade. Desta-cam-se os seguintes artigos da CF/1988:

- art. 1°, parágrafo único – consagração da soberania popular;
- arts. 14 a 16 – previsão dos Direitos Políticos;
- arts. 118 a 121 – organização da Justiça Eleitoral.
  Em suma, esses dispositivos constitucionais tratam dos tipos de direitos políticos, do alistamento eleitoral, da elegibilidade, das inelegibilidades, das hipóteses de perda e suspensão dos direitos políticos, do princípio da anterioridade eleitoral e da estrutura e composição da Justiça Eleitoral.

b) **Código Eleitoral (Lei n° 4.737/1965)**: O código foi editado antes da Constituição Federal de 1988, por isso, algumas de suas disposições consideram-se não recepcionadas. O código dispõe sobre a competência da Justiça Eleitoral, o exercício dos direitos políticos, fixa as regras de alistamento, dos sis-temas eleitorais, de registro de candidaturas, de atos prepa-ratórios, da apuração, da diplomação dos eleitos, dos crimes eleitorais e do processo penal eleitoral.

Uma parcela da doutrina entende que o Código Eleitoral foi recepcionado pela Constituição de uma forma híbrida, isso porque, no que tange às normas de competência da Justiça Eleitoral, possuem elas *status* de lei complementar, pois a Constituição Federal (art. 121 da CF) exige a edição de lei complementar para tratar sobre organização e competência da Justiça Eleitoral. Dessa forma, todos os artigos do Código Eleitoral que se refiram à organização e às competências da Justiça Eleitoral têm *status* de lei complementar, compreendendo aqueles que vão do art. 12 ao 41 do CE. As demais disposições possuiriam *status* de lei ordinária. No entanto, prevalece o entendimento de que todas as disposições do Código Eleitoral foram recepcionadas pela Constituição de 1988 com força normativa de Lei Complementar (NETO BARREIROS, 2019, p. 15).

c) **Lei dos Partidos Políticos (Lei n° 9.096/1995):** Dispõe sobre os partidos políticos e regulamenta os arts. 14 e 17, § 3°, da Constituição Federal. Não é uma lei propriamente eleitoral, mas diz respeito à regulamentação da filiação partidária, uma das condições impostas ao exercício do direito à elegibilidade.

d) **Lei das Inelegibilidades (Lei Complementar n° 64/1990):** Conforme determina o art. 14, § 9°, da Constituição Federal, estabelece casos de inelegibilidade e prazos de cessação, bem como o procedimento processual a ser seguido após o ajuizamento da Ação de Impugnação ao Registro de Candidatura e da Ação de Investigação Judicial Eleitoral.

e) **Lei das Eleições (Lei n° 9.504/1997):** Conhecida como lei geral das eleições, fixa normas para as eleições.

f) **Resoluções do Tribunal Superior Eleitoral (TSE):** O TSE tem, nos termos do art. 23, IX, do Código Eleitoral, poder regulamentar e, no exercício dessa competência, edita Resoluções.

Existe outra classificação quanto às fontes do Direito Eleitoral que as divide em fontes primárias (diretas) e fontes secundárias (indiretas). Consideram-se fontes diretas aquelas que ino-

48 Direito Eleitoral

vam na ordem jurídica e criam novas normas jurídicas em Direito Eleitoral, como a Constituição Federal, a Lei das Eleições, o Código Eleitoral, a Lei das Inelegibilidades. Por outro lado, fontes indiretas são aquelas que, de forma subsidiária (não diretamente), tratam de Direito Eleitoral, como o Código de Processo Civil, as Resoluções do TSE – essas fontes não podem inovar na ordem jurídica, mas apenas regulamentar a aplicação da lei eleitoral.

1.8 Poder Regulamentar do Tribunal Superior Eleitoral

O Tribunal Superior Eleitoral pode editar resoluções para a regulamentação do Código Eleitoral, de acordo com o parágrafo único do art. 1º do Código Eleitoral, que determina que o TSE expedirá instruções com a finalidade de buscar a fiel execução da legislação eleitoral. De igual forma dispõe o art. 105 da Lei nº 9.504/1997, ao asseverar que

> até o dia 5 de março do ano da eleição, o Tribunal Superior Eleitoral, atendendo ao caráter regulamentar e sem restringir direitos ou estabelecer sanções distintas das previstas nesta Lei, poderá expedir todas as instruções necessárias para sua fiel execução, ouvidos, previamente, em audiência pública, os delegados ou representantes dos partidos políticos.

Muito importante delimitar que a competência regulamentar do TSE não pode contrariar as disposições legislativas. Também não se admite que as resoluções criem obrigações ou que restrinjam direitos, pois, de acordo com o princípio constitucional da legalidade, ninguém será obrigado a fazer (obrigação) ou deixar de fazer (restrição de direitos) senão em virtude de lei.

De acordo com a lição de Manuel Carlos de Almeida Neto (2014, p. 219-220),

> o poder regulamentar e normativo da Justiça Eleitoral deve ser desenvolvido dentro de certos limites formais e materiais. Os regulamentos eleitorais só podem ser expedidos segundo

a lei (*secundum legem*) ou para suprimir alguma lacuna normativa (*praeter legem*). Fora dessas balizas, quando a Justiça Eleitoral inova em matéria legislativa ou contraria dispositivo legal (*contra legem*), por meio de resolução, ela desborda da competência regulamentar, estando, por conseguinte, sujeita ao controle de legalidade ou constitucionalidade do ato.

Além disso, sobreleva notar que as Resoluções do TSE expedidas diante dessa situação excepcional e transitória somente produzirão efeitos até que o Poder Legislativo, titular da função legiferante, supra a omissão, sendo essa a conclusão do Supremo Tribunal Federal ao julgar a ADI n° 3.999, que teve o seu pedido julgado improcedente e, por consequência, declarou-se a constitucionalidade da Resolução do TSE n° 22.610/2007 (Resolução da Fidelidade Partidária).

TSE: "[...] A teor do Código Eleitoral (art. 23, IX), o TSE tem competência para baixar instruções regulamentando normas legais de Direito Eleitoral" (AREspe n° 25112, de 19.12.2005, Rel. Min. Humberto Gomes de Barros).

1.9 Competência legislativa em Direito Eleitoral

O art. 22, I, da CF/1988 nos traz as regras sobre a competência para legislar em Direito Eleitoral:

> Art. 22. Compete privativamente à União legislar sobre: I – direito civil, comercial, penal, processual, **eleitoral**, agrário, marítimo, aeronáutico, espacial e do trabalho; (Grifo nosso.)

Por tratar-se de competência privativa, Estados, Distrito Federal e Municípios não podem tratar de normas sobre Direito Eleitoral.

A edição de normas eleitorais ocorrerá por meio da edição de lei ordinária, no entanto, em algumas situações, é exigível a edição de lei complementar, como as questões sobre competência.

Por fim, atente-se para a proibição constitucional prevista no art. 62, segundo a qual **não se admite a edição de medida provisória** para tratar de direitos políticos, partidos políticos, cidadania e Direito Eleitoral. Da mesma forma, veda-se a edição de leis delegadas sobre direitos políticos e eleitorais e sobre cidadania.

Jurisprudência

AGRAVO REGIMENTAL NO RECURSO ESPECIAL ELEITORAL Nº 0600296-31.2020.6.04.0008 – COARI – AMAZONAS Relator: Ministro Carlos Horbach ELEIÇÕES 2020. REGISTRO DE CANDIDATURA. PREFEITO ELEITO. AGRAVOS REGIMENTAIS EM RECURSOS ESPECIAIS ELEITORAIS. DESNECESSIDADE DE EXAMINAR TODAS AS TESES LEVANTADAS. INELEGIBILIDADE DO ART. 14, §§ 5º E 7º, DA CONSTITUIÇÃO. GENITOR À FRENTE DA PREFEITURA EM 2012. REGISTRO INDEFERIDO POSTERIORMENTE. CASSAÇÃO APÓS MAIS DE 2 (DOIS) ANOS DO INÍCIO DO MANDATO. EFETIVO EXERCÍCIO PARA FINS DE INELEGIBILIDADE REFLEXA DO FILHO REELEITO EM 2020. NEGATIVA DE PROVIMENTO. 1. Inexistência de violação aos arts. 275 do Código Eleitoral e 1.022 do Código de Processo Civil, uma vez que deve o julgador apenas enfrentar as questões capazes de infirmar a conclusão adotada na decisão, sem que haja a necessidade de examinar todas as teses levantadas pelo jurisdicionado. **2. A questão jurídica a ser dirimida é saber se o filho, eleito prefeito em 2016, pode concorrer à reeleição em 2020 na hipótese de seu pai ter assumido a chefia da prefeitura em 2012, com registro de candidatura pendente de apreciação definitiva e posteriormente indeferido em 2015, o que acarretou a assunção do segundo colocado para o período remanescente, conforme entendimento aplicado à época.** 3. A leitura do art. 14, §§ 5º e 7º, da Constituição Federal é no sentido de que a norma visa evitar a formação de grupos hegemônicos que, monopolizando o acesso aos mandatos eletivos, virtualmente patrimonializam o poder governamental. 4. O fato é que o genitor do prefeito reeleito no pleito de 2020 exerceu a titularidade da chefia do Executivo municipal na primeira metade do mandato atinente às eleições de 2012. Ainda que o TSE tenha indeferido seu registro de candidatura em 2015, o que ensejou à época a assunção do segundo colocado, não há como afastar a realidade, que foi a de efetivo exercício da titularidade da prefeitura. **5. A assunção da chefia do Executivo pelo candidato eleito, sejam quais forem a circunstância e o lapso temporal transcorrido, é considerada efetivo exercício de mandato, de forma a impedir a reeleição, bem como a perpetuação de grupos familiares no poder. Precedentes. 6.** Negado provimento aos agravos regimentais. Acordam os ministros do Tribunal Superior Eleitoral, por unanimidade, em negar provimento aos agravos regimentais e reiterar a determinação de realização de novas eleições majoritárias no Município de Coari/AM, nos termos do voto do relator. Brasília, 7 de outubro de 2021 **(Informativo TSE,** 11 de outubro a 7 de novembro – Ano XXIII – n° 14). (Grifos nossos.)

A competência para julgar contas de prefeitos com relação a repasse de **royalties** *é da Câmara de Vereadores, com auxílio do respectivo Tribunal de Contas Estadual (TCE)*

(Agravo Regimental no Recurso Especial Eleitoral n° 0600375-14, Ilhabela/ SP, Rel. Min. Edson Fachin, sessão de 29.06.2021).

EMENTA

ELEIÇÕES 2020. AGRAVOS REGIMENTAIS EM RECURSOS ESPECIAIS ELEITORAIS. REGISTRO DE CANDIDATURA. DEFERIMENTO. PREFEITO ELEITO. NECESSIDADE DE APRESENTAÇÃO DE CERTIDÃO NEGATIVA DA JUSTIÇA MILITAR. OFENSA AOS ARTS. 275 DO CE E 1.022 DO CPC. INOCORRÊNCIA. INEXISTÊNCIA DE OMISSÃO. INELEGIBILIDADES. ART. 1°, I, *g* E I, DA LC N° 64/1990. ALÍNEA I. AUSÊNCIA DE TODOS OS REQUISITOS NECESSÁRIOS À CONFIGURAÇÃO DA CAUSA DE INELEGIBILIDADE. INOBSERVÂNCIA DE ORDEM CLASSIFICATÓRIA DE CONCURSO PÚBLICO PARA NOMEAÇÃO. INEXISTÊNCIA DE DANO AO ERÁRIO E DE ENRIQUECIMENTO ILÍCITO. SUSPENSÃO DOS DIREITOS POLÍTICOS. AUSÊNCIA DE TRÂNSITO EM JULGADO. ALÍNEA G. INEXISTÊNCIA DE JULGAMENTO PELO ÓRGÃO COMPETENTE. CONVÊNIO. REPASSE DE *ROYALTIES* (VERBAS FEDERAIS). TCU. CONTAS ANUAIS. CONTAS APROVADAS. NULIDADE DO DECRETO LEGISLATIVO. DISCUSSÃO INCABÍVEL NESTA JUSTIÇA ESPECIALIZADA. SÚMULA N° 41/TSE. AGRAVOS DESPROVIDOS.

1. Inexistência de omissão quanto à necessidade de certidão negativa da Justiça Militar criminal de 2° grau, pois a questão foi devidamente analisada pelo Tribunal de origem, que considerou suprida a falha na documentação, rejeitando-se, inclusive, os embargos de declaração opostos.

52 Direito Eleitoral

2. A inelegibilidade prevista no art. 1°, I, *l*, da LC n° 64/1990 exige, para sua configuração, a presença dos seguintes requisitos: condenação à suspensão dos direitos políticos; decisão transitada em julgado ou proferida por órgão judicial colegiado; ato doloso de improbidade administrativa; ato que tenha ensejado, de forma cumulativa, lesão ao patrimônio público e enriquecimento ilícito.

3. O Tribunal Superior Eleitoral reafirmou que, nas eleições de 2020, para a caracterização da inelegibilidade do art. 1°, I, *l*, da LC n° 64/1990, é exigível que a suspensão dos direitos políticos decorra de condenação por ato doloso de improbidade administrativa que implique, cumulativamente, dano ao Erário e enriquecimento ilícito. E aqui, com a ressalva de compreensão do Relator, em respeito ao princípio da colegialidade.

4. Este Tribunal Superior tem entendimento pacífico no sentido de que, para fins de incidência da causa de inelegibilidade descrita no art. 1°, I, *l*, da LC n° 64/1990, a verificação, no caso concreto, da lesão ao Erário e do enriquecimento ilícito próprio ou de terceiro pode ser realizada por esta Justiça Especializada a partir do exame da fundamentação do acórdão condenatório proferido pela Justiça Comum, ainda que tal reconhecimento não tenha constado expressamente do dispositivo daquele pronunciamento judicial. Precedentes.

5. Nos termos do art. 20 da Lei n° 8.429/1992, a suspensão dos direitos políticos somente se efetiva com o trânsito em julgado da sentença condenatória.

6. No caso em exame, o agravado, prefeito eleito no escrutínio de 2020 no Município de Ilhabela/SP, foi condenado à suspensão dos direitos políticos por violação ao art. 11 da Lei n° 8.429/1992, em razão da inobservância de ordem classificatória em concurso público. A condenação, no entanto, não transitou em julgado, pois pendente de análise recursal no âmbito do STF.

7. Embora haja decisão condenatória proferida por órgão colegiado, não se verificam na espécie o dano ao Erário e o enriquecimento ilícito, uma vez que o serviço foi devidamente prestado ao município e os valores despendidos referem-se à contraprestação dos trabalhos realizados.

8. O art. 1°, I, *g*, da LC n° 64/1990 exige, para a sua configuração, a presença dos seguintes requisitos: rejeição das contas pelo órgão competente;

insanabilidade da irregularidade verificada; ato doloso de improbidade administrativa; irrecorribilidade do pronunciamento de desaprovação das contas; e inexistência de suspensão ou anulação judicial do aresto de rejeição das contas.

9. De acordo com a compreensão do STF, exarada na ADI n° 4.846/ES, os *royalties* são receitas federais, porquanto originárias da União e obrigatoriamente transferidas a Estados e Municípios, sendo a competência para apreciar a regularidade de convênio envolvendo o repasse de tais verbas do Tribunal de Contas da União (TCU). Precedentes.

10. Na espécie, as contas anuais foram aprovadas pela Câmara Municipal por meio de ato que revogou o primeiro decreto legislativo que reprovara as contas.

11. A competência para análise de eventual nulidade em decreto legislativo é da Justiça Comum e não desta Justiça Especializada, nos termos da Súmula n° 41/TSE.

12. Os argumentos expostos pelas agravantes não são suficientes para afastar a conclusão da decisão agravada, devendo, portanto, ser mantida.

13. Agravos regimentais aos quais se nega provimento.

(RECURSO ESPECIAL ELEITORAL n° 060037514, Acórdão, Relator(a) Min. Edson Fachin, Publicação: *DJe – Diário da Justiça eletrônico*, Tomo 150, Data 16.08.2021). (Grifos nossos.)

É admitido restabelecimento da condição de elegibilidade de candidato que regulariza a inscrição eleitoral em data anterior à diplomação dos eleitos.

(Agravo Regimental no Recurso Especial Eleitoral n° 0600119-34, Campo Grande/MS, Rel. Min. Mauro Campbell Marques, julgado na sessão virtual de 4 a 10.06.2021)

EMENTA

ELEIÇÕES 2020. AGRAVO INTERNO EM RECURSOS ESPECIAIS. REGISTRO DE CANDIDATURA. VEREADOR. DEFERIMENTO PELO TRE/MS. REGULARIZAÇÃO DO CADASTRO ELEITORAL ANTES DA DIPLOMAÇÃO. FATO SUPERVENIENTE. QUITAÇÃO ELEITORAL. POSSIBILIDADE. ALCANCE DA RES – TSE N° 23.615/2020. CONDIÇÕES DE ELEGIBILIDADE PREENCHIDAS. MODIFICAR CONCLUSÃO DEMANDA O REEXAME FÁTICO-PROBATÓRIO. APLICAÇÃO DO ENUNCIADO N° 24 DA SÚMULA DO TSE. AGRAVO DESPROVIDO.

54 Direito Eleitoral

1. Na origem, cuida-se de pedido de registro de candidatura de Vanderlei Pinheiro de Lima para o cargo de vereador de Campo Grande/MS nas eleições de 2020, inicialmente indeferido em razão da falta de quitação eleitoral decorrente do seu não comparecimento para a revisão biométrica em 2018, mas, posteriormente, deferido pelo TRE/MS – em âmbito de embargos de declaração – diante da juntada de documento que atestou fato superveniente consistente na regularização da situação do referido candidato, ante a reabertura do cadastramento eleitoral.

2. Admite-se o restabelecimento da condição de elegibilidade atinente à regularização da inscrição eleitoral em data anterior à diplomação, por envolver direito fundamental do cidadão, ao qual deve ser dada máxima efetividade, tratando-se, ainda, de exercício de faculdade regularmente exercida e prevista no calendário eleitoral (REspe nº 0601248–48/CE, Rel. Min. Tarcisio Vieira de Carvalho Neto, PSESS de 11.12.2018).

3. A reabertura do cadastro eleitoral, promovida por meio da edição da Res.- TSE nº 23.615/2020, garantiu a todos a regularização da situação cadastral perante a Justiça Eleitoral.

4. Afastar a conclusão do TRE/MS de que o candidato agravado está com a situação cadastral regular perante a Justiça Eleitoral – de modo a verificar que não houve o restabelecimento do número de inscrição no cadastro primitivo, indicando se tratar de um novo – demanda o reexame da prova, providência inviável nos termos do Enunciado Sumular nº 24 do TSE.

5. As razões do agravo são insuficientes para afastar a conclusão da decisão impugnada quanto à incidência do Enunciado nº 72 da Súmula do TSE por ausência de prequestionamento do art. 7º do CPC e do princípio da igualdade.

6. Segundo o entendimento assentado nesta Corte Superior, a ausência de quitação eleitoral consiste em matéria de natureza infraconstitucional e, portanto, não está abarcada pela exceção prevista no Enunciado Sumular nº 11 do TSE. Precedentes.

7. As alegações são insuficientes para infirmar os fundamentos da decisão agravada quanto à aplicação do Enunciado nº 24 da Súmula do TSE, haja vista que apenas a partir de novo exame fático e probatório dos autos é que seria possível rever a conclusão do TRE/MS de que o agravado possuía domicílio eleitoral desde a data de 6.8.1988 e, portanto, no prazo previsto na legislação eleitoral.

8. No tocante à alegada ofensa ao art. 1º, II, alínea *l*, da Lei de Inelegibilidade, os agravantes não infirmaram todos os fundamentos da decisão agravada, atraindo, portanto, a incidência do Enunciado nº 26 da Súmula desta Corte.

A base constitucional do Direito Eleitoral brasileiro **55**

9. Negado provimento ao agravo interno.

(RECURSO ESPECIAL ELEITORAL nº 060011934, Acórdão, Relator(a) Min. Mauro Campbell Marques, Publicação: DJe – *Diário da Justiça eletrônico*, Tomo 118, Data 25.06.2021, p. 0). (Grifos nossos.)

A inabilitação de servidor público em estágio probatório não atrai a inelegibilidade prevista no art. 1º, I, *o*, da LC nº 64/1990 (Agravo Regimental no Recurso Especial Eleitoral nº 0600269-98, Caxambu do Sul/SC, Rel. Min. Alexandre de Moraes, julgado na sessão virtual de 5 a 11.2.2021).

EMENTA

ELEIÇÕES 2020. AGRAVO REGIMENTAL. RECURSO ESPECIAL. REGISTRO DE CANDIDATURA. VEREADOR. ART. 1º, I, ALÍNEA O, DA LEI COMPLEMENTAR nº 64/1990. ESTÁGIO PROBATÓRIO. EXONERAÇÃO. NÃO INCIDÊNCIA. DESPROVIMENTO.

1. Não incide a inelegibilidade com fundamento no art. 1º, I, *o*, da LC nº 64/1990 no caso de candidato reprovado em estágio probatório, pois o que se apura nessa condição é a aptidão do servidor para o cargo em que ocupa.

2. A *ratio* da norma examinada atinge somente aqueles candidatos que foram demitidos do serviço público, considerada falta disciplinar grave, o que impede a representação política por meio de cargos eletivos.

3. Agravo Regimental desprovido.

(RECURSO ESPECIAL ELEITORAL nº 060026998, Acórdão, Relator(a) Min. Alexandre de Moraes, Publicação: DJe – *Diário da Justiça eletrônico*, Tomo 38, Data 03.03.2021). (Grifos nossos.)

Súmulas

Súmula – TSE nº 6

São inelegíveis para o cargo de Chefe do Executivo o cônjuge e os parentes, indicados no § 7º do art. 14 da Constituição Federal, do titular do mandato, salvo se este, reelegível, tenha falecido, renunciado ou se afastado definitivamente do cargo até seis meses antes do pleito.

Súmula – TSE nº 9

A suspensão de direitos políticos decorrente de condenação criminal transitada em julgado cessa com o cumprimento ou a extinção da pena, independendo de reabilitação ou de prova de reparação dos danos.

Súmula – TSE nº 12

São inelegíveis, no município desmembrado, e ainda não instalado, o cônjuge e os parentes consanguíneos ou afins, até o segundo grau ou por adoção, do prefeito do município-mãe, ou de quem o tenha substituído, dentro dos seis meses anteriores ao pleito, salvo se já titular de mandato eletivo.

Súmula – TSE nº 19

O prazo de inelegibilidade decorrente da condenação por abuso do poder econômico ou político tem início no dia da eleição em que este se verificou e finda no dia de igual número no oitavo ano seguinte (art. 22, XIV, da LC nº 64/90).

Súmula – TSE nº 47

A inelegibilidade superveniente que autoriza a interposição de recurso contra expedição de diploma, fundado no art. 262 do Código Eleitoral, é aquela de índole constitucional ou, se infraconstitucional, superveniente ao registro de candidatura, e que surge até a data do pleito.

Súmula – TSE nº 59

O reconhecimento da prescrição da pretensão executória pela Justiça Comum não afasta a inelegibilidade prevista no art. 1º, I, e, da LC nº 64/90, porquanto não extingue os efeitos secundários da condenação.

Súmula – TSE nº 60

O prazo da causa de inelegibilidade prevista no art. 1º, I, e, da LC nº 64/90 deve ser contado a partir da data em que ocorrida a prescrição da pretensão executória e não do momento da sua declaração judicial.

Súmula – TSE nº 61

O prazo concernente à hipótese de inelegibilidade prevista no art. 1º, I, e, da LC nº 64/90 projeta-se por oito anos após o cumprimento da pena, seja ela privativa de liberdade, restritiva de direito ou multa.

Súmula – TSE nº 69

Os prazos de inelegibilidade previstos nas alíneas j e h do inciso I do art. 1º da LC nº 64/90 têm termo inicial no dia do primeiro turno da eleição e termo final no dia de igual número no oitavo ano seguinte.

Súmula – TSE nº 70

O encerramento do prazo de inelegibilidade antes do dia da eleição constitui fato superveniente que afasta a inelegibilidade, nos termos do art. 11, § 10, da Lei nº 9.504/97.

Destaques

- Com as alterações ocorridas pela Emenda Constitucional 111/2021, o art. 14, § 12, da CF passou a contar com outro mecanismo de participação popular, as denominadas **consultas populares**.

- É possível um cidadão perder ou ter suspendido os seus direitos políticos, **mas não pode haver cassação**, conforme preceitua o art. 15 da Constituição da República.

- Nos termos da Súmula n° 9 do TSE, não haverá necessidade de reabilitação criminal para a restauração dos direitos políticos, pois, cumprida a pena, cessará a suspensão dos direitos políticos, cabendo ao interessado comprovar a cessação da causa suspensiva junto ao cartório eleitoral e requerer novamente sua inscrição, conforme dispõe o art. 81 do Código Eleitoral.

- O cidadão que for beneficiado com os institutos despenalizadores da transação penal, suspensão condicional do processo e acordo de não persecução criminal, não terão seus direitos políticos suspensos. Diferente será a hipótese da aplicação da suspensão condicional da pena, prevista no art. 77 do CP, pois o beneficiário desse instituto de fato recebe uma sentença penal condenatória.

- O **procedimento de batimento** é a realização de um cruzamento para conferir as informações cadastrais art. 77 da Resolução n° 23.659/2021, de forma a detectar a pluralidade de inscrições, hipótese que enseja o cancelamento da inscrição.

- A desincompatibilização deve ocorrer de fato e direito (mediante a licença ou exoneração), que deverá ser comprovado no registro de candidatura.

- As inelegibilidades constitucionais poderão ser arguidas a qualquer tempo, tanto na fase de registro de candidatura, como depois das eleições no recurso contra a expedição de diploma. No entanto, as inelegibilidades infraconstitucionais somente poderão ser arguidas no registro, sob pena de preclusão.

2

Princípios do Direito Eleitoral

Princípios são as normas que condicionam a criação e aplicação das regras eleitorais, possuindo um conteúdo genérico e abstrato. Afirma-se que os princípios são o alicerce, a base, a estrutura básica de um sistema.

2.1 Princípio da moralidade eleitoral

A Constituição Federal (art. 14, § 9º) prescreve que a Lei Complementar estabelecerá outros casos de inelegibilidade e os prazos de sua cessação, a fim de proteger a probidade administrativa, a moralidade para exercício de mandato considerada vida pregressa do candidato, e a normalidade e legitimidade das eleições contra a influência do poder econômico ou o abuso do exercício de função, cargo ou emprego na administração direta ou indireta.

Assim, tem-se como princípio vetor das hipóteses de inelegibilidade a finalidade de proteger a probidade administrativa e a moralidade para o exercício do mandato, rememorando que é indispensável a edição de lei complementar. Um exemplo de aplicação concreta desse princípio foi a edição da Lei Complementar nº 135/2010 (Lei da Ficha Limpa), de iniciativa popular (a partir do recolhimento de mais de 1,6 milhão de assinaturas por todo o país), que acrescentou o impedimento a candidatura de políticos que tiveram o mandato cassado ou tiveram suas contas relativas ao exercício de cargos ou funções públicas rejeitadas por irregularidades insanáveis, caracterizando improbidade administrativa.

A lei também proibia que disputassem eleições, por oito anos, pessoas condenadas em processos criminais por um órgão colegiado da Justiça, bem como aqueles que renunciaram aos seus mandatos para evitar um possível processo de cassação, entre outras vedações.

Pois bem, aqui reside uma anotação crítica necessária. A Lei Complementar n° 184/2021 alterou a Lei Complementar n° 64, de 18 de maio de 1990, para excluir da incidência de inelegibilidade responsáveis que tenham tido contas julgadas irregulares **sem imputação de débito** e com **condenação exclusiva ao pagamento de multa**, o que reduziu a hipótese de incidência da inelegibilidade prevista na alínea *g* do art. 1° da Lei Complementar n° 64/1990, que veda por oito anos a eleição, para qualquer cargo, do gestor cujas contas no exercício de cargos ou funções públicas foram julgadas, em decisão irrecorrível, "por irregularidade insanável que configure ato doloso de improbidade administrativa". Dessa forma, a alteração legislativa acabou por reduzir o âmbito de aplicação do princípio da moralidade.

2.2 Princípio da isonomia

Todos os candidatos devem concorrer em igualdade de condições, mantendo-se o equilíbrio do pleito eleitoral. A data de início da realização da propaganda eleitoral igual para todos os candidatos (vedada a propaganda antecipada) e a fixação de determinadas condutas vedadas são justamente para garantir a isonomia de condições.

2.3 Princípio da democracia partidária

Na teoria, com o advento da Constituição de 1988, os partidos políticos passaram a ter uma missão no sistema democrático

Princípios do Direito Eleitoral   61

brasileiro: proteger os direitos fundamentais e o regime democrático. O Estado não pode imiscuir-se nos assuntos partidários, tampouco determinar a estrutura das agremiações partidárias, pois os partidos políticos possuem autonomia, conforme prescrição contida no art. 17, § 1°, da CF (princípio da autonomia partidária).

Além disso, de acordo com o inciso V, § 3°, do art. 14 da CF/1988, somente é possível concorrer a um cargo público eletivo por meio dos partidos políticos, são vedadas candidaturas isoladas no sistema democrático partidário brasileiro. Assim explica José Jairo Gomes (2008, p. 29):

> [...] o esquema partidário é assegurado pela Lei Maior que erigiu a filiação partidária como condição de elegibilidade. Assim, os partidos políticos detêm o monopólio das candidaturas, de sorte que, para ser votado, o cidadão deve filiar-se. Inexistem no sistema brasileiro candidaturas avulsas. Por isso afirma-se que, no Brasil, adotou-se o princípio da democracia partidária, em que o partido político tem importante função para a consecução do valor democrático. Aliás, tamanha é a importância do partido na democracia brasileira que o Supremo Tribunal Federal afirmou que o mandato eletivo proporcional pertence à agremiação partidária (STF, MS n. 26; 602). Caso um detentor de um cargo público eletivo desfilie-se de seu partido sem que exista uma justa causa, perderá seu mandato.

2.4 Princípio republicano

A república é forma de governo, e dela deriva a ideia de que os mandatos eletivos têm prazo determinado, reverberando na alternância de poder, através da participação popular, da descentralização do poder político nas esferas federal, estadual e municipal, de forma indissolúvel.

62 Direito Eleitoral

2.5 Princípio do pluralismo político

Pluralismo político é a possibilidade e garantia da existência de várias opiniões e ideias com o respeito por cada uma delas. O pluralismo político, como base do Estado democrático de direito, aponta o reconhecimento de que a sociedade é formada por vários grupos, portanto composta pela multiplicidade de vários centros de poder em diferentes setores.

Pluralismo político não deve confundir-se com pluripartidarismo ou multipartidarismo, que é uma das consequências do pluralismo político, ou seja, a possibilidade de existência de várias agremiações partidárias.

O Estado democrático de direito consagra o exercício dos direitos sociais e individuais, devendo o poder ser exercido pelo povo através de representantes eleitos, consagrando dessa maneira a participação de todos no processo político da Nação. Pelas vertentes do pluralismo político, então, busca-se consagrar a liberdade de expressão, manifestação e opinião, garantindo-se a participação do povo na formação da democracia do país.

2.6 Princípio da liberdade de organização partidária

As greis partidárias são pessoas jurídicas de direito privado, que se destinam a assegurar, no interesse do regime democrático, a autenticidade do sistema representativo e a defender os direitos fundamentais definidos na Constituição. Em razão de suas funções e atribuições na democracia brasileira, a Constituição Federal adotou o princípio da liberdade de organização partidária. Dessa forma, o partido tem autonomia para definir sua estrutura interna, organização e funcionamento. Também são livres a criação, fusão, incorporação e extinção de agremiações partidárias, desde que se respeitem a soberania nacional, o regime democrático, o pluripartidarismo e os direitos fundamentais da pessoa humana.

2.7 Princípio da fidelidade partidária

A fidelidade partidária está na base da formação das agremiações partidárias. De acordo com o art. 17, § 1º, da CF/1988, o estatuto do partido político deve estabelecer normas de fidelidade e disciplina partidárias. A agremiação partidária tem importante papel no processo eleitoral, conforme visto no estudo do princípio da democracia partidária, e justamente por isso o detentor de mandato eletivo proporcional deve pautar a sua atuação de acordo com os valores, os ideais, a orientação programática e os princípios defendidos pelo partido pelo qual foi eleito.

Caso os filiados adotem posturas contrárias às orientações da direção partidária, é cabível a aplicação de sanções, inclusive a expulsão, se prevista no estatuto. Além disso, os filiados eleitos podem perder seu mandato eletivo (em cargos proporcionais) caso se desfiliem de seu partido de origem (pelo qual foram eleitos) sem que exista uma justa causa, conforme jurisprudência do TSE:[1]

> [...] parece-me equivocada e mesmo injurídica a suposição de que o mandato político eletivo pertence ao indivíduo eleito, pois isso equivaleria a dizer que ele, o candidato eleito, se teria tornado senhor e possuidor de uma parcela da soberania popular, não apenas transformando-a em propriedade sua, porém mesmo sobre ela podendo exercer, à moda do exercício de uma prerrogativa privatística, todos os poderes inerentes ao seu domínio, inclusive o de dele dispor (Consulta 1398/DF, Rel. Min. Cesar Asfor Rocha).

Muito cuidado, pois o STF, no julgamento da ADI nº 5.081, entendeu que somente poderá perder o cargo em razão da infidelidade partidária os mandatários eleitos pelo sistema eleitoral proporcional, ou seja, deputado federal, deputado estadual, deputado distrital (DF) e vereador. É esse o teor da Súmula nº 67 – TSE: "A perda do mandato em razão da desfiliação partidária não se aplica aos candidatos eleitos pelo sistema majoritário".

[1.] Consulta – TSE nº 1.398/DF. Disponível em: https://sjur-servicos.tse.jus.br/sjur-servicos/rest/download/pdf/28376. Acesso em: 28 abr. 2022.

64 Direito Eleitoral

A Constituição Federal estabeleceu no art. 17, § 5°, que se um candidato for eleito por um partido que não conseguir preencher os requisitos para obter o fundo partidário e o tempo de rádio e TV, poderá ele mudar de partido, sem perder o mandato por infidelidade partidária:

> Art. 17 [...]
>
> § 5° Ao eleito por partido que não preencher os requisitos previstos no § 3° deste artigo é assegurado o mandato e facultada a filiação, sem perda do mandato, a outro partido que os tenha atingido, não sendo essa filiação considerada para fins de distribuição dos recursos do fundo partidário e de acesso gratuito ao tempo de rádio e de televisão. (Incluído pela Emenda Constitucional n° 97, de 2017.)

Com a Emenda Constitucional n° 111/2021, houve o acréscimo do § 6° ao art. 17, disciplinando de forma mais detalhada sobre o instituto da infidelidade partidária, prescrevendo também a anuência do partido como causa não ensejadora de perda do mandato, conforme se observa do texto normativo:

> Art. 17 [...]
>
> § 6° Os Deputados Federais, os Deputados Estaduais, os Deputados Distritais e os Vereadores que se desligarem do partido pelo qual tenham sido eleitos perderão o mandato, salvo nos casos de **anuência do partido ou de outras hipóteses de justa causa estabelecidas em lei,** não computada, em qualquer caso, a migração de partido para fins de distribuição de recursos do fundo partidário ou de outros fundos públicos e de acesso gratuito ao rádio e à televisão. (Grifos nossos.)

Observa-se que, antes mesmo da alteração constitucional, o TSE já possuía entendimento no sentido de que a concordância da agremiação partidária com o desligamento do filiado seria apta a permitir a desfiliação sem prejuízo do mandato eletivo (REspe – Recurso Especial Eleitoral n° 060015033 – Belo Horizonte/MG – Acórdão de 10.09.2019 – Rel. designado(a) Min. Alexandre de Moraes).

Com relação as hipóteses de justa causa, transcrevemos o artigo:

> Art. 22-A. Perderá o mandato o detentor de cargo eletivo que se desfiliar, sem justa causa, do partido pelo qual foi eleito.
>
> Parágrafo único. Consideram-se justa causa para a desfiliação partidária somente as seguintes hipóteses:
>
> I – mudança substancial ou desvio reiterado do programa partidário;
>
> II – grave discriminação política pessoal; e
>
> III – mudança de partido efetuada durante o período de trinta dias que antecede o prazo de filiação exigido em lei para concorrer à eleição, majoritária ou proporcional, ao término do mandato vigente.

A possibilidade prevista no inciso III, de mudança no período de 30 dias que antecede o prazo de filiação exigido em lei para concorrer à eleição ao término do mandato vigente (atenção especial para esse requisito), é o que se denomina janela partidária, cujo prazo para as eleições 2022 se finda em 1° de abril, conforme calendário do TSE.

Em suma, havendo desligamento do candidato com anuência da agremiação partidária ou por justa causa, cujas hipóteses estão estabelecidas no art. 22-A da Lei n° 9.096/1995, ou por não haver o partido pelo qual eleito preenchido os requisitos para obter o fundo partidário e o tempo de rádio e TV, não incidirá a infidelidade partidária e consequente perda do mandato eletivo, em cargos proporcionais.

2.8 Princípio da lisura das eleições

A lisura das eleições tem relação direta com a ideia da igualdade de todos os candidatos perante a lei eleitoral, sendo também uma derivação da moralidade. Trata-se, portanto, de concretizar eleições isentas de abusos (por isso a proibição do abuso do poder político e econômico), fraudes, corrupção, assegurando a legitimidade política.

66 Direito Eleitoral

2.9 Princípio do aproveitamento do voto

Trata-se do vetor de preservação da soberania popular quando, em juízo, estiverem sendo analisadas nulidades que possam viciar as eleições. Por esse motivo, o Código Eleitoral adotou um sistema mitigado de nulidade de votos e as nulidades, mesmo que absolutas, podem ser convalidadas, desde que não arguidas no momento oportuno. Esta é a disposição do art. 149 do Código Eleitoral: "não será admitido recurso contra a votação, se não tiver havido impugnação perante a mesa receptora, no ato da votação, contra as nulidades arguidas".

No art. 219 do Código Eleitoral também vemos o que se denomina *in dubio pro voto*, pois assim estabelece:

> Art. 219. Na aplicação da lei eleitoral o juiz atenderá sempre aos fins e resultados a que ela se dirige, abstendo-se de pronunciar nulidades sem demonstração de prejuízo.
>
> Parágrafo único. A declaração de nulidade não poderá ser requerida pela parte que lhe deu causa nem a ela aproveitar.

2.10 Princípio da anterioridade eleitoral

A definição do princípio da anterioridade eleitoral está expressa no art. 16 da Constituição de 1988, para o qual: "A lei que alterar o processo eleitoral entrará em vigor na data de sua publicação, não se aplicando à eleição que ocorra até um ano da data de sua **vigência**" (grifo nosso). Trata-se de consagração dos conceitos de segurança jurídica, de eficácia normativa no processo eleitoral, pois esse princípio estabiliza pelo período de um ano as normas processuais eleitorais.[2]

Alguns doutrinadores chamam de princípio na anualidade, anualidade eleitoral, anterioridade, sendo tal princípio constitucional uma cláusula pétrea.

[2.] STF, ADI nº 2.628, DJ 05.03.2004.

O princípio da anualidade das leis eleitorais é uma proteção outorgada à sociedade contra os casuísmos existentes na esfera política. Conforme destaca José Jairo Gomes (2011, p. 210), "essa restrição tem em vista impedir mudanças casuísticas na legislação eleitoral que possam surpreender os participantes do certame que se avizinha, beneficiando ou prejudicando candidatos".

Pretendeu o constituinte impedir que situações concretas, interesses ocasionais, conduzissem a alterações da legislação eleitoral, maculando a legitimidade das eleições, rompendo a igualdade de oportunidades entre partidos e candidatos.

Interessante observar que a lei que altera o processo eleitoral não possui *vacatio legis*, sendo sua vigência sempre imediata, conforme dispõe a redação do art. 16 da CF. Desse modo, não se aplica às leis que alterarem o processo eleitoral o art. 1º da Lei de Introdução às Normas de Direito Brasileiro (prazo de *vacatio legis* de 45 dias). Contudo, as leis que alterarem o processo eleitoral só serão aplicadas às eleições que ocorrerem após um ano da **data** de sua publicação, **inclusive**. Teremos uma lei vigente, eficaz e apta a produzir efeitos, mas que, por prescrição constitucional, somente terá aplicação após um ano da publicação.

Pertinente destacar que o TSE vem aplicando o princípio da anualidade também para as suas decisões, quando impliquem uma mudança significativa da sua jurisprudência quanto ao processo eleitoral.

Deve-se descobrir o que pode ser entendido por processo eleitoral, já que o princípio da anterioridade eleitoral não é aplicável a todas as leis eleitorais, mas somente àquelas que alterem o referido processo. O princípio da anterioridade eleitoral é aplicável unicamente às leis que **alterem o processo eleitoral**.

De acordo com o STF, processo eleitoral constitui uma

> sucessão ordenada de atos e estágios causalmente vinculados entre si, supõe, em função dos objetivos que lhe são inerentes, a sua integral submissão a uma disciplina jurídica que, ao discriminar os momentos que o compõem, indica as fases em que ele se desenvolve:

68 Direito Eleitoral

(a) fase pré-eleitoral, que, iniciando-se com a realização das convenções partidárias e a escolha de candidaturas, estende--se até a propaganda eleitoral respectiva; (b) fase eleitoral propriamente dita, que compreende o início, a realização e o encerramento da votação e (c) fase pós-eleitoral, que principia com a apuração e contagem de votos e termina com a diplomação dos candidatos eleitos, bem assim dos seus respectivos suplentes (ADI nº 3.345, *DJ* de 19.08.2010).

E justamente com base nesse entendimento de processo eleitoral e anterioridade eleitoral, o STF firmou a tese de repercussão geral n° 387, afirmando que a Lei Complementar n° 135/2010 – Lei da Ficha Limpa – não seria aplicável às eleições gerais de 2010. A tese, firmada por seis votos a cinco, passou a nortear o entendimento jurisprudencial do STF no que se refere ao conteúdo do princípio da anualidade eleitoral.

O processo eleitoral pode ser alterado por leis infraconstitucionais, leis complementares e emendas constitucionais, mas as disposições que se referem ao processo eleitoral, independentemente da espécie de ato normativo, devem obediência, quanto à aplicação, ao princípio da anterioridade, constituindo, conforme orienta Rodrigo Lopes Zillio, uma restrição ao poder constituinte derivado reformador (ADI n° 3.345, Rel. Min. Celso de Mello). Por fim, atente-se que a vedação em questão não abrange resoluções do TSE que tenham caráter meramente regulamentar do processo eleitoral.

Destaques

■ Princípio Republicano: A república é forma de governo, e dela deriva a ideia de que os mandatos eletivos têm prazo determinado, reverberando na alternância de poder, através da participação popular, da descentralização do poder político nas esferas federal, estadual e municipal, de forma indissolúvel.

Princípios do Direito Eleitoral **69**

- Pertinente destacar que o TSE vem aplicando o princípio da anualidade também para as suas decisões, quando impliquem uma mudança significativa da sua jurisprudência quanto ao processo eleitoral.

- Com relação ao princípio da fidelidade partidária, havendo desligamento do candidato com anuência da agremiação partidária ou por justa causa, cujas hipóteses estão estabelecidas no art. 22-A da Lei nº 9.096/1995, ou por não haver o partido pelo qual eleito preenchido os requisitos para obter o fundo partidário e o tempo de rádio e TV, não incidirá a infidelidade partidária e consequente perda do mandato eletivo, em cargos proporcionais.

3

Sistema proporcional e majoritário

Sistemas eleitorais constituem-se em mecanismos necessários para a definição daqueles que exercerão efetivamente, em nome do povo (maiorias e minorias), o poder soberano, investidos nos cargos políticos executivos e legislativos, definindo políticas públicas e determinando o futuro do país, fixando diretrizes para as próximas gerações.

Conforme assevera José Afonso da Silva (1993, p. 371), é o conjunto de técnicas e procedimentos que se empregam na realização das eleições, destinados a organizar a representação do povo no território nacional.

Em suma, são as regras necessárias para o cômputo dos votos e sua transformação em mandatos eletivos.

Três são os sistemas eleitorais: o sistema majoritário, o sistema proporcional e o sistema misto. Desde logo, o sistema majoritário é adotado no Brasil nas eleições para cargos executivos (prefeito, governador e presidente da república) e para senadores, e o proporcional, adotado nas eleições para deputados e vereadores.

72 Direito Eleitoral

3.1 Sistema majoritário

No sistema majoritário, o candidato que receber a maioria dos votos válidos (excluídos votos brancos e nulos) será eleito, adotado para as eleições dos cargos de Presidente da República, Governador, Prefeito e Senador (atenção: único do legislativo) e respectivos vices e suplentes.

■ **Majoritário simples:** ou de turno único. É exigido apenas a maioria de votos, não temos segundo turno. Para prefeitos de municípios com até 200 mil habitantes e senado.

É eleito o candidato que obtiver maioria de votos nas eleições, ainda que tenha recebido um único voto a mais que o segundo candidato mais votado, ou mesmo que a soma dos concorrentes ultrapasse a sua votação. No caso dos senadores, haverá eleições alternadamente a cada quatro anos, com mandato de oito anos, e cada Estado-membro tem três cadeiras no Senado da República. Os senadores são eleitos para representar os estados e somam 81 ao todo, ou seja, três por Estado.

■ **Majoritário de dois turnos:** é exigida a maioria absoluta dos votos válidos para eleição em primeiro turno. Ou seja, 50% mais um (primeiro número inteiro acima da fração). Se o candidato não obtiver essa maioria absoluta, vai para segundo turno. É o caso da eleição para Presidente da República, Governador de Estado e do Distrito Federal e Prefeitos de municípios com mais de 200 mil eleitores.

No segundo turno, a regra muda, teremos a votação por maioria simples, ou seja, maioria dos votos válidos (art. 77, § 3º, da CF).

Se a maioria absoluta não for alcançada na primeira votação, realiza-se nova eleição no último domingo de outubro (segundo turno), concorrendo os dois candidatos mais votados, sendo considerado eleito o que obtiver a maioria dos votos válidos (arts. 29, II, e 77 da CF, c.c. os arts. 2º e 3º da Lei nº 9.504/1997).

Caso ocorra morte, desistência ou impedimento legal de um dos candidatos, antes do segundo turno, convocar-se-á, entre os remanescentes, o de maior votação (art. 2º, § 2º, da Lei nº 9.504/1997). Portanto, será chamado o terceiro mais votado, para concorrer com o candidato que permaneceu (o primeiro ou o segundo mais votado que sobrou). Com isso, evita-se a interpretação de que deveria subsistir a chapa do candidato falecido, impedido ou desistente, e se este ganhasse assumiria o seu vice, nem dá a opção ao partido de substituir candidato. Na hipótese de ocorrer empate dentre os remanescentes (mais de um candidato com a mesma votação), qualifica-se o mais idoso.

> Art. 77. A eleição do Presidente e do Vice-Presidente da República realizar-se-á, simultaneamente, no primeiro domingo de outubro, em primeiro turno, e no último domingo de outubro, em segundo turno, se houver, do ano anterior ao do término do mandato presidencial vigente.
>
> § 1º A eleição do Presidente da República importará a do Vice-Presidente com ele registrado.
>
> § 2º Será considerado eleito Presidente o candidato que, registrado por partido político, obtiver a maioria absoluta de votos, não computados os em branco e os nulos.
>
> § 3º Se nenhum candidato alcançar maioria absoluta na primeira votação, far-se-á nova eleição em até vinte dias após a proclamação do resultado, concorrendo os dois candidatos mais votados e considerando-se eleito aquele que obtiver a maioria dos votos válidos.
>
> § 4º Se, antes de realizado o segundo turno, ocorrer morte, desistência ou impedimento legal de candidato, convocar-se-á, dentre os remanescentes, o de maior votação.
>
> **[Importante! Isso significa que não vai ocorrer substituição do candidato, pelo partido, no segundo turno, ou seja, chama-se a concorrer o terceiro colocado na votação geral (e seu vice), mas não substitui o candidato, não é direito do partido.]**
>
> § 5º Se, na hipótese dos parágrafos anteriores, remanescer, em segundo lugar, mais de um candidato com a mesma votação, qualificar-se-á o mais idoso.

74 Direito Eleitoral

Por fim, importante rememorar o conteúdo da Súmula nº 67 do TSE: "A perda do mandato em razão da desfiliação partidária não se aplica aos candidatos eleitos pelo sistema majoritário".

Questão interessante nos mandatos majoritários para chefias do executivo é a possibilidade de serem realizadas eleições indiretas, em caso de vacância dos cargos nos dois últimos anos de exercício, tal como disposto no art. 81 da CF, que se aplica, por simetria, aos demais executivos.

> Art. 81. Vagando os cargos de Presidente e Vice-Presidente da República, far-se-á eleição noventa dias depois de aberta a última vaga.
>
> § 1º Ocorrendo a vacância nos últimos dois anos do período presidencial, a eleição para ambos os cargos será feita trinta dias depois da última vaga, pelo Congresso Nacional, na forma da lei.
>
> § 2º Em qualquer dos casos, os eleitos deverão completar o período de seus antecessores.

3.2 Sistema proporcional

No sistema eleitoral proporcional, a finalidade é a repartição aritmética das vagas, pretendendo-se, dessa forma, que a representação em determinado território se distribua em proporção às correntes ideológicas ou de interesse, integrada nos partidos políticos concorrentes. Sua concepção teve origem na Revolução Francesa, em 1789, sob a ideia de que o parlamento deveria estar desenhado o mais próximo possível do perfil do eleitorado.

O art. 45 da Constituição Federal define a adoção do sistema proporcional por quociente eleitoral para a Câmara dos Deputados, dispondo que ela se compõe de "representantes do povo, eleitos, pelo sistema proporcional, em cada Estado, em cada Território e no Distrito Federal". O número de representantes, proporcionalmente à população, é definido por lei complementar (LC nº 78, de 30.12.1993). Quanto aos Estados e Municípios, a disciplina está nos arts. 27 e 29, I e IV, da Constituição Federal.

Portanto, são eleitos pelo sistema proporcional:

a) Deputados Federais (art. 45 da CF).
b) Deputados Estaduais (art. 27 da CF).
c) Deputados Distritais (art. 32, § 3°, da CF).
d) Vereadores (art. 29, IV, da CF).

São duas as técnicas de representação proporcional: a do número uniforme e a do quociente eleitoral (essa baseada no método D'Hont[1]). No modelo do número uniforme, o número de votos correspondentes ao preenchimento de uma vaga, em cada circunscrição, é previamente estabelecido por lei, por exemplo, estipula-se 10.000 mil votos por vaga. Se o partido obtiver 30.000 votos, então terá a agremiação direito a três vagas.

Diferentemente é a técnica do quociente eleitoral, consistente em operações aritméticas sucessivas, sendo essa a adotada pelo Brasil, conforme dito acima.

Para o cálculo do **quociente eleitoral**, primeiramente somam-se os **votos válidos** (votos dados para os partidos e seus candidatos, desprezando-se os votos nulos e brancos) e divide-se o resultado pelo número de cadeiras a preencher, em cada circunscrição eleitoral, desprezada a fração se igual ou inferior a meio, equivalente a um, se superior, obtendo-se assim, o quociente eleitoral. Os **votos brancos e os votos nulos não são considerados nos cálculos**, conforme prescreve o art. 5° da Lei n° 9.504/1997.

Em seguida, dividem-se os votos de cada partido (**relembrando que a EC n° 97/2017, que alterou o art. 17, § 1°, da Constituição Federal, proibiu a formação de coligações partidá-**

---

[1]. Conforme explica Jaime Barreiros Neto (2020, p. 58): "Finalmente, no ano de 1885, uma conferência internacional sobre reforma eleitoral, ocorrida na Bélgica, vem a fortalecer, definitivamente, a tese do sistema eleitoral proporcional. Consagra-se, neste momento, o modelo de representação proporcional formulado pelo belga Victor D'Hont, cuja concepção era a de que os sistemas eleitorais deveriam viabilizar a representação das diversas correntes de opinião presentes na sociedade expressas pelos partidos políticos".

rias) pelo quociente eleitoral, obtendo-se assim o número de eleitos de cada agremiação (quociente partidário), desprezada a fração.

Por **quociente partidário** entende-se o percentual obtido por partido, mediante a divisão do número de votos alcançados pela legenda pelo quociente eleitoral. O partido que não atingir o quociente eleitoral não elege qualquer deputado ou vereador. Salvo se nenhum partido atingir o quociente eleitoral, quando as vagas serão preenchidas pelos candidatos mais votados, independentemente dos votos dados aos partidos (art. 111, CE).

Vale lembrar que não basta que a legenda pela qual concorra o candidato alcance o quociente partidário, **pois o número de votos obtidos nominalmente deverá ser igual ou superior a 10% (dez por cento) do quociente eleitoral**. Significa que foi criada uma **cláusula de desempenho mínimo** para que as vagas obtidas pelo partido político sejam preenchidas, ou seja, se um (ou mais de um) candidato por um mesmo partido, embora alcançado o quociente partidário, não obtiver o mínimo fixado, a destinação da vaga dependerá da aplicação do disposto no art. 109, do CE (as famosas "sobras" – técnica da melhor média), sem prejuízo da ordem de suplência em relação aos candidatos que não atingiram o percentual mínimo do quociente eleitoral (parágrafo único do art. 112).

Existem, também, outras regras estipuladas para situações que possam ocorrer:

> Art. 108. Estarão eleitos, entre os candidatos registrados por um partido que tenham obtido votos em número igual ou superior a 10% (dez por cento) do quociente eleitoral, tantos quantos o respectivo quociente partidário indicar, na ordem da votação nominal que cada um tenha recebido. (Redação dada pela Lei nº 14.211, de 2021.)

Esse requisito da votação nominal, além do quociente partidário, evita os chamados "puxadores de votos" para o partido, pois cada candidato tem que ter um desempenho mínimo na votação, legitimando e prestigiando o voto do eleitor.

Parágrafo único. Os lugares não preenchidos em razão da exigência de votação nominal mínima a que se refere o *caput* serão distribuídos de acordo com as regras do art. 109.

Essa regra do art. 109 refere-se ao sistema de médias!

Art. 109. Os lugares não preenchidos com a aplicação dos quocientes partidários e em razão da exigência de votação nominal mínima a que se refere o art. 108 serão distribuídos de acordo com as seguintes regras:

I – dividir-se-á o número de votos válidos atribuídos a cada partido pelo número de lugares por ele obtido mais 1 (um), cabendo ao partido que apresentar a maior média um dos lugares a preencher, desde que tenha candidato que atenda à exigência de votação nominal mínima;

II – repetir-se-á a operação para cada um dos lugares a preencher;

III – quando não houver mais partidos com candidatos que atendam às duas exigências do inciso I deste *caput*, as cadeiras serão distribuídas aos partidos que apresentarem as maiores médias.

§ 1º O preenchimento dos lugares com que cada partido for contemplado far-se-á segundo a ordem de votação recebida por seus candidatos.

§ 2º Poderão concorrer à distribuição dos lugares todos os partidos que participaram do pleito, desde que tenham obtido pelo menos 80% (oitenta por cento) do quociente eleitoral, e os candidatos que tenham obtido votos em número igual ou superior a 20% (vinte por cento) desse quociente.

Na ADI nº 5.420, o STF considerou inconstitucional a redação do art. 109 dada pela Lei nº 13.165/2015. No entanto, a Lei nº 14.211 de 2021 já alterou e reorganizou esse sistema de médias, privilegiando a lista aberta, ou seja, o voto do eleitor.

As famosas "sobras", portanto, serão destinadas aos partidos ou coligações que obtiverem as maiores médias. A "técnica da maior média" determina que os votos do partido sejam divididos pelo número de cadeiras por ele atingindo mais um, obtendo-se assim a média de cada um dos concorrentes e o número final de cadeiras a que cada partido ou coligação terá direito. Obtido o número final de cadeiras, estarão eleitos os candidatos mais votados de cada partido, em número capaz de preencher as vagas destinadas à agremiação.

Atenção!

Recentemente promulgada, a Lei nº 14.211/2021 determina que só podem concorrer à distribuição das "sobras" os candidatos que obtiverem votos equivalentes a pelo menos 20% do quociente eleitoral e os partidos que conquistarem um mínimo de 80%. Pela regra anterior (Lei nº 13.488, de 2017), todos os partidos com participação nas eleições podiam participar da distribuição das "sobras", independentemente do número de votos.

Sobre a suplência, nos termos do art. 112 do Código Eleitoral, consideram-se suplentes da representação partidária:

a) o mais votado sob a mesma legenda e não eleitos efetivos das listas dos respectivos partidos;

b) em caso de empate na votação, na ordem decrescente de idade.

Para definição dos suplentes da representação partidária, "não há exigência de votação nominal mínima prevista pelo art. 108". Além disso, o Tribunal Superior Eleitoral (TSE) já decidiu que serão diplomados até o terceiro suplente, facultando aos demais o direito de solicitação do diploma em qualquer momento (PA 19.175/RJ, TSE).

Subsidiariamente, ocorrendo a vacância de mandato de deputado federal ou senador da república, e não havendo suplente para preenchê-la, será realizada eleição, se faltarem mais de 15 meses para findar o período do mandato (art. 56, § 2°, da CF). O sistema mais utilizado atualmente para a eleição dos deputados e dos senadores é o do voto nominal (nos candidatos), embora seja possível o voto na legenda (VASCONCELLOS; DA SILVA, 2020, p. 98).

Exemplos práticos:

a) Município de Nárnia e Partido Nada Vai Mudar

$$\text{Quociente eleitoral } (art.\ 106\ CE) = \frac{\text{votos válidos}}{\text{lugares a preencher na casa}}$$

Município Nárnia: 40 mil votos e 10 lugares para vereador, então o QE será 4.000 votos

$$\text{Quociente partidário } (art.\ 107\ CE) = \frac{\text{votos obtidos (12 mil)}}{\text{quociente eleitoral (4 mil)}}$$

Partido Nada Vai Mudar: 12 mil votos

Ele vai poder preencher 3 vagas na casa legislativa, esse é o quociente partidário!

b) Município Tão Tão Distante e Partido Sempre Igual

■ votos válidos = 11.455
■ número de vagas = 11

Quociente eleitoral: 11.455/11 = 1.041, 36 resultando quociente eleitoral igual a 1.041 (fração menor que meio)

O Partido Sempre Igual obteve 6.247 votos:

Quociente partidário: 6.246/1.041 = 6 (seis) vagas

Jurisprudência

Coligação majoritária e possibilidade de impugnação de candidaturas de eleições proporcionais.

Recurso Especial n° 060028611, Mata de São João/BA, Rel. Min. Mauro Campbell Marques, sessão de 18.05.2021.

80 Direito Eleitoral

EMENTA

ELEIÇÕES 2020. RECURSO ESPECIAL. RRC. AIRC. VEREADOR ELEITO. AÇÃO IMPUGNATÓRIA MANEJADA POR COLIGAÇÃO MAJORITÁRIA EM REGISTRO DE CANDIDATURA RELATIVO A CARGO PROPORCIONAL. POSSIBILIDADE. NÃO CONHECIMENTO NAS INSTÂNCIAS ORDINÁRIAS. DESACERTO. EC Nº 97/2017. LEGITIMIDADE E INTERESSE DA IMPUGNANTE. SUBSISTÊNCIA. ARTS. 3º DA LC Nº 64/1990 E 40 DA RES.–TSE Nº 23.609/2019. FISCALIZAÇÃO E LISURA DO PROCESSO ELEITORAL. INTERESSE COLETIVO. RESTRIÇÃO DO ROL DE LEGITIMADOS À PROPOSIÇÃO DE AIRC. IMPOSSIBILIDADE. PRECEDENTE. NECESSIDADE DE PRONUNCIAMENTO ACERCA DO MÉRITO DA IMPUGNAÇÃO. RETORNO DOS AUTOS DIGITAIS À ORIGEM. RECURSO ESPECIAL PROVIDO.

1. Na origem, por meio de ação impugnatória (AIRC), a coligação majoritária recorrente se insurgiu contra o registro de candidatura do ora recorrido ao cargo de vereador, apontando ausência de filiação ao partido pelo qual este concorreu e sagrou-se eleito no pleito de 2020, visto que estaria filiado a um dos partidos dela componentes.

2. A insurgência apresentada não foi conhecida pelo Tribunal local ante a pretensa ausência de legitimidade e de interesse da coligação majoritária para apresentar impugnação em processo referente a cargo proporcional, à luz da EC nº 97/2017.

3. Como é cediço, a mudança no texto constitucional operada pelo constituinte derivado reformador (EC nº 97/2017) culminou na vedação de formação, a partir do pleito de 2020, de coligações proporcionais. Não há falar, todavia, em restrição e/ou limitação no rol de legitimados a propor ação impugnatória, sendo forçoso o reconhecimento da legitimidade e do interesse da recorrente.

4. Descabe ao intérprete conjecturar sobre quaisquer limitações acerca dos legitimados a acessar a via impugnatória, visto que o art. 3º da Lei de Inelegibilidade (LC nº 64/1990) não estabelece, em momento algum, qualquer restrição para a ocupação do polo ativo da AIRC. Precedente.

5. O TSE, no estrito exercício de sua competência regulamentar, manteve no art. 40 da Res.–TSE nº 23.609/2019 – normativo ulterior à alteração

promovida pela EC n° 97/2017 – a mesma redação prevista no art. 3° da LC n° 64/1990, fato sinalizador de reforço à presunção de constitucionalidade do referido dispositivo legal.

6. Não há óbice legal à impugnação ao registro de candidatura de cargo proporcional por parte de coligação formada para o pleito majoritário.

7. Em deferência à primazia da decisão de mérito, à persecução da lisura e à higidez do processo eleitoral, reputa-se pertinente o pedido de devolução dos autos do processo eletrônico à origem para o devido exame do mérito da AIRC.

8. Provido o recurso especial e determinado o retorno dos autos digitais ao TRE/BA, a fim de que se pronuncie acerca do mérito da impugnação ao RRC em questão.

(RECURSO ESPECIAL ELEITORAL n° 060028611, Acórdão, Rel. Min. Mauro Campbell Marques, *DJe* 10.06.2021).

Súmula

Súmula – TSE n° 67

A perda do mandato em razão da desfiliação partidária não se aplica aos candidatos eleitos pelo sistema majoritário.

Destaque

- Não basta que a legenda pela qual concorra o candidato alcance o quociente partidário, **pois o número de votos obtidos nominalmente deverá ser igual ou superior a 10% (dez por cento) do quociente eleitoral**. É o que determina a **cláusula de desempenho mínimo** para que as vagas obtidas pelo Partido Político sejam preenchidas.

4

Justiça Eleitoral – Organização e competência

A Justiça Eleitoral foi instituída no Brasil com o Código Eleitoral de 1932 e na Constituição de 1934, quando passou a conceder o voto às mulheres e estabelecer o sufrágio universal e secreto. Foi extinta durante o período do Estado Novo (1937 e 1945), ressurgindo novamente em 1946, tendo atualmente previsão constitucional nos arts. 92, V, e 118 a 121 da CF/1988.

A Justiça Eleitoral é composta pelo TSE, Tribunais Regionais Eleitorais, Juízes Eleitorais e Juntas Eleitorais, sendo peculiar que a composição de seus órgãos é híbrida: integrada por juízes de outros órgãos do Poder Judiciário, por advogados e até mesmo por pessoas sem formação jurídica, como os membros das Juntas Eleitorais, não aplicando a regra referente ao quinto constitucional do art. 94 da Constituição Federal.

Essa justiça especializada conta com quadro próprio de servidores públicos federais, mantida pela União, no entanto, os juízes são cedidos pelos demais órgãos do Poder Judiciário, pelo prazo de dois anos, renovável por mais dois anos, recebendo por esta função uma gratificação eleitoral.

A Justiça Eleitoral não está vinculada ao Poder Legislativo, possuindo autonomia para realização de todos os procedimentos necessários para a lisura das eleições, e desenvolve funções típicas e atípicas.

84 Direito Eleitoral

Por função típica, tem-se a competência de dizer o direito em cada caso concreto, tendo suas decisões protegidas pelo manto da coisa julgada. A função atípica é aquela que não ostenta cunho jurisdicional contencioso, consubstanciando-se em atos preparatórios para a realização das eleições, como por exemplo, as tarefas necessárias para o alistamento e o registro eleitoral. Dessa forma, podemos verificar que a Justiça Eleitoral exerce as funções normativa, consultiva, administrativa e jurisdicional.

4.1 Função jurisdicional

O exercício da função jurisdicional pela Justiça Eleitoral incide sobre o processo eleitoral e se inicia no alistamento eleitoral, passando, sequencialmente, pelas convenções para a escolha de candidatos, registro de candidaturas, propaganda política, votação e apuração de votos, proclamação dos eleitos e diplomação (rememorando que é cabível a ação de impugnação ao mandato eletivo em até 15 dias após a diplomação dos eleitos, por mandamento constitucional).

Está dentro da competência jurisdicional da Justiça Eleitoral a execução fiscal da multa eleitoral (Conflito de Competência 1998/0040835-5, Rel. Min. Eliana Calmon, Órgão Julgador – Primeira Seção do STJ. Data de julgamento: 25.08.1999, *DJ* 08.11.1999, p. 69, *RSTJ*, vol. 126, p. 17), o julgamento dos crimes eleitorais, e tudo o quanto deva incidir no processo eleitoral.

No tocante ao conflito de competência, importa notar que a Justiça Eleitoral exerce, quanto aos crimes comuns, a *vis atractiva*. No entanto, será causa de separação obrigatória quanto à Justiça da Infância e Juventude e a competência do Tribunal do Júri. Atenção! Sendo o menor autor ou réu de qualquer outra ação eleitoral, que não tenha natureza de ato infracional equiparado a delito eleitoral, será a Justiça Eleitoral, e não a vara da infância e juventude, a instância competente para o processo e julgamento da questão.

Com relação à matéria denominada *interna corporis* dos partidos políticos, questão sempre debatida na época das eleições, a jurisprudência é consolidada no sentido de ser matéria afeta à Justiça comum, fugindo da competência da Justiça Eleitoral.

4.2 Função administrativa

O TSE, TRE e juízes eleitorais desempenham função administrativa do próprio quadro de servidores e gerindo a distribuição de recursos materiais e humanos. Administram, também, as eleições nos seus respectivos âmbitos de abrangência.

4.3 Função regulamentar

O Código Eleitoral, em seu art. 23, IX, dispõe que caberá ao Tribunal Superior Eleitoral expedir as instruções para regulamentar a execução das disposições do Código Eleitoral, ou seja, o TSE (assim também o TRE) tem como incumbência editar instruções, mais conhecidas como Resoluções, destinadas à regulamentação da aplicação da legislação eleitoral. E assim, essas resoluções devem ser expedidas sem afronta a reserva da lei ao Poder Legislativo, pois não deve haver inovação ou alteração da legislação em vigor.

As resoluções podem ser temporárias, quando se referem a determinada eleição, com curta duração e específica aplicabilidade, ou resoluções permanentes (estáveis), pois não são alteradas em função de um calendário eleitoral das eleições. Dentre as resoluções permanentes destaca-se a Resolução nº 21.538/2003 (dispõe sobre o alistamento eleitoral), Resolução nº 23.571/2018 (disciplina a criação, organização, fusão, incorporação e extinção dos partidos políticos) e a Resolução nº 23.604/2019 (disciplina a prestação de contas dos partidos políticos). Vale o alerta de que é cabível um controle pelos partidos políticos e Ministério Público, quando se detectar uma extensão demasiada na regulamentação da matéria, bem como é admissível o ajuizamento de mandado

86 Direito Eleitoral

de injunção nas hipóteses de inércia do órgão regulamentador, ou seja, na ausência de norma regulamentadora sobre determinada matéria eleitoral.

Além disso, os Tribunais Regionais Eleitorais podem expedir as instruções nos casos de "eleições suplementares", assegurando o cumprimento de suas próprias decisões ou das decisões do Tribunal Superior Eleitoral.

4.4 Função consultiva

Nos termos do inciso XII do art. 23 e inciso VIII do art. 30, ambos do Código Eleitoral, e art. 29 da Lei de Introdução às Normas do Direito Brasileiro, compete ao Tribunal Superior Eleitoral e ao Tribunal Regional Eleitoral responder, sobre matéria eleitoral, às consultas que lhe forem formuladas em tese por autoridade com jurisdição, federal ou órgão nacional de partido político.

O pedido de consulta deve veicular situação hipotética e impessoal (em tese), de modo que não se identifica beneficiário ou prejudicado. Feita a consulta na forma legal, caberá ao TSE/TRE conhecer e responder, afirmativamente ou negativamente, de forma fundamentada e sem caráter decisório, mas enunciando um "entendimento", sem configurar precedente, é uma resposta em tese. A utilidade, então, será a antecipação de um entendimento sem vinculação, mas que indica como a Corte provavelmente julgará eventuais recursos que tratem do tema da consulta.

Nesse sentido, sobreleva destacar a recente Consulta proposta pela AGU ao TSE, julgada em 22 de março de 2022, com relação à possibilidade, em ano eleitoral, de redução, a partir de lei aprovada pelo Congresso Nacional, da alíquota de impostos e contribuições sobre produtos e insumos (CTA 0600090-81/TSE). A AGU asseverou que alguns insumos e produtos, como o petróleo, estão sujeitos à variação cambial e influência de diversos fatores macroeconômicos, compreendendo que seria dever da União, dos estados e dos municípios "adotarem medidas, seja em anos eleitorais ou não, para manter o regular funcionamento da economia e a adequada oferta e demanda de produtos, bem como para garantir o bem-estar social".

A Corte Eleitoral rejeitou a análise da consulta, deliberando pelo seu não conhecimento, uma vez que, apesar de possuir pertinência temática, por veicular matéria eleitoral em sentido estrito, faltaram os requisitos da abstração e objetividade. Além disso, entenderam que seria inviável a formulação de consultas para análises de possíveis condutas vedadas, uma vez que sua verificação exige minuciosa análise das circunstâncias fáticas concretas. Trata-se de importante precedente, que delimitou os contornos da utilização da consulta ao TSE.

4.5 Tribunal Superior Eleitoral

Nos termos do art. 119 da Constituição Federal, o Tribunal Superior Eleitoral é composto por **no mínimo sete membros (composição mínima)**, sendo cinco dentre os Ministros do Supremo Tribunal Federal e do Superior Tribunal de Justiça e dois advogados. O mandato é de dois anos, sendo possível uma recondução, mas nunca deve ultrapassar dois biênios consecutivos.

O processo de escolha se dá por voto secreto no STF e STJ. O STF escolhe três de seus membros para a composição do Tribunal, dentre os quais são indicados seu Presidente e o Vice-Presidente, e o STJ escolhe dois de seus membros, dentre os quais é indicado o seu Corregedor Eleitoral. Além disso, por nomeação do Presidente da República, são escolhidos dois advogados, dentre seis de notável saber jurídico e idoneidade moral, designados pelo STF.

A competência do TSE vem expressa no art. 22 do Código Eleitoral e nas disposições constitucionais, sendo suas decisões irrecorríveis, exceto as que contrariarem a Constituição, para as quais o remédio cabível é o Recurso Extraordinário e as decisões denegatórias de *habeas corpus* ou mandado de segurança (art. 121, § 3°, da CF).

88 Direito Eleitoral

4.6 Tribunais Regionais Eleitorais

Os Tribunais Regionais Eleitorais são compostos por sete juízes (art. 120 da CF), dentre os quais a) dois escolhidos pelo Tribunal de Justiça do Estado, entre os seus desembargadores; b) dois juízes de direito, também escolhidos pelo Tribunal de Justiça do Estado; c) um entre juízes ou desembargadores federais escolhidos pelo Tribunal Regional Federal (TRF) da respectiva região; d) dois entre advogados de notável saber jurídico e idoneidade moral indicados pelo Tribunal de Justiça dos Estados-membros ou do Distrito Federal, em lista sêxtupla (na prática são duas listas tríplices, uma para cada vaga) e nomeados pelo Presidente da República, sendo que para cada membro é nomeado um suplente. O TSE expediu as Resoluções nos 20.958/2001 e 23.517/2017, que exigem ao advogado dez anos de prática profissional para ser escolhido como juiz do TRE.

A competência do TRE vem expressa no art. 29 do Código Eleitoral. Justamente para garantir a celeridade dos atos processuais, as decisões dos TREs somente serão passíveis de recurso ao TSE quando (art. 121, § 4º, da CF): a) forem proferidas contra disposição expressa da Constituição e da lei; b) ocorrer divergência na interpretação de lei entre dois ou mais tribunais eleitorais; c) versarem sobre inelegibilidade ou expedição de diplomas nas eleições federais ou estaduais; d) anularem diplomas ou decretarem a perda de mandatos eletivos federais ou estaduais; e) denegarem *habeas corpus*, mandado de segurança, *habeas data* ou mandado de injunção.

4.7 Juízes eleitorais

Os juízes eleitorais são nomeados pelos respectivos TREs, dentre os componentes da magistratura comum estadual (exercício cumulativo) para o exercício da função por um período mínimo de dois anos e máximo de dois biênios consecutivos (art. 14 do CE). O juiz de direito que se encontre em efetivo exercício será o responsável pela jurisdição da zona eleitoral onde exerça suas atividades.

Justiça Eleitoral – Organização e competência **89**

Na falta deste juiz, exercerá suas funções seu substituto legal. Em locais onde exista mais de uma vara, o TRE competente indicará a vara ou varas que serão responsáveis pela jurisdição eleitoral. A competência dos Juízes Eleitorais vem disposta no art. 35 do CE, sendo que, em regra, das suas decisões, caberá recurso ao Tribunal Regional Eleitoral.

As funções de juízes auxiliares estão disciplinadas na Lei nº 9.504/1997. Os juízes auxiliares terão competência restrita a casos de descumprimento da Lei Eleitoral, podendo apreciar as representações ou reclamações decorrentes, nas eleições cuja apuração caiba aos Tribunais Eleitorais. Os Tribunais Eleitorais designarão três juízes auxiliares para a apreciação das reclamações ou representações que lhes forem dirigidas.

As decisões dos juízes auxiliares comportam recurso inominado ao Plenário do Tribunal (art. 96, §§ 3º e 4º). A finalidade da criação dos juízes auxiliares, para alguns doutrinadores tida por inconstitucional, é desafogar a pauta dos Tribunais Eleitorais. Denota-se da regulamentação que a atuação dos juízes auxiliares é exclusivamente de natureza jurisdicional e de caráter singular, inobstante o que, para superar o fato de que a competência é de órgão colegiado, previu-se recurso para o Plenário do Tribunal, a ser julgado no prazo de 48 horas, independentemente de pauta.

4.8 Juntas eleitorais

As juntas eleitorais são compostas por um juiz de direito, que é o Presidente, e por dois ou quatro cidadãos de notória idoneidade, somente atuando nos anos eleitorais, ajudando os juízes no processo eleitoral, em especial tendo a atribuição na expedição de diploma. Seus membros são nomeados 60 dias antes das eleições, após aprovação pelo TRE, e até dez dias antes da nomeação os nomes das pessoas indicadas para compor as juntas são publicados no órgão oficial do Estado. Da data da nomeação, abre-se o prazo de três dias para possíveis impugnações de qualquer parti-

90 Direito Eleitoral

do, candidato, coligação ou membro do Ministério Público. O art. 37 do CE permite que o TRE constitua Juntas Eleitorais sem juízes titulares de zonas eleitorais, pois a regra é que para cada zona exista uma junta. No entanto, é possível existir uma junta eleitoral presidida por juiz eleitoral temporário, designado somente para a votação, apuração e diplomação.

A Junta Eleitoral é um órgão eclético, misto e colegiado, e tem sua competência delineada no art. 40 do CE, sendo que o art. 121 da Constituição Federal prevê que lei complementar disporá sobre a organização e competência dos Tribunais, dos juízes de direito e das juntas eleitorais.

> Art. 40. Compete à Junta Eleitoral:
>
> I – apurar, no prazo de 10 (dez) dias, as eleições realizadas nas zonas eleitorais sob a sua jurisdição.
>
> II – resolver as impugnações e demais incidentes verificados durante os trabalhos da contagem e da apuração;
>
> III – expedir os boletins de apuração mencionados no art. 178;
>
> IV – expedir diploma aos eleitos para cargos municipais.

Jurisprudência

Alegação de que a competência para diplomar é de junta eleitoral, e não de juiz eleitoral. Trecho do voto do relator: "A determinação do TRE/PI, dirigida ao juízo eleitoral para que proceda à diplomação, não envolve nenhuma ilegalidade. É ele o presidente da junta eleitoral (CE, art. 36), competindo-lhe a assinatura dos diplomas nas eleições municipais (CE, art. 215). [...]" (Ementa não transcrita por não reproduzir a decisão quanto ao tema) (Ac. de 16.12.2004 nos EDcl MC n° 1.555, Rel. Min. Luiz Carlos Madeira).

Poder regulamentar do TSE e definição de prazo para inclusão de eleitores na lista de filiados de partido político:

ELEIÇÕES 2020. AGRAVO INTERNO EM RECURSO ESPECIAL. FILIAÇÃO PARTIDÁRIA. AÇÃO DE REVERSÃO DE FILIAÇÃO. RECURSO ESPECIAL PROVIDO. DECADÊNCIA. PORTARIA-TSE N° 357/2020. A DATA-LIMITE PARA

Justiça Eleitoral – Organização e competência **91**

INSERIR O NOME DE FILIADO PREJUDICADO NA RELAÇÃO ESPECIAL DE FILIADOS PELOS PARTIDOS POLÍTICOS FOI 16.06.2020. AÇÃO AJUIZADA SOMENTE EM 26.08.2020. NEGADO PROVIMENTO AO AGRAVO.

1. A candidata formulou requerimento de ação de reversão de filiação partidária contra o Patriota, pretendendo cancelar sua filiação ao Solidariedade e ver reconhecida a filiação ao primeiro partido, tendo em vista que pretendia concorrer a cargo eletivo nas eleições de 2020. Contudo, o MPE suscitou ter ocorrido a decadência, uma vez que o pedido de inclusão na lista de filiados do Patriota foi realizado após o prazo-limite fixado na Portaria–TSE n° 357/2020.

2. A Portaria–TSE n° 357, de 02.06.2020, estabeleceu que os eleitores que pretendiam concorrer às eleições e que por desídia ou má-fé não foram incluídos na lista ordinária de filiados da agremiação remetida para Justiça Eleitoral tinham até o dia 16.06.2020 para requerer à Justiça Eleitoral a sua inclusão na lista especial de filiados.

3. A Justiça Eleitoral tem, entre outras funções, a normativa, prevista nos arts. 1°, parágrafo único, e 23, IX, ambos do CE, e nos arts. 61 da Lei n° 9.096/1995 e 105 da Lei n° 9.504/1997.

4. As normas descritas na Res.–TSE n° 23.596/2019, ao definirem um prazo para a inclusão dos eleitores na lista de filiados, não extrapolam o poder regulamentar conferido a esta Corte, porquanto o intuito é assegurar a estabilidade dos atos realizados durante o processo eleitoral.

5. Havendo instrução eleitoral que determina um prazo para incluir o nome do eleitor em lista especial, e considerando que o pedido da parte foi realizado somente após a data estabelecida, não há como o pedido ser conhecido ante a sua manifesta decadência.

6. Negado provimento ao agravo interno.

(RECURSO ESPECIAL ELEITORAL n° 060007370, Acórdão, Rel. Min. Mauro Campbell Marques, *DJe* 30.06.2021).

Destaques

■ Com relação à matéria denominada *interna corporis* dos partidos políticos, questão sempre debatida na época das eleições, a jurisprudência é consolidada no sentido de ser matéria afeta à Justiça comum, fugindo da competência da Justiça Eleitoral.

- Por função típica, tem-se a competência de dizer o direito em cada caso concreto, tendo suas decisões protegidas pelo manto da coisa julgada. A função atípica é aquela que não ostenta cunho jurisdicional contencioso, consubstanciando-se em atos preparatórios para a realização das eleições, como, por exemplo, as tarefas necessárias para o alistamento e o registro eleitoral.
- Nos termos do art. 119 da Constituição Federal, o Tribunal Superior Eleitoral é composto por **no mínimo sete membros (composição mínima)**, sendo cinco dentre os Ministros do Supremo Tribunal Federal e do Superior Tribunal de Justiça e dois advogados. O mandato é de dois anos, sendo possível uma recondução, mas nunca deve ultrapassar dois biênios consecutivos
- As juntas eleitorais são compostas por um juiz de direito, que é o Presidente, e por dois ou quatro cidadãos de notória idoneidade, somente atuando nos anos eleitorais, ajudando os juízes no processo eleitoral, em especial tendo a atribuição na expedição de diploma.

5

Ministério Público Eleitoral

Nos termos do art. 127 da Constituição Federal, "o Ministério Público é instituição permanente, essencial à função jurisdicional do Estado, incumbindo-lhe a defesa da ordem jurídica, do regime democrático e dos interesses sociais e individuais indisponíveis", haurindo dessa essência constitucional a atuação do Ministério Público na esfera eleitoral (não há disposição constitucional específica sobre o Ministério Público Eleitoral).

A legitimidade do Ministério Público advém da existência material do Estado Democrático de Direito, visando à legitimidade e à normalidade das eleições e consultas populares, de forma a que a supremacia da vontade popular seja traduzida fielmente, a partir da promoção da igualdade de direitos e da participação efetiva de todos na formação da vontade geral (NETO BARREIROS, 2020, p. 140).

O Ministério Público atua de forma fiscalizadora e como parte, em todas as instâncias do processo eleitoral (art. 72 da Lei Orgânica do Ministério Público da União). Não possui quadro próprio de integrantes e servidores, atuando o Ministério Público dos Estados nas zonas eleitorais, e o Ministério Público Federal nos demais espaços, sendo assim distribuído, detalhadamente:

a) **Procurador-Geral Eleitoral:** é o Procurador-Geral da República ou seu substituto legal (no caso de falta, impedimento ou sus-

94 Direito Eleitoral

peição), que atua junto ao Tribunal Superior Eleitoral, cabendo-
-lhe coordenar as atividades do Ministério Público Eleitoral em
todo o território nacional, podendo designar outros membros
do Ministério Público da União, com exercício no Distrito Federal e sem prejuízo de suas respectivas funções, mas estes não
terão assento junto ao Tribunal Superior Eleitoral.

b) **Procurador Regional Eleitoral:** é nomeado pelo Procurador-Geral Eleitoral para exercer as funções do Ministério Público junto aos TREs, podendo ser nomeado para o cargo Procuradores
da República, não necessariamente os Procuradores Regionais,
membros do segundo grau do Ministério Público Federal.

c) **Promotor de Justiça Eleitoral:** são os Promotores de Justiça (membros do Ministério Público Estadual) indicados pelo
Procurador Regional Eleitoral e Procurador-Geral de Justiça
para atuarem junto aos Juízes Eleitorais. As atribuições dos
Promotores Eleitorais são as mesmas do Procurador Regional Eleitoral, perante o respectivo juízo eleitoral. O Procurador-Geral de Justiça do Estado (PGJ) faz as indicações dos
Promotores de Justiça que exercerão a função eleitoral naquela região. Entretanto, é o Procurador Regional Eleitoral
(PRE) quem faz as nomeações ou designações para a função
eleitoral, sendo um ato complexo, com a manifestação do
PGJ do Estado e do PRE, tudo conforme arts. 10 e 73 da Lei
nº 8.625/1993 e o art. 79 da LC nº 75/1993.

No que tange à sua atribuição, importante destacar que,
em que pese o art. 45, § 3º, da Lei nº 9.096/1995 não mencionar,
pode o Ministério Público ajuizar representação contra propaganda partidária irregular, tal como decidiu o STF, pois

> não se pode tolher do Ministério Público a legitimidade
> para representar contra propagandas partidárias irregulares,
> uma vez que a Lei Maior atribui a tal instituição a defesa da
> ordem jurídica, do regime democrático e dos interesses so-
> ciais indisponíveis (art. 127) (STF, Informativo nº 711, ADI
> nº 4.617/DF).

Além disso, também possui legitimidade para recorrer da decisão que defere registro de candidatura, ainda que não tenha apresentado impugnação ao pedido inicial desse registro, possibilidade que não está descrita no Enunciado n° 11 da Súmula do TSE, mas que foi chancelada pelo STF (ARE n° 728.188/RJ, Rel. Min. Ricardo Lewandowski, julgado em 18.12.2013 – Informativo n° 733).

Estará impedido de exercer a função eleitoral o membro do Ministério Público Eleitoral que:

- ▪ lotado em localidade não abrangida pela zona eleitoral perante a qual este deverá oficiar, salvo em caso de ausência, impedimento ou recusa justificada, e quando ali não existir outro membro desimpedido;
- ▪ que se encontrar afastado do exercício do ofício do qual é titular, inclusive quando estiver exercendo cargo ou função de confiança na administração superior da Instituição; ou
- ▪ que estiver respondendo a processo administrativo disciplinar, ou tiver sido punido disciplinarmente, por atraso injustificado no serviço, observado o período de reabilitação de dois anos, contados da data em que se der por cumprida a sanção aplicada (hipótese prevista a partir da publicação da Resolução n° 131 do CNMP, de 22 de setembro de 2015).

As investiduras em função eleitoral não podem ser realizadas em prazo inferior a 90 dias da data das eleições e não terminarão em prazo inferior a 90 dias após a eleição, devendo ser providenciadas pelo Procurador Regional Eleitoral as prorrogações eventualmente necessárias à observância dessa regra, sendo vedada a fruição de férias ou licença voluntária do promotor eleitoral no período de 90 dias que antecedem o pleito até 15 dias após a diplomação dos eleitos, salvo em situações excepcionais autorizadas pelo Chefe do Ministério Público respectivo, instruídos os pedidos, nessa ordem, com os seguintes requisitos: a) demonstração da necessidade e da ausência de prejuízo ao serviço eleitoral; b) indicação e ciência do Promotor substituto; c) anuência expressa do Procurador Regional Eleitoral.

Resumidamente, para melhor ilustrar, são essas as atividades essenciais desempenhadas pelo Ministério Público Eleitoral:

Na fase preparatória das eleições	a) manifestar em todos os processos de pedidos de registro de candidaturas, inclusive promovendo impugnações; b) fiscalizar o exercício da propaganda política; c) zelar pelo cumprimento da lei eleitoral; d) acompanhar o processo de nomeação de mesários e de membros das juntas eleitorais; e) ajuizar Ação de Investigação Judicial Eleitoral.
No dia das eleições	a) impugnar atuação de mesário, fiscal ou delegado de partido político; b) fiscalizar os locais de votação, as urnas; c) opinar, oralmente ou por escrito, em todos os casos surgidos nesse dia, em sua esfera de atribuição.
Na fase de apuração	a) fiscalizar a instalação da junta eleitoral; b) acompanhar a apuração dos votos; c) zelar pela concessão do direito de ampla fiscalização do processo pelos partidos políticos; d) impugnar votos ou urnas; atuar como *custos iuris*.
Na fase da diplomação	a) fiscalizar a expedição dos diplomas eleitorais; b) ajuizar Ação de Impugnação de Mandato Eletivo e Recurso contra a Diplomação.

5.1 Exercício de atividade político-partidária por membros do Ministério Público

Até a promulgação da Emenda Constitucional nº 45/2004, prevalecia o entendimento de que seria possível o exercício de atividade político-partidária por membros do Ministério Público, pois tal atividade não constava no rol das vedações aos membros do MP, previsto no art. 128, II, da Carta Magna.

Contudo, com a promulgação da emenda, passou a ser expressa a vedação, assegurado o direito ao exercício da atividade político-partidária ao membro do Ministério Público que tenha ingressado na carreira antes da promulgação da Constituição de 1988, e optado pelo regime de carreira anteriormente vigente.

Diversamente, o membro do Ministério Público que ingressou na carreira após a Emenda Constitucional n° 45/2004 está impedido de exercer tais atividades e caso deseje se candidatar a cargo eletivo deverá afastar-se definitivamente do cargo, a fim de filiar-se a partido político.

O membro do Ministério Público que tenha disputado cargo eletivo, integrado diretório de partido ou exercido atividade político-partidária não pode exercer funções eleitorais até dois anos contados do cancelamento da sua inscrição partidária (art. 80, LC n° 75/1993 e art. 34 da Resolução TSE n° 21.575/2003).

Atenção!

Este é um tema que está sendo debatido atualmente no Congresso Nacional, em razão da tramitação da proposta do novo Código Eleitoral, sendo que o Plenário da Câmara aprovou, por maioria, emenda determinando a quarentena, ou seja, desligamento prévio de quatro anos antes do pleito, para juízes, membros do Ministério Público, policiais federais, rodoviários federais, policiais civis, guardas municipais, militares e policiais militares.

Por fim, com relação ao art. 128, § 5°, da CF, que estabeleceu as garantias dos membros do Ministério Público, como a vitaliciedade, a inamovibilidade e a irredutibilidade de subsídio, prevalece o entendimento de que não se aplica ao Ministério Público Eleitoral a vitaliciedade, justamente em razão da transitoriedade da função, questão sempre cobrada em provas de concursos públicos. Trata-se de conclusão que se construiu com fundamento na disciplina constitucional com relação aos magistrados da Justiça Eleitoral, que não gozam da vitaliciedade prevista no art. 95 da CF/1988.

Destaques

■ A legitimidade do Ministério Público advém da existência material do Estado Democrático de Direito, visando à legitimidade e à normalidade das eleições e consultas populares, de forma a que a supremacia da vontade popular seja traduzida fielmente.

■ O MP possui legitimidade para recorrer da decisão que defere registro de candidatura, ainda que não tenha apresentado impugnação ao pedido inicial desse registro, possibilidade que não está descrita no Enunciado n° 11 da Súmula do TSE, mas que foi chancelada pelo STF (ARE n° 728.188/RJ, Rel. Min. Ricardo Lewandowski, julgado em 18.12.2013 – Informativo n° 733).

6

Partidos políticos

6.1 Conceito, natureza jurídica

Por partido político entende-se uma reunião de pessoas para a concretização de um programa político com a finalidade de adquirir poder, assumir mandatos e influenciar na gestão da coisa pública através de críticas e opiniões. Os partidos destinam-se a assegurar, no interesse do regime democrático, a autenticidade do sistema representativo e a defender os direitos fundamentais definidos na Constituição Federal, vedada a utilização de estrutura paramilitar. A democracia brasileira é considerada partidária justamente por ser condição inafastável de elegibilidade a filiação a partido político.

É livre a criação, fusão e extinção dos partidos políticos, decorrência natural do pluripartidarismo, e possuem a natureza jurídica de pessoas jurídicas de direito privado (art. 1º da Lei nº 9.096/1995), por isso sua formação consolida-se na forma da lei civil mediante registro no Cartório das Pessoas Jurídicas da Capital (art. 8º) e registro do estatuto no Tribunal Superior Eleitoral (ato complexo). O requerimento do registro do partido político deverá estar subscrito por seus fundadores, em número nunca inferior a 101 (cento e um), com domicílio eleitoral em, no mínimo, 1/3 dos Estados.

100 Direito Eleitoral

A liberdade de criação de partidos políticos, todavia, não é irrestrita, devendo total obediência ao disposto no art. 17 da Constituição Federal, resguardados a soberania nacional, o regime democrático, o pluripartidarismo, os direitos fundamentais da pessoa humana. Nesse sentido, não seria possível a criação de um partido nazista.

Além disso, por expressa disposição do art. 7°, § 1°, da Lei n° 9.096/1995, o partido deve promover a obtenção do apoiamento mínimo de eleitores não filiados ao partido político, correspondente a, pelo menos, 0,5% (cinco décimos por cento) dos votos dados na última eleição geral para a Câmara dos Deputados, não computados os votos em branco e os nulos, distribuídos por um terço, ou mais, dos Estados, com um mínimo de 0,1% (um décimo por cento) do eleitorado que haja votado em cada um deles.

Toda a agremiação partidária deve ter um programa e seu estatuto, nos termos dos arts. 14 e 15 da Lei n° 9.096/1995, e deve eleger, de acordo com seu estatuto, os dirigentes nacionais provisórios.

O registro do estatuto partidário no TSE não é uma interferência da Justiça Eleitoral nos partidos políticos, que tem natureza privada. A finalidade desse registro é a participação no processo eleitoral, com a exclusividade do nome, sigla, símbolos, além do acesso ao Fundo Partidário e ao tempo de propaganda partidária gratuita no rádio e televisão, reavivada pela Lei n° 14.291/2022.

O ato do Tribunal Superior Eleitoral que analisa o pedido do registro partidário tem natureza meramente administrativa, não jurisdicional, motivo pelo qual é incabível, por exemplo, interposição de Recurso Extraordinário contra a decisão que indefere o pedido.

Por fim, a regra do art. 4° da Lei n° 9.504/1997 estabelece que poderá participar das eleições o partido político que até seis meses antes do pleito tenha registrado seu estatuto no TSE e que tenha, até a data da convenção, órgão de direção constituído na respectiva circunscrição.

6.2 Direito partidário

Cuidado importante deve-se ter com esta questão, pois sempre traz muitos contornos práticos durante as eleições. O Direito Eleitoral contém, unicamente, regras e princípios sobre os Direitos Políticos (arts. 14 a 16 da CF/1988), pois são esses direitos que viabilizam o exercício da soberania popular. Isso quer dizer que o tratamento normativo dos partidos políticos não está afeto ao Direito Eleitoral.

Com efeito, o ramo do Direito que vai disciplinar os partidos políticos é o Direito Partidário. Essa distinção conceitual é extremamente importante para a delimitação da competência da Justiça Eleitoral, pois a justiça especializada vai se ocupar de julgar os litígios eleitorais e não conflitos partidários, sem reflexo no processo eleitoral, conforme precedentes do próprio TSE: "A Justiça Eleitoral não detém competência para apreciar feitos em matérias respeitantes a conflitos envolvendo partidos políticos e seus filiados, quando estas não tenham reflexo no prélio eleitoral" (AgR-AI nº 7098, Rel. Min. Luiz Fux, *DJe* 23.06.2015).

6.3 Princípios aplicáveis aos partidos políticos

6.3.1 Legalidade

Desdobramento lógico e necessário do princípio da legalidade constitucional. Os partidos são livres para sua constituição e funcionamento, desde que obedeçam às regras constitucionais democráticas. Os partidos são proibidos de perceber recursos financeiros de entidade ou governo estrangeiros ou de subordinação a estes, devem prestar contas à Justiça Eleitoral e ter funcionamento parlamentar de acordo com a lei.

As agremiações partidárias também devem ter caráter nacional, com representantes na maioria dos Estados da Federação e com propostas que englobem o interesse de toda a nação. É veda-

102 Direito Eleitoral

da a criação de partidos regionais, que defendam interesses locais.

É vedado ao partido e candidato receber, direta ou indiretamente, doação em dinheiro ou estimável em dinheiro, inclusive por meio de publicidade de qualquer espécie, procedente de entidade de governo estrangeiro, assim como de entidade de classe sindical ou empresas (financiamento privado de pessoas jurídicas).

6.3.2 Autonomia

A Constituição assegurou aos partidos políticos autonomia para definir sua estrutura interna, organização e funcionamento, nos termos do que dispõe o art. 17, § 1º:

> É assegurada aos partidos políticos autonomia para definir sua estrutura interna e estabelecer regras sobre escolha, formação e duração de seus órgãos permanentes e provisórios e sobre sua organização e funcionamento e para adotar os critérios de escolha e o regime de suas coligações nas eleições majoritárias, vedada a sua celebração nas eleições proporcionais, sem obrigatoriedade de vinculação entre as candidaturas em âmbito nacional, estadual, distrital ou municipal, devendo seus estatutos estabelecer normas de disciplina e fidelidade partidária.

Essa autonomia é extensível à opção pela formação de federações partidárias e coligações majoritárias. No que concerne à autonomia para deliberação acerca da duração dos órgãos permanentes e provisórios, a Procuradoria-Geral da República ajuizou ação direta de inconstitucionalidade no Supremo Tribunal Federal (ADI nº 5.875), argumentando que, ao permitir a livre regulação da vigência dos órgãos provisórios, a regra afrontaria cláusulas pétreas impostas pelo constituinte originário, promovendo a concentração de poder nos diretórios nacionais dos partidos, uma vez que os dirigentes locais dos diretórios provisórios são comumente nomeados por dirigentes nacionais, o que poderia distorcer o sistema de direitos fundamentais de ordem política, criando entraves injustificáveis ao direito de filiados participar de eleições, como, por exemplo, o fato de que a escolha de candidatos pudesse ser controlada pela direção nacional, limitando a renovação partidária.

No entanto, sobreveio a Lei n° 13.831, de 17.05.2019, que alterou dispositivos da Lei n° 9.096/1995, dentre os quais o art. 3°, assegurando aos partidos políticos autonomia para definir o prazo de duração dos mandatos dos membros dos seus órgãos partidários permanentes ou provisórios, fixando-se o prazo de até oito anos para a vigência dos órgãos provisórios. Exaurido esse prazo, tem-se a extinção automática do órgão e o cancelamento da inscrição CNPJ.

Não se olvide de que a autonomia partidária esbara nos limites constitucionais previstos no art. 17 da CF.

6.3.3 Fidelidade partidária

A Constituição também determina que os estatutos dos partidos políticos devam estabelecer normas de fidelidade e disciplina partidária. Desde a Consulta n° 1.398/2007, o TSE entende que a desfiliação partidária arbitrária, ou seja, sem justa causa e em dissonância com o estatuto, implica renúncia tácita do mandato, legitimando a reivindicação da vaga pelos partidos. Porém, em 2015 o STF decidiu pelo descabimento da perda do mandato em caso de infidelidade partidária no sistema majoritário (ADI n° 5.081/DF), sendo que tal entendimento reverberou na Súmula n° 67 do TSE. O Presidente Jair Bolsonaro é um exemplo desse entendimento. Ele foi eleito em 2018 pelo PSL, tendo deixado a sigla no fim de 2019, sendo que a saída da agremiação não configurou ato que gerasse a perda do mandato por infidelidade partidária.

Em síntese, todos os filiados devem fidelidade ao partido ao qual estão filiados, mas somente nos cargos proporcionais haverá perda do mandato pela infidelidade partidária. A perda do mandato político está disciplinada no art. 22-A da Lei dos Partidos Políticos, sendo a justa causa aferida pelo judiciário:

Art. 22-A. Perderá o mandato o detentor de cargo eletivo que se desfiliar, sem justa causa, do partido pelo qual foi eleito.

Parágrafo único. Consideram-se justa causa para a desfiliação partidária somente as seguintes hipóteses:

I – mudança substancial ou desvio reiterado do programa partidário;

II – grave discriminação política pessoal; e

III – mudança de partido efetuada durante o período de trinta dias que antecede o prazo de filiação exigido em lei para concorrer à eleição, majoritária ou proporcional, ao **término do mandato vigente**. (Grifos nossos.)

A hipótese prevista no inciso III é o que se denomina "**janela partidária**", período no qual os mandatários podem mudar de partido sem perder o mandato (são os 30 dias antes dos seis meses das eleições, justamente porque esses seis meses é o prazo de filiação como condição para o registro de candidatura).

Atenção para a expressão "ao término do mandato vigente". Por exemplo, um vereador não vai poder aproveitar a janela partidária aberta para as eleições 2022, pois não está terminando o mandato. Para as eleições de 2022, a janela está prevista para ocorrer de 3 de março a 1º de abril, período em que deputadas e deputados federais, estaduais e distritais poderão trocar de partido para concorrer ao pleito deste ano sem perder o mandato.

A recente EC nº 111/2021 acrescentou o § 6º ao art. 17 da CF e trouxe positivação constitucional sobre o entendimento anterior já consolidado com relação a infidelidade partidária e acrescentou outra possibilidade de desfiliação do partido sem perda de mandato, qual seja, a anuência do partido.

Art. 17 [...]

§ 6º Os Deputados Federais, os Deputados Estaduais, os Deputados Distritais e os Vereadores que se desligarem do partido pelo qual tenham sido eleitos perderão o mandato, salvo nos casos de anuência do partido ou de outras hipóteses de

Partidos políticos **105**

justa causa estabelecidas em lei, não computada, em qualquer caso, a migração de partido para fins de distribuição de recursos do fundo partidário ou de outros fundos públicos e de acesso gratuito ao rádio e à televisão.

Contudo, necessário esclarecer que, mesmo antes da alteração constitucional, o TSE já possuía firme jurisprudência no sentido de que a carta de anuência do partido autoriza a desfiliação sem perda de mandato.

"A jurisprudência desta Corte é firme no sentido de que a concordância da agremiação partidária com o desligamento do filiado é apta a permitir a desfiliação sem prejuízo do mandato eletivo" (REspe – Recurso Especial Eleitoral n° 060015033 – Belo Horizonte/MG – Acórdão de 10.09.2019 – Rel. designado(a) Min. Alexandre de Moraes).

Portanto, resumidamente, são quatro hipóteses nas quais pode ocorrer a troca da agremiação partidária, para cargos proporcionais, sem a perda do mandato:

Hipóteses de desfiliação sem perda do mandado proporcional – justa causa
■ mudança substancial ou desvio reiterado do programa partidário;
■ grave discriminação política pessoal;
■ janela partidária;
■ desfiliação com anuência do partido.

6.4 Coligações partidárias

As coligações representam um consórcio de partidos, junção de siglas para a disputa eleitoral. Trata-se da união temporária de partidos, com a única finalidade de disputar as eleições. Acabou o pleito, acabou a coligação. A coligação não possui personalidade jurídica própria, mas personalidade judiciária, para propor algumas ações eleitorais.

106 Direito Eleitoral

As coligações eleitorais não são mais admitidas nas eleições proporcionais, por representarem uma espécie de burla à verdadeira intenção do eleitor, que, ao votar na coligação, poderia acabar elegendo quem não tinha intenção. No entanto, para as eleições majoritárias, ainda se admite a sua formação.

6.5 Federações partidárias

Instituídas pela Lei nº 14.208/2021, as federações constituem-se em uma reunião de partidos com afinidades ideológicas para a disputa e exercício dos mandatos eletivos, com abrangência nacional.

> Art. 11-A. Dois ou mais partidos políticos poderão reunir-se em federação, a qual, após sua constituição e respectivo registro perante o Tribunal Superior Eleitoral, atuará como se fosse uma única agremiação partidária.
>
> § 1º Aplicam-se à federação de partidos todas as normas que regem o funcionamento parlamentar e a fidelidade partidária.

A federação só passa a valer depois de ter sido constituída e registrada no TSE, tendo a duração de no mínimo, quatro anos, passando a agir como se fosse um único partido. Esse bloco partidário foi disciplinado na Resolução nº 23.670/2021.

Tendo em vista seu caráter nacional e unitário, uma federação pode, por exemplo, formar coligação para disputar cargos majoritários (presidente, senador, governador e prefeito), mas está proibida de se coligar a outros partidos em eleições proporcionais (deputado federal, deputado estadual ou distrital e vereador).

Nas eleições proporcionais, tanto o partido quanto a federação deverão observar o percentual mínimo legal de 30% de candidaturas de um mesmo sexo – gênero.

Como regra constitucional, a identidade e a autonomia dos partidos que integrarem a federação serão preservadas, contudo, a legenda que se desvincular antes do prazo mínimo de quatro anos poderá sofrer sanções, como proibição de ingressar em nova federação ou celebrar coligação nas duas eleições seguintes e de utilizar recursos do Fundo Partidário até que seja completado o tempo remanescente.

Na hipótese de desligamento de um ou mais partidos, a federação poderá ter continuidade, desde que nela permaneçam ao menos duas agremiações. O partido que se desligar da federação poderá participar da eleição isoladamente se a ruptura ocorrer até seis meses antes do pleito. Caso a extinção da federação seja motivada pela fusão ou incorporação entre os partidos, nenhuma das penalidades será aplicada.

No tocante às suas contas, nos termos da resolução, o funcionamento da federação não depende da criação de órgãos próprios nos estados, no Distrito Federal e nos municípios. É suficiente que exista, na localidade, órgão partidário de qualquer uma das legendas federadas. Tanto a manutenção quanto o funcionamento da federação serão custeados pelos partidos, que poderão utilizar verbas do Fundo Partidário para essa finalidade, desde que não integrem parcela cuja aplicação seja vinculada por lei.

A prestação de contas da entidade corresponderá a apresentada pelas agremiações em todos os níveis de direção partidária. A regularidade dos gastos em favor da federação será verificada na documentação entregue pelo partido político que efetuou a despesa.

O Supremo Tribunal Federal (STF), por maioria de votos, já referendou liminar concedida pelo ministro Luís Roberto Barroso (relator) na Ação Direta de Inconstitucionalidade (ADI) n° 7.021, que questiona a validade das federações partidárias, para assentar sua validade, e por maioria de votos modulou os efeitos para permitir que, nas eleições de 2022, o registro de federações partidárias no Tribunal Superior Eleitoral (TSE) seja feito até 31 de maio. Para as próximas eleições, deverá observar o prazo de registro de até seis meses antes do pleito.

Direito Eleitoral

Coligações	Federações
■ Eleições majoritárias.	■ Eleições proporcionais e majoritárias.
■ Reunião de partidos para a disputa eleitoral.	■ Reunião de partidos para a disputa eleitoral e exercício do mandato.
■ Deixa de existir com o fim das eleições.	■ Prazo mínimo de quatro anos.
■ Não precisa registro no TSE.	■ Precisa de registro no TSE.

6.6 Propaganda partidária

Com o advento da Lei nº 14.291/2022, que alterou a Lei dos Partidos Políticos, houve o retorno da propaganda partidária, extinta em 2017.

> Art. 50-A. A propaganda partidária gratuita mediante transmissão no rádio e na televisão será realizada entre as 19h30 (dezenove horas e trinta minutos) e as 22h30 (vinte e duas horas e trinta minutos), em âmbito nacional e estadual, por iniciativa e sob a responsabilidade dos respectivos órgãos de direção partidária.

A propaganda partidária será utilizada para difundir programas partidários, com a transmissão de mensagens a filiadas e filiados sobre eventos e atividades internas, incentivar a filiação e adeptos e esclarecer o papel das agremiações na democracia brasileira e promover a participação política de mulheres, jovens e pessoas negras.

É proibida a participação de pessoas não filiadas ao partido responsável pelo programa, a divulgação de propaganda de candidatas e candidatos a cargos eletivos e a defesa de interesses pessoais ou de outras agremiações, bem como toda forma de propaganda eleitoral. Também não é permitida a divulgação de matérias que possam ser comprovadas como falsas (*fake news*) e utilizar imagens ou cenas incorretas ou incompletas, de efeitos ou quaisquer outros recursos que distorçam ou falseiem os fatos. As agremiações não poderão difundir a prática de atos que incitem a violência ou resultem em preconceito racial, de gênero e de local de origem.

Quem descumprir a regra poderá ser punido com a cassação de duas a cinco vezes do tempo equivalente ao da inserção ilícita no semestre seguinte. Eventuais representações apresentadas pelos partidos ou pelo Ministério Público Eleitoral (MPE) serão julgadas pelo TSE no caso de inserções nacionais e pelos respectivos Tribunais Regionais Eleitorais (TREs) nas inserções estaduais.

A lei estabelece que, **nos anos eleitorais**, a propaganda partidária somente poderá ser exibida no primeiro semestre, antes das convenções para a escolha de candidatas e candidatos. Nos anos em que não houver eleições, os partidos terão direito a 20 minutos a cada semestre.

O conteúdo partidário será veiculado entre as 19h30 e as 22h30, no intervalo da programação de emissoras de rádio e televisão nacionais e estaduais. A lei também estipulou o uso de ao menos 30% do tempo destinado a cada legenda para promoção e difusão da participação feminina na política.

Para a divisão do tempo, será utilizado o desempenho de cada agremiação nas últimas eleições gerais, realizadas em 2018. Os partidos que elegeram mais de 20 deputados federais terão direito a 20 minutos semestrais para inserções de 30 segundos nas redes nacionais e de igual tempo nas estaduais.

As agremiações que têm entre 20 e 10 deputados eleitos poderão utilizar dez minutos por semestre para inserções de 30 segundos tanto nas emissoras nacionais quanto nas estaduais. Já as bancadas compostas por até nove parlamentares terão cinco minutos semestrais para a exibição federal e estadual do conteúdo partidário.

As transmissões ocorrerão em bloco, tanto em rede nacional quanto estadual, por meio de inserções de 30 segundos, no intervalo da programação normal das emissoras, sendo permitida a veiculação de, no máximo, três inserções nas duas primeiras horas e

110 Direito Eleitoral

de até quatro na última hora de exibição. Poderão ser reproduzidas até dez inserções de 30 segundos por dia para cada rede. É vedada, entretanto, a divulgação de inserções sequenciais, devendo ser observado o intervalo mínimo de 10 minutos entre cada uma delas. Os dias da semana em que o material partidário será difundido mudam, dependendo do alcance da transmissão. Em rede nacional, o material será exibido nas terças, quintas e sábados. Nos estados, as exibições ocorrerão nas segundas, quartas e sextas-feiras.

Especial destaque para a questão da compensação financeira às emissoras pela cessão desse tempo. Até o fechamento dessa edição, o Congresso derrubou o veto do presidente Jair Bolsonaro (PL) à compensação fiscal para emissoras de rádio e TV pela exibição da propaganda partidária, dessa forma as emissoras terão direito a abaterem parte dos valores que ganhariam caso o espaço fosse pago pelos partidos.

6.7 Outros direitos relativos aos partidos políticos

As agremiações partidárias possuem prioridade postal durante os 60 dias anteriores à realização das eleições, para remessa de material de propaganda de seus candidatos registrados (art. 239, CE), além de imunidade tributária, prevista no art. 150, VI, c, da CF, que veda à União, aos Estados, ao Distrito Federal e aos Municípios instituir impostos sobre patrimônio, renda ou serviços dos partidos políticos, inclusive suas fundações, das entidades sindicais dos trabalhadores, das instituições de educação e de assistência social, sem fins lucrativos, atendidos os requisitos da lei.

Outro direito do partido devidamente constituído e registrado é a garantia de exclusividade da sua denominação, sigla e símbolos e a importante legitimidade para ajuizar ação direta de inconstitucionalidade de atos normativos ou de omissões (art. 103, VIII, CF) e para propor Arguição por Descumprimento de Preceito Fundamental (Lei nº 9.882/1999).

Partidos políticos **111**

No que se refere ao Mandado de Segurança Coletivo, para ter legitimidade ativa, o partido deve possuir representação no Congresso Nacional.

6.8 Recursos do fundo partidário e do fundo especial de financiamento de campanha (art. 17, § 3º, da CF) e a cláusula de barreira progressiva

O partido político regularmente constituído e registrado no TSE possui acesso aos recursos do Fundo Partidário (Fundo de Assistência Financeira aos Partidos Políticos) e do Fundo Eleitoral (Fundo Especial de Financiamento de Campanha – FEFC).

O Fundo Partidário é destinado à manutenção dos partidos políticos e distribuído mensalmente. Por sua vez, o FEFC é voltado exclusivamente ao financiamento de campanhas eleitorais e distribuído somente no ano da eleição.

O **Fundo Partidário** (Fundo Especial de Assistência Financeira aos Partidos Políticos) está previsto na lei dos partidos políticos, constituído para custear despesas cotidianas das legendas, como contas de luz, água, aluguel, passagens aéreas e salários de funcionários, entre outras. Em 2019, com a aprovação da minirreforma eleitoral, passou a ser permitido o uso do Fundo Partidário para o impulsionamento de conteúdo na internet, compra de passagens aéreas para não filiados e a contratação de advogados e contadores.

A lei determina o cálculo e prevê que o valor nunca seja inferior, a cada ano, ao número de eleitores inscritos em 31 de dezembro do ano anterior ao da proposta orçamentária, multiplicados por R$ 0,35, em valores de agosto de 1995. Esse valor é corrigido pelo Índice Nacional de Preços ao Consumidor Amplo (IPCA).

Em 2019, o Fundo repassou R$ 927 milhões aos partidos políticos; em 2020 foram R$ 953 milhões. Este ano, já foram distribuídos pouco mais de R$ 783 milhões (dotação orçamentária até a competência de outubro e multas até a competência de setembro de 2021). Conforme a regra, 5% desse valor são distribuídos igualmente entre todos os partidos legalmente registrados. O restante, 95%, é dividido proporcionalmente de acordo com o número de deputados que cada partido tem na Câmara dos Deputados (art. 41-A da Lei nº 9.096/1995).

O **Fundo Especial de Financiamento de Campanha (FEFC)** foi criado em 2017 para compensar o fim do financiamento privado estabelecido em 2015 pelo Supremo Tribunal Federal (STF) e que proibiu doações de pessoas jurídicas para campanhas políticas, permitindo o modelo de financiamento público de campanhas eleitorais.

A fonte do Fundo Eleitoral é formada por dotações orçamentárias da União, multas e penalidades pecuniárias de natureza eleitoral, doações de pessoas físicas depositadas diretamente nas contas dos partidos (abertas especificamente para o Fundo) e outros recursos que eventualmente forem atribuídos por lei.

De acordo com a Lei nº 9.504/1997, os recursos do FEFC são distribuídos conforme os seguintes critérios: 2% igualmente entre todos os partidos; 35% divididos entre aqueles que tenham pelo menos um representante na Câmara dos Deputados, na proporção do percentual de votos obtidos na última eleição geral para a Câmara; 48% divididos entre as siglas, na proporção do número de representantes na Câmara, consideradas as legendas dos titulares; e 15% divididos entre os partidos, na proporção do número de representantes no Senado Federal, consideradas as siglas dos titulares.

Os recursos do Fundo Eleitoral que não forem utilizados nas campanhas devem ser devolvidos ao Tesouro Nacional, de maneira integral, no momento da apresentação da respectiva prestação de contas pelos partidos políticos.

Sobre o Fundo Eleitoral, existe a ADI nº 5.795 tramitando no STF, ajuizada pelo Partido Social Liberal (PSL), de relatoria da Ministra Rosa Weber. Argumenta-se que o art. 16-C, *caput* e II, da Lei nº 9.504/1997 (Lei das Eleições), com a redação atribuída pela Lei nº 13.487/2017, criou nova fonte de financiamento de campanhas eleitorais dos partidos políticos à revelia do texto constitucional, pois a Constituição Federal prevê apenas o fundo partidário. Ao que se observa, não se constitui em inconstitucionalidade a previsão do fundo eleitoral; a lei possui autoridade normativa para criação de fundos de financiamento e a destinação a partido político, o que, por si só, não encontra vedação constitucional.

Com relação à distribuição dos recursos do fundo partidário, atenção especial para a cláusula de desempenho, criada em razão da Emenda Constitucional n° 97/2017. Por essa regra, o partido político que não atingir os requisitos mínimos estabelecidos na referida norma não terá acesso ao fundo partidário (continuarão com acesso ao FECFC às campanhas), a partir das eleições de 2030, conforme parâmetros progressivos – denominada Cláusula de Barreira Progressiva ou de desempenho, a saber:

- na legislatura seguinte às eleições de 2018:
    - obtiverem, nas eleições para a Câmara dos Deputados, no mínimo, 1,5% (um e meio por cento) dos votos válidos, distribuídos em pelo menos um terço das unidades da Federação, com um mínimo de 1% (um por cento) dos votos válidos em cada uma delas; ou
    - tiverem elegido pelo menos nove Deputados Federais distribuídos em pelo menos um terço das unidades da Federação;
- **na legislatura seguinte às eleições de 2022:**
    - **obtiverem, nas eleições para a Câmara dos Deputados, no mínimo, 2% (dois por cento) dos votos válidos, distribuídos em pelo menos um terço das unidades da Federação, com um mínimo de 1% (um por cento) dos votos válidos em cada uma delas; ou**
    - **tiverem elegido pelo menos onze Deputados Federais distribuídos em pelo menos um terço das unidades da Federação;**
- na legislatura seguinte às eleições de 2026:
    - obtiverem, nas eleições para a Câmara dos Deputados, no mínimo, 2,5% (dois e meio por cento) dos votos váli-

114 Direito Eleitoral

dos, distribuídos em pelo menos um terço das unidades da Federação, com um mínimo de 1,5% (um e meio por cento) dos votos válidos em cada uma delas; ou

☐ tiverem elegido pelo menos 13 Deputados Federais distribuídos em pelo menos um terço das unidades da Federação.

■ na legislatura seguinte às eleições de 2030:

☐ obtiverem, nas eleições para a Câmara dos Deputados, no mínimo, 3% (três por cento) dos votos válidos, distribuídos em pelo menos um terço das unidades da Federação, com um mínimo de 2% (dois por cento) dos votos válidos em cada uma delas; ou

☐ tiverem elegido pelo menos 15 Deputados Federais distribuídos em pelo menos um terço das unidades da Federação.

Sobre a cláusula de desempenho, é importante rememorar que surgiu com a Lei n° 9.096/1995 (Lei dos Partidos Políticos), na qual foram estabelecidos limites aos partidos políticos que não obtivessem certo número de votos. O partido que não superasse a cláusula de barreira poderia continuar funcionando, até porque a Constituição garante o pluripartidarismo partidário. No entanto, o STF, ao julgar as ADIs n°s 1.351 e 1.354, entendeu como inconstitucional qualquer dispositivo que condicionasse o funcionamento parlamentar a determinado desempenho eleitoral, conferindo aos partidos políticos diferentes proporções de participação do fundo partidário e de tempo disponível para a propaganda partidária ("direito de antena"), com vistas a garantir a expressão das minorias. Os artigos que estabeleciam a cláusula de barreira foram revogados pela Lei n° 13.165/2015.

O que temos hoje, portanto, é uma nova "roupagem" da cláusula de barreira, denominada cláusula de desempenho ou cláusula de barreira progressiva, mas que aplicável apenas no tocante à distribuição dos recursos do fundo partidário.

6.9 Prestação de contas dos partidos políticos

No Brasil o sistema de financiamento vigente é o sistema misto de financiamento partidário, podendo ser realizado o finan-

Partidos políticos **115**

ciamento tanto pelo particular, pessoa física, vedada a contribuição de pessoa jurídica – empresas, como pelos recursos do Estado, a exemplo do Fundo Eleitoral.

O Estado faz aporte de recursos financeiros para a manutenção dos Partidos Políticos e para a campanha eleitoral, além de conferir, por determinação constitucional, imunidade tributária nos termos do art. 150, VI, *c*, da Constituição Federal. Perceba, portanto, que é grande o volume de recursos públicos destinados aos partidos políticos, seja para manutenção de seu funcionamento, seja para a realização da campanha eleitoral. Assim, a prestação de contas das verbas públicas é medida necessária, tendo a prestação de contas o objetivo de aferir a lisura da utilização do dinheiro público e evitar o abuso do poder econômico, preservando a igualdade de condições na disputa eleitoral.

Além disso, é na prestação de contas que serão fiscalizadas as vedações de financiamentos de campanha por pessoas jurídicas – empresas – e a regularidade da captação de recursos doados pelas pessoas físicas e pelo *crowdfunding* eleitoral (art. 23, § 4º, III, da Lei Eleitoral).

Por *crowdfunding* eleitoral entende-se o financiamento coletivo, mediante o uso de ferramentas de doação por pessoas físicas para o financiamento de campanhas eleitorais, nos *sites* dos candidatos e agremiações partidárias, como forma de fomento à participação popular no processo eleitoral, colaborando com os candidatos que o eleitor apoia.

Para a utilização dessa modalidade privada de arrecadação de recursos, é necessária a observação de alguns requisitos dispostos na lei, especialmente para evitar a burla no sistema de impedimentos de doação: a) cadastro prévio na Justiça Eleitoral, que estabelecerá regulamentação para prestação de contas, fiscalização instantânea das doações, contas intermediárias, se houver, e repasses aos candidatos; b) identificação obrigatória, com o nome completo e o número de inscrição no Cadastro de Pessoas Físicas (CPF) de cada um dos doadores e das quantias doadas; c) dispo-

116 Direito Eleitoral

nibilização em sítio eletrônico de lista com identificação dos doadores e das respectivas quantias doadas, a ser atualizada instantaneamente a cada nova doação; d) emissão obrigatória de recibo para o doador, relativo a cada doação realizada, sob a responsabilidade da entidade arrecadadora, com envio imediato para a Justiça Eleitoral e para o candidato de todas as informações relativas à doação; e) ampla ciência a candidatos e eleitores acerca das taxas administrativas a serem cobradas pela realização do serviço; f) não incidência em quaisquer das hipóteses listadas no art. 24 desta Lei (doações ilegais); g) observância do calendário eleitoral, especialmente no que diz respeito ao início do período de arrecadação financeira (§ 2º do art. 22-A de Lei nº 9.504/1997); h) observância dos dispositivos desta Lei relacionados à propaganda na internet.

Por fim, em resposta a consulta formulada, o TSE expressamente assentou que:

> as técnicas e serviços de financiamento coletivo (*crowdfunding*) envolvem a figura de um organizador que arrecada e repassa os valores recebidos a quem é financiado, e que a natureza da doação eleitoral não permite a existência de intermediários entre o eleitor e o candidato (Consulta nº 274-96, Brasília/DF, Rel. Min. Maria Thereza de Assis Moura, em 1º.07.2016).

Na esteira do disposto no art. 15 da Lei dos Partidos Políticos e art. 17 da Lei Eleitoral, haverá responsabilidade partidária limitada ao órgão partidário da circunscrição que deu causa ao ato ilícito, em caso de desaprovação das contas, não ocorrendo solidariedade entre os demais órgãos de direção partidária. Candidatos e agremiações partidárias possuem responsabilidades autônomas e individuais, com a exceção prevista no art. 29, §§ 3º e 4º, da Lei nº 9.504/1997, que permite que o partido político, por decisão do seu órgão nacional, assuma dívidas de campanha não quitadas pelos candidatos, passando a agremiação a responder solidariamente pelo débito.

Assim, diante das fontes de arrecadação e regras de gastos eleitorais, os partidos políticos devem prestar contas em duas modalidades, quais sejam: a prestação de contas anual e a prestação de contas de campanha eleitoral.

a) Prestação de contas anual

Está prevista no art. 30 e seguintes da Lei nº 9.096/1995 (Lei dos Partidos Políticos) e na Resolução TSE nº 23.604/2019. O partido político deve apresentar até o dia 30 de junho do ano subsequente sua prestação de contas, para que se apure a regularidade de suas receitas e despesas, pois há o recebimento de verbas públicas e a vedação de custeio por pessoa jurídica. Como dispõe o art. 37-A, "a falta de prestação de contas implicará a suspensão de novas cotas do Fundo Partidário enquanto perdurar a inadimplência e sujeitará os responsáveis às penas da lei", sendo essa a principal punição à grei partidária que não apresenta suas contas.

No julgamento da ADI nº 6.032/DF, o STF declarou inconstitucional a aplicação pela Justiça Eleitoral de sanção de suspensão do registro ou anotação do órgão partidário de forma automática, quando este não presta contas, uma vez que tal penalidade somente pode ser aplicada após decisão, com trânsito em julgado, decorrente de procedimento específico de suspensão de registro, conforme o art. 28 da Lei nº 9.096/1995. Portanto, a desaprovação da prestação de contas do partido não ensejará sanção alguma que o impeça de participar do pleito eleitoral.

Alguns artigos são importantes para a compreensão da prestação de contas anual, motivo pelo qual os colacionamos a seguir.

> Art. 30. O partido político, através de seus órgãos nacionais, regionais e municipais, deve manter escrituração contábil, de forma a permitir o conhecimento da origem de suas receitas e a destinação de suas despesas.

118 Direito Eleitoral

Eis aqui o fundamento da prestação de contas anual, que permite *accountability* financeira dos partidos políticos.

Art. 31. É vedado ao partido receber, direta ou indiretamente, sob qualquer forma ou pretexto, contribuição ou auxílio pecuniário ou estimável em dinheiro, inclusive através de publicidade de qualquer espécie, procedente de:

I – entidade ou governo estrangeiros;

II – entes públicos e pessoas jurídicas de qualquer natureza, ressalvadas as dotações referidas no art. 38 desta Lei e as proveniente do Fundo Especial de Financiamento de Campanha;

III – (revogado);

IV – entidade de classe ou sindical.

V – pessoas físicas que exerçam função ou cargo público de livre nomeação e exoneração, ou cargo ou emprego público temporário, ressalvados os filiados a partido político.

Art. 32. O partido está obrigado a enviar, anualmente, à Justiça Eleitoral, o balanço contábil do exercício findo, até o dia 30 de junho do ano seguinte.

§ 1º O balanço contábil do órgão nacional será enviado ao Tribunal Superior Eleitoral, o dos órgãos estaduais aos Tribunais Regionais Eleitorais e o dos órgãos municipais aos Juízes Eleitorais.

§ 2º A Justiça Eleitoral determina, imediatamente, a publicação dos balanços na imprensa oficial, e, onde ela não exista, procede à afixação dos mesmos no Cartório Eleitoral.

Atualmente, as prestações de contas podem ser acessadas na internet, pelo Sistema de Informações de Contas (SICO) do TSE.

§ 3º (Revogado).

§ 4º Os órgãos partidários municipais que não hajam movimentado recursos financeiros ou arrecadado bens estimáveis em dinheiro ficam desobrigados de prestar contas à Justiça Eleitoral e de enviar declarações de isenção, declarações de débitos e créditos tributários federais ou demonstrativos contábeis à Receita Federal do Brasil, bem como ficam dispensados da certificação digital, exigindo-se do responsável partidário, no prazo estipulado no *caput* deste artigo, a apresentação de **declaração da ausência de movimentação de recursos** nesse período. (Grifos nossos.)

§ 5º A desaprovação da prestação de contas do partido não ensejará sanção alguma que o impeça de participar do pleito eleitoral.

§ 6º A Secretaria Especial da Receita Federal do Brasil reativará a inscrição dos órgãos partidários municipais referidos no § 4º deste artigo que estejam com a inscrição baixada ou inativada, mediante requerimento dos representantes legais da agremiação partidária à unidade descentralizada da Receita Federal do Brasil da respectiva circunscrição territorial, instruído com declaração simplificada de que não houve movimentação financeira nem arrecadação de bens estimáveis em dinheiro.

§ 7º O requerimento a que se refere o § 6º deste artigo indicará se a agremiação partidária pretende a efetivação imediata da reativação da inscrição pela Secretaria Especial da Receita Federal do Brasil ou a partir de 1º de janeiro de 2020, hipótese em que a efetivação será realizada sem a cobrança de quaisquer taxas, multas ou outros encargos administrativos relativos à ausência de prestação de contas.

§ 8º As decisões da Justiça Eleitoral nos processos de prestação de contas não ensejam, ainda que desaprovadas as contas, a inscrição dos dirigentes partidários no Cadastro Informativo dos Créditos não Quitados do Setor Público Federal (Cadin).

Art. 34. A Justiça Eleitoral exerce a fiscalização sobre a prestação de contas do partido e das despesas de campanha eleitoral, devendo atestar se elas refletem adequadamente a real movimentação financeira, os dispêndios e os recursos aplicados nas campanhas eleitorais, exigindo a observação das seguintes normas:

I – obrigatoriedade de designação de dirigentes partidários específicos para movimentar recursos financeiros nas campanhas eleitorais;

II – (revogado);

III – relatório financeiro, com documentação que comprove a entrada e saída de dinheiro ou de bens recebidos e aplicados;

IV – obrigatoriedade de ser conservada pelo partido, por prazo não inferior a cinco anos, a documentação comprobatória de suas prestações de contas;

Esse dispositivo estabelece o ônus da prova do partido, pois é a agremiação que deve guardar os documentos comprobatórios da lisura da gestão das contas.

V – obrigatoriedade de prestação de contas pelo partido político e por seus candidatos no encerramento da campanha eleitoral, com o recolhimento imediato à tesouraria do partido dos saldos financeiros eventualmente apurados.

§ 1º A fiscalização de que trata o *caput* tem por escopo identificar a origem das receitas e a destinação das despesas com as atividades partidárias e eleitorais, mediante o exame formal dos documentos fiscais apresentados pelos partidos políticos e candidatos, sendo vedada a análise das atividades político-partidárias ou qualquer interferência em sua autonomia. (Grifos nossos.)

§ 2º Para efetuar os exames necessários ao atendimento do disposto no *caput*, a Justiça Eleitoral pode requisitar técnicos do Tribunal de Contas da União ou dos Estados, pelo tempo que for necessário.

§ 3º (Vetado).

§ 4º Para o exame das prestações de contas dos partidos políticos, o sistema de contabilidade deve gerar e disponibilizar os relatórios para conhecimento da origem das receitas e das despesas.

§ 5º Os relatórios emitidos pelas áreas técnicas dos tribunais eleitorais devem ser fundamentados estritamente com base na legislação eleitoral e nas normas de contabilidade, vedado opinar sobre sanções aplicadas aos partidos políticos, cabendo aos magistrados emitir juízo de valor.

§ 6º A Justiça Eleitoral não pode exigir dos partidos políticos apresentação de certidão ou documentos expedidos por outro órgão da administração pública ou por entidade bancária e do sistema financeiro que mantêm convênio ou integração de sistemas eletrônicos que realizam o envio direto de documentos para a própria Justiça Eleitoral.

Art. 35. O Tribunal Superior Eleitoral e os Tribunais Regionais Eleitorais, à vista de denúncia fundamentada de filiado ou delegado de partido, de representação do Procurador-Geral ou Regional ou de iniciativa do Corregedor, determinarão o exame da escrituração do partido e a apuração de qualquer ato que viole as prescrições legais ou estatutárias a que, em matéria financeira, aquele ou seus filiados estejam sujeitos, podendo, inclusive, determinar a quebra de sigilo bancário das contas dos partidos para o esclarecimento ou apuração de fatos vinculados à denúncia. (Grifos nossos.)

Aqui está previsto o procedimento a ser seguido quando constatadas irregularidades nas prestações de contas do partido. Observe que a quebra de sigilo autorizada pelo artigo se refere às contas do partido político, não ao doador.

Parágrafo único. O partido pode examinar, na Justiça Eleitoral, as prestações de contas mensais ou anuais dos demais partidos, quinze dias após a publicação dos balanços financeiros, aberto o prazo de cinco dias para impugná-las, podendo, ainda, relatar fatos, indicar provas e pedir abertura

122 Direito Eleitoral

de investigação para apurar qualquer ato que viole as prescrições legais ou estatutárias a que, em matéria financeira, os partidos e seus filiados estejam sujeitos.

Art. 36. Constatada a violação de normas legais ou estatutárias, ficará o partido sujeito às seguintes **sanções**:

I – no caso de recursos de origem não mencionada ou esclarecida, fica suspenso o recebimento das quotas do fundo partidário até que o esclarecimento seja aceito pela Justiça Eleitoral;

II – no caso de recebimento de recursos mencionados no art. 31, fica suspensa a participação no fundo partidário por um ano;

III – no caso de recebimento de doações cujo valor ultrapasse os limites previstos no art. 39, § 4º, fica suspensa por dois anos a participação no fundo partidário e será aplicada ao partido multa correspondente ao valor que exceder aos limites fixados. (Grifo nosso.)

Art. 37. A desaprovação das contas do partido implicará exclusivamente a sanção de devolução da importância apontada como irregular, acrescida de multa de até 20% (vinte por cento).

§ 1º A Justiça Eleitoral pode determinar diligências necessárias à complementação de informações ou ao saneamento de irregularidades encontradas nas contas dos órgãos de direção partidária ou de candidatos.

§ 2º A sanção a que se refere o *caput* será aplicada exclusivamente à esfera partidária responsável pela irregularidade, não suspendendo o registro ou a anotação de seus órgãos de direção partidária nem tornando devedores ou inadimplentes os respectivos responsáveis partidários.

§ 3º A sanção a que se refere o *caput* deste artigo deverá ser aplicada de forma proporcional e razoável, pelo período de 1 (um) a 12 (doze) meses, e o pagamento deverá ser feito por meio de desconto nos futuros repasses de cotas do fundo partidário a, no máximo, 50% (cinquenta por cento) do valor mensal, desde que a prestação de contas seja julgada, pelo juízo ou tribunal competente, em até 5 (cinco) anos de sua apresentação, vedada a acumulação de sanções.

§ 3º-A. O cumprimento da sanção aplicada a órgão estadual, distrital ou municipal somente será efetivado a partir da data de juntada aos autos do processo de prestação de contas do aviso de recebimento da citação ou intimação, encaminhada, por via postal, pelo Tribunal Regional Eleitoral ou Juízo Eleitoral ao órgão partidário hierarquicamente superior.

§ 4º Da decisão que desaprovar total ou parcialmente a prestação de contas dos órgãos partidários caberá recurso para os Tribunais Regionais Eleitorais ou para o Tribunal Superior Eleitoral, conforme o caso, o qual deverá ser recebido com efeito suspensivo.

§ 5º As prestações de contas desaprovadas pelos Tribunais Regionais e pelo Tribunal Superior poderão ser revistas para fins de aplicação proporcional da sanção aplicada, mediante requerimento ofertado nos autos da prestação de contas.

§ 6º O exame da prestação de contas dos órgãos partidários tem caráter jurisdicional.

O caráter jurisdicional da apreciação de contas pela justiça eleitoral é de suma importância, motivo pelo qual, inclusive, da desaprovação são cabíveis recursos para o TRE ou TSE, conforme o caso.

§ 7º (Vetado).

§ 8º (Vetado).

§ 9º O desconto no repasse de cotas resultante da aplicação da sanção a que se refere o *caput* será suspenso durante o segundo semestre do ano em que se realizarem as eleições.

§ 10. Os gastos com passagens aéreas serão comprovados mediante apresentação de fatura ou duplicata emitida por agência de viagem, quando for o caso, e os beneficiários deverão atender ao interesse da respectiva agremiação e, nos

124 Direito Eleitoral

casos de congressos, reuniões, convenções, palestras, poderão ser emitidas independentemente de filiação partidária segundo critérios interna corporis, vedada a exigência de apresentação de qualquer outro documento para esse fim.

§ 11. Os órgãos partidários poderão apresentar documentos hábeis para esclarecer questionamentos da Justiça Eleitoral ou para sanear irregularidades a qualquer tempo, enquanto não transitada em julgado a decisão que julgar a prestação de contas.

Aqui está prevista legalmente a possibilidade de juntada de documentos pelas agremiações para sanar vícios formais observados nas contas prestadas, observando-se o disposto na Resolução n° 23.604/2019 do TSE, que regulamenta as finanças e contabilidade dos partidos.

§ 12. Erros formais ou materiais que no conjunto da prestação de contas não comprometam o conhecimento da origem das receitas e a destinação das despesas não acarretarão a desaprovação das contas.

Por esse dispositivo, fica estampada a adoção do princípio da instrumentalidade das formas na análise das prestações de contas partidárias.

§ 13. A responsabilização pessoal civil e criminal dos dirigentes partidários decorrente da desaprovação das contas partidárias e de atos ilícitos atribuídos ao partido político somente ocorrerá se verificada irregularidade grave e insanável resultante de conduta dolosa que importe enriquecimento ilícito e lesão ao patrimônio do partido.

Aqui exclui-se a responsabilização culposa, dispositivo bem similar à nova redação do art. 1°, I, *g*, da Lei das Inelegibilidades.

§ 14. O instituto ou fundação de pesquisa e de doutrinação e educação política não será atingido pela sanção aplicada ao partido político em caso de desaprovação de suas contas, exceto se tiver diretamente dado causa à reprovação.

§ 15. As responsabilidades civil e criminal são subjetivas e, assim como eventuais dívidas já apuradas, recaem somente sobre o dirigente partidário responsável pelo órgão partidário à época do fato e não impedem que o órgão partidário receba recurso do fundo partidário.

Art. 37-A. A falta de prestação de contas implicará a suspensão de novas cotas do Fundo Partidário enquanto perdurar a inadimplência e sujeitará os responsáveis às penas da lei.

Atenção!

A desaprovação das contas por recursos de origem vedada implica a sanção do 36, I, suspensão do recebimento das quotas do fundo partidário, até que o esclarecimento seja feito na Justiça Eleitoral – TSE. O art. 36 é norma específica.

Diante de todos esses dispositivos, vê-se que a reprovação das contas anuais dos partidos políticos pode gerar a suspensão de repasses das quotas do fundo partidário, além da devolução dos valores, conforme o caso, enquanto a ausência de prestação de contas implicará a suspensão de novas cotas do Fundo Partidário enquanto perdurar a inadimplência e sujeitará os responsáveis às penas da lei. Outrossim, importante repisar que a desaprovação de contas não ensejará óbice à participação do Partido no pleito eleitoral.

Caso não prestadas essas contas, poderá a agremiação partidária sofrer a suspensão da anotação de órgão partidário estadual, regional, municipal ou zonal, que poderá ser requerida à Justiça Eleitoral a partir do trânsito em julgado da decisão que julgar não prestadas as contas de exercício financeiro e de campanha, enquanto perdurar a inadimplência, conforme procedimento estabelecido no art. 54-N da Resolução n° 23.662/2021, a qual recomenda-se a leitura.

Existe uma controvérsia prática no que diz respeito ao art. 37, § 11, da Lei dos Partidos Políticos (acima transcrito), que confere a possibilidade de juntada de documentos para sanar irregularidades formais, até o trânsito em julgado da decisão sobre a prestação de contas. Isso porque o art. 36, §§ 10 e 11, da Res. n° 23.604/2019 – TSE, que justamente regulamenta a prestação de contas dos partidos, prescreve que esse prazo de juntada até o trânsito em julgado não se aplica na hipótese de não atendimento pelo órgão partidário das diligências determinadas pelo juiz ou pelo relator no prazo assinalado, o que implica a preclusão para a apresentação do esclarecimento ou do documento solicitado. Ou seja, se durante o processo jurisdicional de prestação de contas o magistrado assinalar prazo para que a agremiação apresente os documentos necessários para afastar eventuais irregularidades formais e o órgão partidário quedar-se inerte, haverá preclusão, em confronto com a literalidade do art. 37, § 11, da Lei dos Partidos que prevê tal possibilidade até o trânsito em julgado.

A jurisprudência do TSE, no entanto, é assente no sentido de que

> Após o encerramento da fase de diligências não se admite a juntada de documentos com o objetivo de sanar irregularidades sobre as quais a parte foi intimada para se manifestar, em observância à regra de preclusão contida no art. 36, §§ 10 e 11, da Res. n° 23.604/2019 – TSE. Precedentes da Corte (PC-Prestação de Contas n° 18.573 – BRASÍLIA – DF, Acórdão de 29.04.2021, Rel. Min. Edson Fachin). (Grifos nossos.)

b) Prestação de contas de campanha eleitoral

Os órgãos partidários em todas as suas esferas, sem prejuízo da prestação de contas anual, devem prestar contas dos recursos arrecadados e aplicados exclusivamente em campanha, ou da sua ausência. O órgão partidário municipal deve encaminhar a prestação de contas à respectiva zona eleitoral; o estadual ou distrital, ao respectivo tribunal regional eleitoral; e o órgão nacional, ao TSE. De forma geral, a prestação de contas de campanha eleitoral segue as mesmas diretrizes da prestação de contas anuais, com algumas peculiaridades que serão abordadas a seguir.

Em cada eleição a ser realizada, serão fixados os limites de gastos de campanha, pelo Tribunal Superior Eleitoral (TSE), sendo contabilizados nos limites de gastos de cada campanha as despesas efetuadas pelos candidatos e as efetuadas pelos partidos que puderem ser individualizadas. O limite de gastos em campanha é estabelecido para preservar a igualdade e equilíbrio nas campanhas eleitorais, impedindo um abuso econômico.

Conforme prescreve o art. 18-B, será aplicada multa em valor equivalente a 100% (cem por cento) da quantia que ultrapassar o limite estabelecido, sem prejuízo da apuração da ocorrência de abuso do poder econômico, na hipótese de descumprimento dos limites de gastos fixados para cada campanha. Muita atenção para o que estabelece o parágrafo único do art. 18, pois gastos advocatícios e de contabilidade referentes a consultoria, assessoria e honorários, relacionados à prestação de serviços em campanhas eleitorais e em favor destas, bem como em processo judicial decorrente de defesa de interesses de candidato ou partido político, não estão sujeitos a limites de gastos ou a limites que possam impor dificuldade ao exercício da ampla defesa.

> Art. 18. Os limites de gastos de campanha serão definidos em lei e divulgados pelo Tribunal Superior Eleitoral.
>
> Art. 18-A. Serão contabilizadas nos limites de gastos de cada campanha as despesas efetuadas pelos candidatos e as efetuadas pelos partidos que puderem ser individualizadas. (Incluído pela Lei nº 13.165, de 2015)
>
> Parágrafo único. Para fins do disposto no *caput* deste artigo, os gastos advocatícios e de contabilidade referentes a consultoria, assessoria e honorários, relacionados à prestação de serviços em campanhas eleitorais e em favor destas, bem como em processo judicial decorrente de defesa de interesses de candidato ou partido político, não estão sujeitos a limites de gastos ou a limites que possam impor dificuldade ao exercício da ampla defesa.

128 Direito Eleitoral

Além da prestação de contas final, deverão ocorrer prestações de contas parciais tanto dos partidos políticos através da divulgação em página própria da internet criada pela Justiça Eleitoral, que divulgarão os recursos em dinheiro recebidos em até 72 (setenta e duas) horas. Também, conforme inciso II do § 4º do art. 28 da Lei das Eleições, os partidos e candidatos devem disponibilizar no dia 15 de setembro relatório discriminando as transferências do Fundo Partidário, do Fundo Especial de Financiamento de Campanha, os recursos em dinheiro e os estimáveis em dinheiro recebidos, bem como os gastos realizados. As doações de pessoas jurídicas estão vedadas, mas é possível que sejam realizadas doações aos candidatos pelos próprios partidos políticos, razão pela qual deverá constar, portanto, o CNPJ da agremiação.

Após a apresentação das contas finais, a Justiça Eleitoral disponibilizará os dados no Sistema de Divulgação de Candidaturas e de Prestação de Contas Eleitorais (DivulgaCandContas) e determinará a imediata publicação em edital. Qualquer partido político, candidato, coligação ou o Ministério Público pode impugnar as contas prestadas, no prazo de três dias.

As prestações de contas são analisadas pelo respectivo órgão da Justiça Eleitoral e após o parecer conclusivo, os autos são submetidos a parecer do Ministério Público Eleitoral. Concluída a análise, a Justiça Eleitoral realizará o julgamento da prestação de contas, conforme dispõe os arts. 30 e seguintes da Lei das Eleições.

> Art. 30. A Justiça Eleitoral verificará a regularidade das contas de campanha, decidindo:
>
> I – pela aprovação, quando estiverem regulares;
>
> II – pela aprovação com ressalvas, quando verificadas falhas que não lhes comprometam a regularidade;
>
> III – pela desaprovação, quando verificadas falhas que lhes comprometam a regularidade;
>
> IV – pela não prestação, quando não apresentadas as contas após a notificação emitida pela Justiça Eleitoral, na qual

constará a obrigação expressa de prestar as suas contas, no prazo de setenta e duas horas.

§ 1º A decisão que julgar as contas dos candidatos eleitos será publicada em sessão até três dias antes da diplomação.

§ 2º Erros formais e materiais corrigidos não autorizam a rejeição das contas e a cominação de sanção a candidato ou partido.

§ 2º-A. Erros formais ou materiais irrelevantes no conjunto da prestação de contas, que não comprometam o seu resultado, não acarretarão a rejeição das contas.

Se desaprovadas as contas, o partido político poderá perder o direito ao recebimento da cota do Fundo Partidário e do FEFC, além da suspensão do registro ou anotação do órgão partidário, após decisão com trânsito em julgado. Em caso de desaprovação, a Justiça Eleitoral abrirá vista dos autos ao Ministério Público, para os fins previstos no art. 22 da Lei Complementar nº 64/1990, que trata da abertura de investigação judicial para apurar uso indevido, desvio ou abuso do poder econômico ou do poder de autoridade, ou ainda utilização indevida dos meios de comunicação social, em benefício de candidato ou de partido político.[1]

Pelo prazo de 180 dias após a diplomação, candidatos e partidos políticos deverão conservar os documentos concernentes às suas contas. Se forem constatadas sobras de recursos financeiros de campanha, deverá ser observado o procedimento do art. 31 da Lei das Eleições, mas, se forem constatados débitos não quitados até a data da apresentação da prestação de contas, estes poderão ser assumidos pelo partido político, por decisão do órgão nacional de direção partidária, ficando o órgão partidário da respectiva circunscrição eleitoral solidário ao candidato. Porém, a existência do débito não autoriza a reprovação de contas, conforme dispõe o art. 29, § 4º, da Lei nº 9.504/1997.

---

[1] Disponível em: https://www.tse.jus.br/eleicoes/contas-eleitorais/contas-eleitorais-normas-e-regulamentos. Acesso em: 28 abr. 2022.

130 Direito Eleitoral

Caso não prestadas essas contas, poderá a agremiação partidária sofrer a suspensão da anotação de órgão partidário estadual, regional, municipal ou zonal, que poderá ser requerida à Justiça Eleitoral a partir do trânsito em julgado da decisão que julgar não prestadas as contas de exercício financeiro e de campanha, enquanto perdurar a inadimplência, conforme procedimento estabelecido no art. 54-N da Resolução n° 23.662/2021, cuja leitura recomenda-se.

Súmulas

Súmula – TSE n° 42

A decisão que julga não prestadas as contas de campanha impede o candidato de obter a certidão de quitação eleitoral durante o curso do mandato ao qual concorreu, persistindo esses efeitos, após esse período, até a efetiva apresentação das contas.

Súmula – TSE n° 51

O processo de registro de candidatura não é o meio adequado para se afastarem os eventuais vícios apurados no processo de prestação de contas de campanha ou partidárias.

Súmula – TSE n° 57

A apresentação das contas de campanha é suficiente para a obtenção da quitação eleitoral, nos termos da nova redação conferida ao art. 11, § 7°, da Lei n° 9.504/1997, pela Lei n° 12.034/2009.

Destaques

- É livre a criação, fusão e extinção dos partidos políticos, decorrência natural do pluripartidarismo, e possuem a natureza jurídica de pessoas jurídicas de direito privado (art. 1° da Lei n° 9.096/1995), por isso sua formação consolida-se na forma da lei civil mediante registro no Cartório das Pessoas Jurídicas da Capital (art. 8°) e registro do estatuto no Tribunal Superior Eleitoral (ato complexo).

- Toda a agremiação partidária deve ter um programa e seu estatuto, nos termos dos arts. 14 e 15 da Lei n° 9.096/1995, e deve eleger, de acordo com seu estatuto, os dirigentes nacionais provisórios.
- A autonomia partidária esbara nos limites constitucionais previstos no art. 17 da CF.
- Todos os filiados devem fidelidade ao partido ao qual estão filiados, mas somente nos cargos proporcionais haverá perda do mandato pela infidelidade partidária. A perda do mandato político está disciplinada no art. 22-A da Lei dos Partidos Políticos, sendo a justa causa aferida pelo judiciário.
- A denomina **"janela partidária"** é o período no qual os mandatários podem mudar de partido sem perder o mandato (são os 30 dias antes dos seis meses das eleições, justamente porque esses seis meses é o prazo de filiação como condição para o registro de candidatura).
- As coligações eleitorais não são mais admitidas nas eleições proporcionais.
- Instituídas pela Lei n° 14.208/2021, as federações constituem-se em uma reunião de partidos com afinidades ideológicas para a disputa e exercício dos mandatos eletivos, com abrangência nacional.
- Com o advento da Lei n° 14.291/2022, que alterou a Lei dos Partidos Políticos, houve o retorno da propaganda partidária.
- No que se refere ao Mandado de Segurança Coletivo, para ter legitimidade ativa, o partido deve possuir representação no Congresso Nacional.
- O Fundo Partidário é destinado à manutenção dos partidos políticos e distribuído mensalmente. Por sua vez, o FEFC é voltado exclusivamente ao financiamento de campanhas eleitorais e distribuído somente no ano da eleição.
- No Brasil o sistema de financiamento vigente é o sistema misto de financiamento partidário, podendo ser realizado o financiamento tanto pelo particular, pessoa física, vedada a contribuição de pessoa jurídica – empresas, como pelos recursos do Estado, a exemplo do Fundo Eleitoral.
- Por *crowdfunding* eleitoral entende-se o financiamento coletivo, mediante o uso de ferramentas de doação por pessoas físicas para o financiamento de campanhas eleitorais, nos *sites* dos candidatos e agremiações partidárias, como forma de fomento à participação popular no processo eleitoral, colaborando com os candidatos que o eleitor apoia.

7

LGPD (Lei Geral de Proteção de Dados) e *compliance* eleitoral

A Lei Geral de Proteção de Dados (Lei Federal n° 13.709/2018 – LGPD), é um conjunto de normas, válida para o território brasileiro, sobre como as empresas, as pessoas e os órgãos públicos devem guardar, proteger e usar informações pessoais coletadas dos usuários.[1] Ela surge como um instrumento legal para garantir a liberdade e a privacidade, entendendo os dados pessoais como parte do desenvolvimento da personalidade.

Com o advento da Emenda Constitucional n° 115/2022, a proteção aos dados pessoais passou a ser um direito fundamental, previsto no art. 5°, LXXIX, da CF, sendo assegurado, nos termos da lei, o direito à proteção dos dados pessoais, inclusive nos meios digitais. É um interessante caso no qual a lei regulamentadora veio antes do próprio direito constitucional. Mas é relevante lembrar que o STF em maio de 2020 já havia reconhecido o direito fundamental à proteção de dados (ADI n° 6.387 MC-Ref.

---

[1]. Lei Geral de Proteção de Dados – Planalto. Disponível em: http://www.planalto.gov.br/ccivil_03/_ato2015-2018/2018/lei/l13709.htm. Acesso em: 28 abr. 2022.

Órgão julgador: Tribunal Pleno. Rel. Min. Rosa Weber. Julgamento: 07.05.2020. Publicação: 12.11.2020).

A LGPD é uma lei de 2018, que entrou em vigor, em sua maior parte, em agosto de 2020. Já os dispositivos que tratam das sanções previstas para o não cumprimento da LGPD entraram em vigor a partir de setembro de 2021. Quando a LGPD entrou em vigor, a Autoridade Nacional de Proteção de Dados (ANPD) ainda não havia sido regulamentada.

Com relação à Autoridade Nacional de Proteção de Dados (ANPD), importa mencionar a crítica sobre o seu atual formato. A ANPD seria uma entidade com nível de autarquia, mas ela acabou se constituindo como um órgão dentro do Poder Executivo. Tal fato traz implicações em relação à matéria eleitoral, pois em tese haveria mais susceptibilidade à ocorrência de influências no tratamento de dados não só da justiça eleitoral, mas também em relação a partidos políticos e às campanhas eleitorais que tenham interesse direto na disputa eleitoral.

7.1 Princípios

Os princípios estão elencados no art. 6° da LGPD. Merece destaque o princípio da boa-fé objetiva (lealdade no tratamento de dados), principalmente pela ideia de que os dados pessoais pertencem ao titular e que é ele que pode autorizar o tratamento dos dados. O princípio da autodeterminação informativa também é dotado de relevância e determina que a pessoa pode disponibilizar seus dados ou não.

O princípio da finalidade do tratamento do dado pessoal dispõe que a LGPD deve direcionar os motivos pelos quais os dados pessoais estão sendo coletados. Deve ser feita toda uma cadeia de custódia desses dados para que se tenha traçado um caminho do tratamento de dados para que o titular possa ter acesso se assim desejar. A finalidade deve ser mantida quando do compartilhamento.

7.2 Âmbito eleitoral

No contexto eleitoral, é imprescindível que as regras da LGPD sejam observadas, porque há grande circulação de dados pessoais de candidatos e partidos políticos que pretendem levar suas propostas aos eleitores, que são pessoas titulares de dados pessoais. Assim, é preciso observar as regras de proteção de dados tanto do ponto de vista individual como em prol da defesa da democracia e integridade do pleito.

Como um exemplo de caso prático, o Tribunal Superior Eleitoral, ao submeter a julgamento o pedido de retirada de informações pessoais formulado por um candidato que argumentou que, desde que se candidatou para participar do pleito de 2020, sofre transtornos diários de ameaças, milhares de ligações, clonagem de aplicativos, decidiu o quanto segue:

> PROCESSO ADMINISTRATIVO. REGISTRO DE CANDIDATURA. DADOS DO CANDIDATO ELEITO SUPLENTE. PUBLICIZAÇÃO. RELATO DE RECEBIMENTO DE AMEAÇAS. RETIRADA DOS DADOS PESSOAIS DO REQUERENTE DO SISTEMA DIVULGACAND. LEI Nº 13.709/2018 (LGPD). CASO CONCRETO QUE JUSTIFICA A MEDIDA. OBSERVÂNCIA DOS BINÔMIOS VIDA PRIVADA/VIDA PÚBLICA E FINALIDADE/ADEQUAÇÃO. RELEVÂNCIA DA TRANSPARÊNCIA. PROPOSIÇÃO DE REGULAMENTAÇÃO DA MATÉRIA NO ÂMBITO DA JUSTIÇA ELEITORAL.
>
> 1. Os dados pessoais dos cidadãos que disputam as eleições devem ser disponibilizados à Justiça Eleitoral, consoante art. 11, § 1º, da Lei nº 9.504/1997, e são publicizados por meio do Sistema de Divulgação de Candidaturas e Contas Eleitorais (DivulgaCand).
>
> 2. A jurisprudência deste Tribunal Superior deve ponderar a prevalência do direito à privacidade do candidato, à luz das circunstâncias do caso concreto, sem prejuízo da transparência como princípio e como regra.

3. Há distinção do grau de proteção dos dados pessoais entre os cidadãos que se mantém no âmbito da vida privada e aqueles que adentram à espacialidade pública, inclusive para fins de fiscalização pelos legitimados.

4. A complexidade das inovações trazidas pela LGPD no âmbito dos múltiplos bancos de dados da Justiça Eleitoral e da necessidade de sua compatibilização com a ambiência pública em razão das eleições é contexto que reclama a regulamentação da questão para permitir a plena aplicabilidade da LGPD nesta seara.

5. Pleito deduzido no processo administrativo acolhido, em face das ameaças concretas recebidas, determinando-se a retirada dos dados pessoais do requerente do Sistema DivulgaCand.

6. Proposição de atribuição, até fevereiro de 2022, ao Grupo de Trabalho de Candidaturas (GT–Cand, instituído pela Portaria n° 549, de 26.08.2021), com participação da sociedade civil, de realização de diagnósticos com propostas de regulamentação e apuração da viabilidade de implementação de ajustes no Sistema DivulgaCand, para fins de atendimento aos ditames da LGPD (Processo Administrativo n° 060023137, Acórdão, Rel. Min. Edson Fachin, *DJe* 03.02.2022).

Quais as diferenças entre dados pessoal, sensível e anonimizado?

O dado pessoal é aquele que se tem a garantia de se chegar a uma pessoa determinada ou determinável. Determinada: pelo nome e documento. Determinável: com diversos dados é possível se identificar uma pessoa, tal como nome, endereço, data de nascimento.

Para que qualquer dado seja tratado, ele precisa de uma base legal. A base legal está no art. 7° da LGPD. Para a justiça eleitoral, a hipótese legal para o tratamento de dado é a coleta de dados do eleitor para o fim de proceder à realização do processo eleitoral para o eleitor se cadastrar e poder votar, caso esteja com o título regular. Para a organização das eleições, a justiça eleitoral tem a incumbência de registrar as filiações a partidos políticos e por ocasião do processo eleitoral registrar as candidaturas, fazer as verificações e tratar o dado de modo que no fim o dado do candidato habilitado seja inserido na urna e o eleitor possa votar nesse candidato habilitado.

O dado sensível é aquele dado pessoal que pode ser sobre origem racial ou étnica, dentre as outras especificações no texto legal. Quando se trata de opinião política, está-se diante de dados sensíveis que merecem um tratamento mais restritivo, pois são dados mais delicados. Os dados biométricos também são dados pessoais sensíveis.

O que muda entre um e outro (pessoal e sensível) são as hipóteses de tratamento, em que o tratamento dos dados pessoais sensíveis seja mais restrito. Uma hipótese é o legítimo interesse do controlador, a qual somente é possível para tratamento dos dados pessoais. O legítimo interesse do controlador permite que empresas utilizem dados dos seus consumidores para fazer publicidade dos seus produtos. Não se pode usar os dados de crenças políticas, por exemplo, para direcionar publicidade do interesse do controlador, por se tratar de dados sensíveis que podem trazer um prejuízo discriminatório ao cidadão.

Um desafio a ser dirimido pela Justiça Eleitoral: na prestação de contas, se os dados de doadores são sensíveis, porque demonstram uma predileção política do eleitor, eles poderiam estar expostos no DivulgaCand? Por outro lado, como garantir a transparência e lisura se eles não estiverem? São desafios a serem superados.

A anonimização de dado pessoal é um procedimento que se faz no dado pessoal, de modo que ele perca a característica de ser um dado pessoal. O dado pessoal deixa de ser possível de ser vinculado a uma pessoa. Por exemplo: na estatística do eleitorado, pode-se dizer o percentual de mulheres, homens, faixas etárias sem especificar detalhadamente quem é cada um deles. A anonimizado não é regido pela LGPD, pois é utilizado para fins estatísticos.

7.3 Lei de Acesso à Informação e LGPD

Importante haver um balanceamento entre a Lei de Acesso à Informação (LAI) e a LGPD. A primeira busca transmitir informações públicas. A segunda busca garantir ao indivíduo a proteção de seus dados individuais. Por exemplo: a Administração Pública deve disponibilizar no Portal Transparência contratos realizados. A disponibilização, para os fins da LAI, possui a finalidade possibilitar a fiscalização da prestação de serviço, mas os dados pessoais relacionados aos sujeitos dos contratos não são relevantes para os fins da LAI e podem então receber a proteção da LGPD.

Portanto, será necessário que a justiça eleitoral regulamente para abordar de forma específica os riscos que se apresentam no processo eleitoral para assegurar a lisura do pleito, não podendo contar tão somente com a ANPD, pois é uma autoridade inserida dentro do Poder Executivo que pode, como mencionado anteriormente, influenciar no tratamento de dados.

Veja a seguir um quadro sinóptico da análise das normas de proteção de dados e das normas eleitorais, com os principais aspectos a serem considerados, conforme guia orientativo elaborado pela ANPD em parceria com o TSE.[2]

Dados pessoais, dados sensíveis e aplicação da LGPD ao contexto eleitoral	**Dado pessoal:** permite a identificação direta ou indireta de uma pessoa natural (art. 5°, I, LGPD);
	Dado pessoal sensível: dado pessoal sobre origem racial ou étnica, convicção religiosa, opinião política (art. 5°, II, LGPD), com especial proteção da LGPD;
	No contexto eleitoral: as disposições da LGPD devem ser observadas no tratamento com os dados pessoais e dados sensíveis;

[2.] *Guia Orientativo – Aplicação da Lei Geral de Proteção de Dados Pessoais (LGPD) por agentes de tratamento no contexto eleitoral – ANPD e TSE.* Disponível em: https://www.tse.jus.br/hotsites/catalogo-publicacoes/pdf/guia-orientativo-aplicacao-da-lgpd.pdf. Acesso em: 28 abr. 2022.

Dados pessoais, dados sensíveis e aplicação da LGPD ao contexto eleitoral	**Tratamento:** atividade de coleta, classificação, armazenamento, transferência, transmissão e eliminação de dados pessoais (art. 7º, LGPD). Tratamento de dados pessoais sensíveis atendem às disposições do art. 11 da LGPD.
Agentes de tratamento no contexto eleitoral	**Controlador:** define a finalidade do tratamento de dados, objetivos e base legal. Define a natureza dos dados e a duração do tratamento; **Operador:** realiza o tratamento mediante as diretrizes do controlador; **No contexto eleitoral:** partidos políticos, coligações e candidatas e candidatos poderão ser considerados agentes de tratamento, bem como organizações contratadas para a realização de campanhas envolvendo o tratamento de dados pessoais, ressalvadas as vedações legais. **Observação:** a mesma organização poderá ser controlador e operador, de acordo com sua atuação em diferentes operações de tratamento. Quanto ao tema, a Autoridade Nacional de Proteção de Dados ANPD elaborou guia orientativo.[3]
Principais bases legais	Para o tratamento de dados pessoais, os agentes deverão observar as disposições previstas nos arts. 7º (dados pessoais) e 11 (dados sensíveis) da LGPD, bem como respeitar os princípios estabelecidos na LGPD; Merecem destaque as seguintes bases legais: ■ consentimento da pessoa titular de dados (arts. 7º, I, e 11, I, da LGPD). No contexto eleitoral, o consentimento é necessário para o recebimento de mensagens instantâneas com conteúdos de propaganda, por meio de disparo em massa; ■ obrigação legal (arts. 7º, II, e 11, II, *a*, da LGPD). Por exemplo: obrigação estabelecida na Lei dos Partidos Políticos (Lei nº 9.096/1995), que, em seu art. 19, 6, dispõe que o partido deverá inserir os dados de suas filiadas e de seus filiados no sistema eletrônico da Justiça Eleitoral;

---

[3]. Disponível em: https://www.gov.br/anpd/pt-br/assuntos/noticias/inclusao-de-arquivos-para-link-nas-noticias/2021-05-27-guia-agentes-de-tratamento_final.pdf. Acesso em: 28 abr. 2022.

Principais bases legais	■ legítimo interesse (art. 7º, IX, da LGPD). O interesse do controlador será considerado legítimo quando não encontrar óbices legais, isto é, quando não for contrário às disposições da lei.
Princípios da finalidade, da adequação e da necessidade	Toda operação de tratamento de dados pessoais deve atender ao **princípio da finalidade**, o qual segue quatro requisitos: ■ ser legítima: amparada em base legal; ■ ser específica: delimitar o escopo do tratamento; ■ ser explícita: expressa, de maneira clara e precisa; ■ ser informada: com linguagem de fácil acesso para a pessoa titular de dados. Também deve ser observado o princípio da **adequação**, pois as operações de tratamento raramente ocorrem de forma isolada. Assim, é preciso analisar se o conjunto de operações é compatível com a finalidade delas; Não se pode esquecer o princípio da **necessidade**, pois ele orienta que todo tratamento deve se limitar ao mínimo necessário para a realização de suas finalidades.
Responsabilização e prestação de contas (accountability)	Os agentes de tratamento devem demonstrar o cumprimento e respeito à LGPD. Para tanto, a lei apresenta uma série de instrumentos que podem ser utilizados: Programa de Governança em Privacidade (PGP – art. 50, § 2º, I): a finalidade é demonstrar a integridade e o comprometimento do agente de tratamento, adotando processo e políticas, tais como: ■ mapeamento dos dados pessoais; ■ planos de resposta a incidentes e remediações, no qual pode ser utilizado o Relatório de Impacto à Proteção de Dados Pessoais (RIPD); ■ comunicação transparente com a pessoa titular, para estabelecer relação de confiança; ■ capacitação dos colaboradores dos agentes de tratamento; ■ canal de comunicação de agentes de tratamento com as pessoas titulares e com a ANPD (denominado encarregada ou encarregado de dados pessoais – art. 5º, VIII, da LGPD).

Direitos da pessoa titular, transparência e livre acesso	A autodeterminação informativa, um dos fundamentos da LGPD com previsão no inciso II do art. 2º, confere à pessoa titular de dados o direito de controlar seus próprios dados pessoais, com base nos preceitos da boa--fé e da transparência. Assim, a LGPD trouxe em seu art. 18 um rol exemplificativo de direitos a serem exercidos pelos titulares dos dados pessoais. No contexto eleitoral, a adequada aplicação da LGPD por partidos políticos, candidatas e candidatos na condição de agentes de tratamento pressupõe a disponibilização de canais de comunicação que sejam eficientes e facilmente acessíveis às pessoas titulares de dados.
Prevenção e segurança	Os agentes de tratamento devem adotar medidas de segurança, técnicas e administrativas aptas a proteger os dados pessoais. Destacam-se as seguintes medidas de segurança: ■ **Política de segurança da informação:** controles relacionados ao tratamento dos dados pessoais. ■ **Conscientização e treinamento:** informar e sensibilizar os colaboradores dos agentes de tratamento dos dados pessoais. ■ **Gerenciamento de contratos:** para que funcionários e empresas contratadas se comprometam a não divulgar informações confidenciais que envolvam os dados pessoais. ■ **Controle de acesso e gerenciamento de senhas:** medida de segurança para que os dados sejam acessados somente por pessoas autorizadas. ■ **Segurança dos dados pessoais armazenados:** os agentes de tratamento devem coletar dados pessoais que são realmente necessários para os objetivos do tratamento; ■ **Segurança das comunicações:** destaca-se a relevância de se utilizar conexões cifradas, com uso de protocolos seguros, como TLS/HTTPS, ou aplicativos com criptografia fim a fim, bem como sistemas de proteção de perímetro. ■ **Manutenção do programa de gerenciamento de vulnerabilidades:** é importante que esses mecanismos sejam mantidos em funcionamento e atualizados, que realizem varreduras periódicas nos dispositivos.

Prevenção e segurança	■ **Medidas relacionadas ao uso de dispositivos móveis:** os agentes devem avaliar e implementar funcionalidades que permitam apagar remotamente os dados pessoais relacionados à sua atividade de tratamento. ■ **Medidas relacionadas ao serviço em nuvem:** é importante que o agente tenha em seu contrato cláusula que contemple a segurança dos dados armazenados. ■ **Tratamento de incidentes de segurança com dado pessoal:** O controlador deverá comunicar à ANPD e à pessoa titular a ocorrência de incidente de segurança que possa acarretar risco ou dano relevante às pessoas titulares.
Proteção de dados e legislação eleitoral na prática	A LGPD instituiu a Autoridade Nacional de Proteção de Dados (ANPD) e conferiu a ela o dever de atuar em coordenação e articulação com outros órgãos e entidades públicas. Assim, as informações aqui registradas são oriundas de uma atuação conjunta da ANPD e do TSE com a finalidade de prestar orientações aos agentes de tratamento que atuam no campo eleitoral. As seguintes obrigações específicas previstas na legislação eleitoral possuem uma interface próxima com princípios e direitos previstos na LGPD, a saber: ■ **Utilização de base de dados coletada previamente à vigência da LGPD:** mister que seja progressivamente adequada à LGPD. ■ **Cessão, doação e venda de bases de dados:** para além da fiscalização exercida pela Justiça Eleitoral, agentes de tratamento devem observar as disposições da LGPD. ■ **Envio de mensagens eletrônicas e instantâneas:** o tratamento de dados pessoais para esta finalidade deve atender às bases legais previstas nos arts. 7º e 11 da LGPD. ■ **Impulsionamento de conteúdo:** deve ser realizado em atenção às normas eleitorais e em observância à LGPD, pois o impulsionamento de conteúdo é sempre realizado mediante o tratamento de dados pessoais.

7.4 *Compliance* eleitoral

Antes de ingressar no estudo do *compliance* eleitoral, é importante conhecer o que é *compliance*. O Conselho Administrativo de Defesa Econômica (CADE)[4] define *compliance* como um

> conjunto de medidas internas que permite prevenir ou minimizar os riscos de violação às leis, decorrentes de atividade praticada por um agente econômico e de qualquer um de seus sócios ou colaboradores.

Por exemplo: uma empresa poder evitar multas vultosas da Receita Federal por falhas em prestação de contas, se adotar um conjunto de medidas preventivas. Portanto, *compliance* é um conjunto de técnicas que promovem a conformidade de instituições, empresas e pessoas com as regras que lhe são aplicáveis, prevenindo, identificando e solucionando problemas.

Renee do Ó Souza (s.d.), ao discorrer acerca do *compliance* e a Lei Anticorrupção, nos apresenta a existência do conceito analítico e do conceito legal de *compliance*. No conceito analítico, o *compliance* é visto como um conjunto de planos e ações, ao passo que no conceito legal sua definição é de um programa de integridade previsto expressamente no art. 41 do Decreto nº 8.420/2015.

Ainda nas suas lições, podem ser listados os seguintes benefícios do programa de integridade para as organizações:

- prevenção de riscos;
- identificação antecipada de problemas;
- reconhecimento de ilicitudes e remediação desses atos;
- benefício reputacional;
- conscientização dos funcionários;
- instrumento do mundo privado de fomento à ética – insere o cidadão no combate à corrupção; promove um novo país.

---

4. CADE – Conselho Administrativo de Defesa Econômica. *Guia Programa de Compliance*. Ministério da Justiça, jan. 2016. p. 1-9. Disponível em: http://www.cade.gov.br/acessoa-informacao/publicacoesinstitucionais/guiasdoCade/guia-compliance-versaooficial.pdf. Acesso em: 1º fev. 2022.

144 Direito Eleitoral

Com base no exposto, temos o *compliance* eleitoral como um conjunto de ações direcionadas a candidatos, partidos políticos e cidadãos, para ajudá-los a cumprir as normas eleitorais e partidárias, prevenir e corrigir irregularidades, proporcionando-lhes segurança jurídica e maior credibilidade, de maneira a sempre promover a soberania popular (art. 1º da CF).

A ideia dos programas de integridade na seara eleitoral passou a ser amadurecida a partir da edição da Lei Anticorrupção brasileira (Lei nº 12.846, de 1º de agosto de 2013 – Decreto regulamentador nº 8.420, de 18 de março de 2015), das eleições de 2014 e da intensificação de operações policiais e ações judiciais que combatem a corrupção eleitoral, lavagem de dinheiro e uso de recursos não contabilizados (caixa dois) de origem ilícita ou lícita. Importante registrar que no Congresso Nacional tramitam projetos de leis que visam a implementar de forma obrigatória programas de integridade aos Partidos Políticos.

O Projeto de Lei nº 10.219/2018, alterando a Lei dos Partidos Políticos, visa incentivar a criação de um programa de integridade pelas agremiações partidárias, ao dispor sobre sua responsabilidade objetiva pela prática de atos contra a administração pública, e para estabelecer que, na aplicação de penas, seja considerada, para balizar a pena, a existência de mecanismos internos de integridade.

Outro projeto de lei, o PL nº 429/2017, propõe a aplicação das normas sobre programa de integridade aos partidos políticos, obrigando-os à criação de mecanismos efetivos de *compliance*, prevendo, ainda, sanções como a suspensão de recebimento do Fundo Partidário para casos de descumprimento da lei.

O *compliance* eleitoral se constitui, portanto, como um guia jurídico, uma diretriz, aos candidatos, partidos e cidadãos em meio à caminhada rumo ao sufrágio e estabelecimento do estado democrático de direito mediante a soberania popular.

Transpondo as lições de Renee do Ó Souza para o *compliance* eleitoral, é possível listar os seguintes benefícios:

LGPD (Lei Geral de Proteção de Dados) e *compliance* eleitoral **145**

- prevenção de riscos nas fases de pré-campanha, campanha e pós-campanha;
- identificação antecipada de problemas, de modo a evitar sanções da Justiça Eleitoral;
- reconhecimento de ilicitudes, tais como condutas vedadas, e remediação desses atos;
- benefício reputacional, conferindo credibilidade ao candidato e ao partido político frente aos eleitores;
- conscientização dos envolvidos, bem como dos cidadãos;
- instrumento do mundo privado de fomento à ética nas eleições – insere o cidadão no combate a corrupção eleitoral; promove uma nova democracia.

O quadro a seguir demonstra os destinatários do *compliance* eleitoral e o conjunto de ações de *compliance* para cada um deles:

Destinatários do *compliance* eleitoral e conjunto de ações		
Candidatos	**Partidos políticos**	**Cidadãos**
Cumprimento de regras sobre desfiliação e filiação partidárias, desincompatibilização, inelegibilidade, arrecadação de recursos e despesas eleitorais, propaganda eleitoral, em especial no tocante ao uso das mídias sociais.	Cumprimento das regras de formação das coligações partidárias, arrecadação de recursos e despesas, utilização de recursos do Fundo Partidário e do Fundo Especial de Financiamento de Campanha (FEFC), prestação de contas de partidárias, processos disciplinares sobre fidelidade partidária.	Ações tendentes a informar e conscientizar os cidadãos sobre as normas que lhes impõe deveres, mas também direitos fundamentais, promove a qualificação do ato de votar, o entendimento do processo democrático, a valorização de sua participação de forma consciente, desestimula o não voto (voto em branco, nulo, abstenções), alerta para o não cometimento de crimes eleitorais e ressalta a importância da soberania popular.

Aos candidatos e partidos, o objetivo das ações supramencionadas é evitar que sejam alvos de punições por parte da Justiça Eleitoral. Com relação aos partidos políticos, a nova Lei n° 14.192/2021 estabeleceu, no art. 15, X, da Lei dos Partidos Políticos, a necessidade de os estatutos disporem sobre normas que cuidem da prevenção, repressão e combate à violência política contra a mulher, ao que também podemos denominar *compliance de gênero.*

A implantação do *compliance* eleitoral traz benefícios evidentes no estabelecimento de diretrizes assentadas na ética, na transparência e no estrito cumprimento da legalidade, atuando na mitigação de riscos para os partidos e no relacionamento do candidato com doadores, com eleitores, com candidatos parceiros de coligação, com fornecedores e prestadores de serviços, com autoridades públicas e mesmo com a Justiça Eleitoral.

Aos cidadãos, o objetivo é reforçar o estado democrático de direito e o princípio da soberania popular. Nesse sentido, a justiça eleitoral tem investido na conscientização dos cidadãos acerca da importância do voto e de um regular processo eleitoral.

Em verdade, os programas de integridade passam a ser um respiro ético e um vetor democrático para a atual sociedade (BECK, 2011, p. 383), tamanha a fragmentação axiológica na base social, a disseminação de *fake news* e com uma cultura democrática ainda em formação.

Em consulta ao TSE, constatou-se que o TRE de Pernambuco instituiu a Resolução n° 358/2019, que institui a política e estabelece diretrizes para a construção de programa de integridade no âmbito do Tribunal. Também se verificou que o TRE do Distrito Federal instituiu a Resolução n° 7.883/2021 com o mesmo objetivo.

8

O Direito Eleitoral sob a perspectiva de gênero

Refletir e aplicar o Direito Eleitoral sob a perspectiva de gênero é essencial para que o direito da democracia seja pautado pela igualdade e dignidade da pessoa humana, traduzindo efetivamente a composição social como um todo, e não se forjando em estereótipos patriarcais.

O conceito de gênero se refere a um conjunto de ideias socialmente construídas, atribuídas a determinado grupo, distanciando-se, portanto, da mera concepção biológica de sexo (sexo feminino). Tal conceito é extremamente importante para incluir as pessoas transsexuais, por exemplo, sendo que o TSE entende ser possível a contabilização das candidaturas trans tanto para o sexo feminino como masculino:

> Cotas feminina e masculina. Contabilização. Percentuais. Art. 10, § 3º, da Lei nº 9.504/1997. [...] Candidaturas proporcionais e majoritárias. [...] 1. A expressão "cada sexo" mencionada no art. 10, § 3º, da Lei nº 9.504/1997 refere-se ao gênero, e não ao sexo biológico, de forma que tanto os homens como as mulheres transexuais e travestis podem ser contabilizados nas respectivas cotas de candidaturas masculina ou feminina. Para tanto, devem figurar como tal nos requerimentos de alistamento eleitoral, nos termos estabele-

cidos pelo art. 91, *caput*, da Lei das Eleições, haja vista que a verificação do gênero para o efeito de registro de candidatura deverá atender aos requisitos previstos na Res.–TSE nº 21.538/2003 e demais normas de regência (Ac. de 1º.03.2018 na Consulta nº 060405458, Rel. Min. Tarcisio Vieira de Carvalho Neto).

Por sua vez, os estereótipos representam visões generalizadas sobre atributos ou características que membros de um determinado grupo têm, ou sobre os papéis que desempenham ou devem desempenhar, pela simples razão de fazerem parte desse grupo em particular, independentemente de suas características individuais (COOK; CUSACK, 2010, p. 9).

Tais considerações foram bem delineadas no Protocolo confeccionado pelo CNJ para julgamento com perspectiva de gênero, que atende a meta de alcançar a igualdade de gênero, constituindo um dos Objetivos de Desenvolvimento Sustentável – ODS 5 da Agenda 2030 da ONU, à qual se comprometeram o Supremo Tribunal Federal e o Conselho Nacional de Justiça, com reflexos, portanto, nos julgamentos e demais atribuições de toda a justiça eleitoral, uma vez que a justiça especializada exerce funções típicas e atípicas.[1]

A efetiva representatividade do gênero feminino na esfera eleitoral e sua atuação livre de interferências preconceituosas é, sem dúvida, uma questão de igualdade e reconhecimento de direitos, cuja maior vítima, caso seja solapada, é a própria democracia.

Uma novidade legislativa é a promulgação da Emenda Constitucional nº 117/2022, que altera o art. 17 da CF, para impor aos partidos políticos a aplicação de recursos do fundo partidário na promoção e na difusão da participação política das mulheres, bem como a aplicação de recursos desse fundo e do fundo especial de financiamento de campanha e a divisão do tempo de pro-

---

[1] O protocolo respeita o diálogo multinível com os sistemas internacionais de proteção, na medida em que adota o modelo de protocolo latino-americano de investigação de mortes violentas de mulheres por razões de gênero (feminicídio)", cuja adesão do Brasil ocorreu em 2016; e observa a recomendação da Corte Interamericana de Direitos Humanos de adoção de protocolos oficiais de julgamentos com perspectiva de gênero, para que casos de violência contra a mulher sejam tratados de forma diferenciada.

paganda gratuita no rádio e na televisão no percentual mínimo de 30% para candidaturas femininas. Esse percentual para propaganda eleitoral já vinha sendo aplicado pelo TSE.

A polêmica dessa alteração constitucional se deve a um ponto específico: ao mesmo tempo em que previu constitucionalmente a regra de destinação dos percentuais para cotas de gênero e raça, determinou a concessão de anistia aos partidos políticos que não destinaram os valores mínimos em razão de gênero e raça em eleições anteriores. Explico: essa obrigação de destinação mínima já existia, embora não com a estatura constitucional, pois em 2018, o Supremo Tribunal Federal (STF) decidiu que a distribuição do financiamento de campanhas eleitorais deveria ser proporcional aos candidatos de acordo com o gênero, respeitando o limite mínimo de 30% para mulheres. O que essa alteração constitucional fez foi impossibilitar a aplicação de punições aos partidos políticos (verdadeira anistia) que não destinaram os valores mínimos estipulados. Dessa forma, não serão aplicadas sanções de qualquer natureza, como devolução de valores, multa ou suspensão do Fundo Partidário.

Parece um verdadeiro dispositivo autofágico, pois estabelece uma obrigação e, na mesma medida, anistia o descumprimento dessa mesma obrigação, embora estabelecida, anteriormente, por decisão do STF.

8.1 Políticas afirmativas – reserva de 30% das candidaturas

Afastar do ambiente democrático atitudes que obstam a inserção feminina é crucial, sendo o emprego de políticas afirmativas indispensável para o alcance desse objetivo, conclusão alcançada diante das novas composições dos parlamentos de países próximos, inauguradores da reserva de vagas nos assentos legislativos.

A primeira medida afirmativa implementada no âmbito da Justiça Eleitoral foi a fixação de cotas, por meio da Lei nº 9.100/1995, que assegurou a ocupação de 20% das vagas de cada partido ou coligação para a candidatura de mulheres, percentual posteriormente elevado para 30% com o advento da Lei nº 9.504/1997. No entanto, a observância da cota fora considera-

150 Direito Eleitoral

da uma faculdade, passando a ser obrigatória apenas em 2010, o que não se fez refletir em maior número de candidaturas femininas, tampouco em maior ocupação de cadeiras no parlamento, paradoxalmente, a superioridade numérica do eleitorado feminino. Esse resultado já é por si mesmo sintomático, revelando a dificuldade do gênero (e não mero desinteresse).

Essa medida passou a ser implementada, não raras vezes, com fraude na hora do registro das candidaturas, com a utilização do subterfúgio das candidaturas fictícias, apenas para preencher a cota estipulada pela lei. Na realidade, muitos partidos ainda resistem em ceder espaço e incentivar a participação feminina na política. Caso o número não alcance o mínimo legal previsto na cota, ou constatada a fraude, o indeferimento do pedido de registro de todo partido revela-se medida adequada.

Nesse sentido dispõe o § 6º do art. 17 da Resolução TSE nº 23.609/2019:

> § 6º A extrapolação do número de candidaturas ou a inobservância dos limites máximo e mínimo de candidaturas por gênero é causa suficiente para o indeferimento do pedido de registro do partido político ou da federação (DRAP), se esta(este), devidamente intimada(o), não atender às diligências referidas no art. 36 desta Resolução.

Constatada a fraude à cota de gênero, a jurisprudência já reconheceu o cabimento de duas ações eleitorais: AIJE (Recurso Especial Eleitoral nº 24342) e AIME. Inclusive, existem decisões do TSE[2] nas quais o colegiado cassou os diplomas de vereadores eleitos por chapas que forjaram candidaturas femininas para alcançar o percentual mínimo legal de 30%.

Caso haja renúncia, por parte de candidatas femininas, efetivamente deve ser analisada a ocorrência de eventual tentativa de burlar a regra eleitoral. No entanto, o TSE já trouxe entendimento, baseado no caso concreto, de que não teria ocorrido qualquer ilicitude:

[2.] TRE-RS – RE: 162 CAMAQUÃ/RS, Rel. Dr. Silvio Ronaldo Santos de Moraes, Data de Julgamento: 02.05.2018, Data de Publicação: *DEJERS – Diário de Justiça Eletrônico do TRE-RS*, Tomo 75, Data 04.05.2018, p. 5.

O Direito Eleitoral sob a perspectiva de gênero **151**

> Representação. Eleição proporcional. Percentuais legais por sexo. Alegação. Descumprimento posterior. Renúncia de candidatas do sexo feminino. 1. Os percentuais de gênero previstos no art. 10, § 3º, da Lei nº 9.504/1997 devem ser observados tanto no momento do registro da candidatura, quanto em eventual preenchimento de vagas remanescentes ou na substituição de candidatos, conforme previsto no § 6º do art. 20 da Res.–TSE nº 23.373. 2. Se, no momento da formalização das renúncias por candidatas, já tinha sido ultrapassado o prazo para substituição das candidaturas, previsto no art. 13, § 3º, da Lei nº 9.504/1997, não pode o partido ser penalizado, considerando, em especial, que não havia possibilidade jurídica de serem apresentadas substitutas, de modo a readequar os percentuais legais de gênero (Ac. de 23.05.2013 no REspe nº 21.498, Rel. Min. Henrique Neves da Silva).

Além disso, a previsão de reservas de vagas para disputa de candidaturas proporcionais foi estendida à composição das comissões executivas e dos diretórios nacionais, estaduais e municipais dos partidos políticos.

Assegurar o regular lançamento das candidaturas de gênero e a participação efetiva no processo eleitoral é necessário, legítimo e urgente, pois consagram a tutela de Direitos Humanos.

8.2 Recursos financeiros – distribuição dos fundos

A reserva de gênero prevista no art. 10, § 3°, da Lei n° 9.504/1997 busca promover a igualdade material entre homens e mulheres, impondo aos partidos o incentivo à participação feminina na política. Para alcançar tal objetivo, deve-se também assegurar recursos financeiros e meios para que os percentuais de no mínimo 30% e no máximo 70% para candidaturas de cada sexo sejam adimplidos de forma efetiva, e não por meio de fraude ao sistema. Dessa forma, a distribuição dos recursos de campanha, de forma reflexa, deve observar o percentual.

A distribuição de recursos foi objeto da Consulta n° 0600252-18/DF, logrando redefinição do formato de aplicação

152   Direito Eleitoral

compulsória no financiamento de campanha, no intuito de combater o descumprimento do patamar mínimo de 30% na distribuição das verbas do Fundo Partidário e do FEFC (Fundo Especial de Financiamento de Campanha) para candidaturas femininas, sem prejuízo de proporção maior caso haja percentual superior de candidatas, vedado o desvio para financiar candidaturas masculinas, sob pena, inclusive, de suspensão de repasse de verba do fundo partidário pela ausência de destinação do mínimo legal, a ser aferida na prestação de contas anual do partido político.

As agremiações partidárias têm autonomia para distribuir seus recursos, desde que não transbordem os limites constitucionais, onde encontramos o princípio da igualdade, não podendo o partido político criar distinções na distribuição desses recursos baseadas exclusivamente no gênero.

Uma importante inovação nessa temática surgiu com a Emenda Constitucional n° 111/2021, já valendo para eleições de 2022. A emenda estabelece que os votos dados a candidatas mulheres e a pessoas negras serão contados em dobro para efeito da distribuição dos recursos do Fundo Partidário e do Fundo Especial de Financiamento de Campanha (FEFC) – também chamado de Fundo Eleitoral – nas eleições de 2022 a 2030. Muito cuidado, pois a contagem em dobro dos votos é apenas para fins de distribuição dos recursos dos fundos, não para a eleição, e será contado uma única vez, ou seja, uma mulher negra terá os votos contados em dobro para a percepção do fundo, não em quádruplo. Outra importante observação é que a contagem em dobro deve ser feita para aquelas candidatas e negros efetivamente eleitos, de forma a evitar as candidaturas fictícias, com a única finalidade de obtenção maior de recursos do fundo.

8.3 Distribuição do tempo de propaganda eleitoral

A assimetria de gênero é evidente no processo eleitoral ao se apurar o resultado da equação entre sexo de candidatos(as) e conquistas de cadeiras. Para reverter esse quadro, a Corte Eleitoral, na Consulta n° 0600252-18/DF, aplicou o mesmo entendimento do Supremo Tribunal Federal na ADI n° 5.617, reconhecendo a prevalência ao princípio da dignidade da pessoa humana e da igualdade de gênero (arts. 1º, III, e 5º, *caput*, respectivamente, ambos da Constituição Federal), ou seja, também para a distribuição de tempo de propaganda eleitoral em rádio e televisão, devem ser observados os percentuais reservados às candidaturas femininas. Na hipótese de percentual de candidaturas superior ao mínimo de 30%, o repasse dos recursos do Fundo e a distribuição do tempo de propaganda devem ocorrer na mesma proporção.

Agora, a distribuição proporcional do tempo está normatizada com o advento da Lei nº 14.192/2021, que alterou o inciso II do art. 46 da Lei nº 9.504/1997, passando a vigorar com a seguinte redação:

> Art. 46. Independentemente da veiculação de propaganda eleitoral gratuita no horário definido nesta Lei, é facultada a transmissão por emissora de rádio ou televisão de debates sobre as eleições majoritária ou proporcional, assegurada a participação de candidatos dos partidos com representação no Congresso Nacional, de, no mínimo, cinco parlamentares, e facultada a dos demais, observado o seguinte: [...]
>
> II – nas eleições proporcionais, os debates deverão ser organizados de modo que assegurem a presença de número equivalente de candidatos de todos os partidos a um mesmo cargo eletivo e poderão desdobrar-se em mais de um dia, respeitada a proporção de homens e mulheres estabelecida no § 3º do art. 10 desta Lei; [...]

8.4 Violência política

Nos últimos anos, a discriminação e outras expressões da violência de gênero de caráter estrutural, que tendem a afetar as mulheres no exercício de seus direitos político-eleitorais, começaram a ganhar visibilidade, à medida que as mulheres começaram a ocupar os espaços de poder. Trata-se de uma violação dos direitos humanos do gênero feminino, representando um grave problema que afeta as democracias do mundo.

O cenário atual da disputa político-eleitoral em termos de gênero tende a ser caracterizado por uma tensão entre, por um lado, os avanços legais voltados a promover a participação política das mulheres – como cotas e paridade – e, por outro lado, a realidade da vida política – que ocorre principalmente nos partidos políticos, no poder legislativo, nos meios de comunicação e nas redes sociais, em que as mulheres são constantemente desqualificadas, discriminadas e ameaçadas, além de estarem sujeitas à desigualdade no acesso a recursos de campanha, entre outras práticas.

Os constrangimentos vividos por vereadoras, prefeitas, deputadas e senadoras vão desde interrupções em falas a ameaças, chantagens, xingamentos e desmerecimentos e tem sido cada dia mais visualizados e frequentes. As vítimas das agressões não raro integram setores politicamente vulnerabilizados: mulheres e negras, as quais se pode acrescentar os indígenas, quilombolas e integrantes da comunidade LGBTQI+. É uma violência que pode ser praticada justamente para impedir que eles exerçam, plenamente, seus direitos político-eleitorais.

A violência de gênero é um fenômeno comum no Brasil, mas é preciso salientar que o seu caráter peculiar está não no fato de a vítima ser mulher, mas, sim, por conta de ela ser cometida em razão de desigualdades de gênero (entendendo essa categoria como sendo constituída pela interação entre outros marcadores sociais). A diferença pode ser assim exemplificada: quando uma mulher é atropelada no trânsito, não necessariamente estamos falando de violência de gênero – ainda que haja uma violência e que a vítima seja mulher. Por outro lado, quando uma mulher sofre violência doméstica ou política, pela sua condição e como reflexo discriminatório, falamos de violência de gênero. São inúmeros os fatores que influenciam a violência de gênero, como aspectos materiais, fatores culturais, ideológicos, fatores relacionados ao exercício de poder.

Nesse contexto, nos deparamos com a violência política. A recente Lei n° 14.192/2021 foi instituída com o objetivo de prevenir, reprimir e combater a violência política contra a mulher, nos espaços e atividades relacionados ao exercício de seus direitos políticos e de suas funções públicas, e para assegurar a participação de mulheres em debates eleitorais. Ela dispõe sobre os crimes de divulgação de fato ou vídeo com conteúdo inverídico no período de campanha eleitoral.

Consta no seu art. 3° a definição de violência política de gênero como "toda ação, conduta ou omissão com a finalidade de impedir, obstacularizar ou restringir os direitos políticos da mulher", **subtraindo dela a efetiva possibilidade de participar ativamente nas tomadas das decisões do Estado.** Configura violência política, ainda, qualquer distinção, exclusão ou restrição no reconhecimento, gozo ou exercício de seus direitos e de suas liberdades políticas fundamentais em razão do gênero.

Primeiramente, releva notar que a violência política não é uma conduta que pode ser praticada apenas durante as eleições, sendo possível sua configuração também no exercício de qualquer função política ou pública. A lei também alterou o inciso X do art. 243 do Código Eleitoral para vedar a propaganda partidária que gere a discriminação da mulher em razão do seu sexo, cor, raça ou etnia.

Com relação aos partidos políticos, a nova legislação estabeleceu, no art. 15, X, da Lei dos Partidos Políticos a necessidade de os estatutos disporem sobre normas que cuidem da prevenção, repressão e combate à violência política contra a mulher, a qual também podemos denominar *compliance* de gênero.

8.5 Reflexos criminais

A Lei n° 14.192/2021 trouxe alterações também no que tange aos aspectos penais de condutas que gerem violência política, estabelecendo, inclusive um novo tipo penal.

156 Direito Eleitoral

O **art. 323 do Código Eleitoral**, que previa o crime eleitoral de divulgação inverídica de fatos, sofreu modificação, passando a viger com a seguinte redação:

> Art. 323. Divulgar, na propaganda eleitoral **ou durante período de campanha eleitoral**, fatos que sabe inverídicos em relação a partidos ou a candidatos e capazes de exercer influência perante o eleitorado:
>
> Pena – detenção de dois meses a um ano, ou pagamento de 120 a 150 dias-multa.
>
> § 1º Nas mesmas penas incorre quem produz, oferece ou vende vídeo com conteúdo inverídico acerca de partidos ou candidatos.
>
> § 2º Aumenta-se a pena de 1/3 (um terço) até metade se o crime:
>
> I – é cometido por meio da imprensa, rádio ou televisão, ou por meio da internet ou de rede social, ou é transmitido em tempo real;
>
> II – **envolve menosprezo ou discriminação à condição de mulher ou à sua cor, raça ou etnia**. (Grifos nossos.)

Com relação a esse delito, é importante lembrar que se trata de crime de menor potencial ofensivo, portanto, aplicáveis os institutos despenalizadores da transação e a suspensão condicional do processo, cujas regras de cabimento estão previstas no art. 89 da Lei nº 9.099/1995, e caberá a conversão da pena privativa de liberdade em penas restritivas de direitos, desde que ocorra o preenchimento das condições previstas no art. 44 do Código Penal.

Preenchidos os demais requisitos legais, também se verifica possível a realização de acordo de não persecução penal (ANPP) previsto no art. 28-A do Código de Processo Penal.

Por sua vez, o novo tipo penal de violência política contra a mulher está tipificado no **art. 326-B do Código Eleitoral:**

> Art. 326-B. Assediar, constranger, humilhar, perseguir ou amea-
> çar, por qualquer meio, **candidata a cargo eletivo ou detentora**
> **de mandato eletivo, utilizando-se de menosprezo ou discri-**
> **minação à condição de mulher ou à sua cor, raça ou etnia,**
> **com a finalidade de impedir ou de dificultar a sua campanha**
> **eleitoral ou o desempenho de seu mandato eletivo.**
>
> Pena – reclusão, de 1 (um) a 4 (quatro) anos, e multa. (Grifos
> nossos.)

Trata-se, efetivamente, da criminalização da violência política de gênero. Ao fazermos uma breve análise do tipo penal, constata-se ser um crime comum, ou seja, praticado por qualquer pessoa, inclusive por outra mulher. No entanto, com relação ao sujeito passivo, pode ser apenas a mulher candidata a cargo eletivo ou mulher detentora de mandato eletivo. Não se olvide de que a jurisprudência consolidada dos tribunais superiores entende ser aplicável a proteção da violência de gênero aos transsexuais, assim como parte do próprio conceito de gênero, de modo que entendemos ser possível pessoas transsexuais serem vítimas desse delito. A condição de candidata ou candidato só é adquirida com a formalização do pedido de registro de candidatura.

Percebe-se também que o tipo penal exige um **elemento subjetivo especial**, isto é, uma finalidade específica, com a intencionalidade de impedir ou de dificultar a campanha eleitoral de mulher candidata ou o desempenho de seu mandato eletivo. A conduta descrita como crime no dispositivo em estudo não tem a intenção de rechaçar somente o menosprezo ou a discriminação de gênero, mas também de cor, raça ou etnia. É o caso, por exemplo, de uma mulher negra candidata a cargo eletivo que é humilhada a partir da discriminação à sua cor.

Com a inclusão do art. 326-B ao Código Eleitoral por meio da Lei nº 14.192/2021, houve também o acréscimo de seu parágrafo único, prevendo causas de aumento da pena, se o crime tiver como vítima mulher gestante, mulher maior de 60 anos ou mulher com deficiência.

No aspecto processual penal, o referido crime é de ação penal pública, nos termos do art. 355 do Código Eleitoral e, pelas penas cominadas, na sua modalidade do *caput* pode receber suspensão condicional do processo e acordo de não persecução penal.

Por fim, outra alteração promovida pela Lei n° 14.192/2021 no Código Eleitoral foi em seu art. 327, atingindo os crimes contra a honra na esfera eleitoral, pois determina o aumento de 1/3 (um terço) até metade, se qualquer dos crimes dos arts. 324, 325 e 326 é cometido com menosprezo ou discriminação à condição de mulher ou à sua cor, raça ou etnia ou por meio da internet ou de rede social ou com transmissão em tempo real. Tais crimes referem-se à calúnia eleitoral, difamação eleitoral e injúria eleitoral.

Uma última observação é pertinente com relação ao crime de violência política contra a mulher, do art. 326-B do CE. Pouco tempo após o advento dessa lei que inseriu o tipo penal de violência política contra a mulher no Código Penal, sobreveio a Lei n° 14.197/2021, que revogou a Lei de Segurança Nacional e introduziu no Código Penal alguns crimes que tutelam o funcionamento das instituições democráticas no processo eleitoral.

Dentre esses crimes, está o de "violência política" no art. 359-P, prescrevendo que:

> Restringir, impedir ou dificultar, com emprego de violência física, sexual ou psicológica, o exercício de direitos políticos a qualquer pessoa em razão de seu sexo, raça, cor, etnia, religião ou procedência nacional:
>
> Pena – reclusão de 03 a 06 anos, além da pena correspondente à violência.

Temos, portanto, um tipo penal de "violência política contra a mulher" (art. 326-B do CE) e um de "violência política" (art. 359-P do CP) que são muito parecidos e podem ensejar a impressão de que o posterior revogou o anterior. No entanto, percebe-se que a finalidade do crime de violência política é tutelar o exercício dos direitos políticos de uma forma ampla (não apenas restringir ou impedir a campanha eleitoral ou desempenho de mandato eletivo), podendo ter como sujeitos passivos e ativos quaisquer pessoas, homens e mulheres, sendo ainda necessária a utilização da violência (física, sexual ou psicológica) para tal desiderato (com a punição da pena correspondente à violência, inclusive). Percebe-se também que no crime de violência política geral, a tutela se estende para qualquer sexo, raça, cor, etnia, religião ou procedência nacional, não estando restrita às hipóteses de discriminação pelo gênero.

Além de tudo, pela especialidade, entendo que se o crime contra a candidata ou detentora de mandato eletivo impeça ou dificulte a campanha eleitoral ou exercício do mandato (que são manifestações dos direitos políticos), for praticado mediante violência física, sexual ou psicológica, teremos a incidência do delito do art. 359-P do CP, que possui como elementar do tipo a utilização dessas violências e, nessa parte, mais específico – e com pena mais gravosa – do que aquele do art. 326-B do CE, que continua a ser aplicável, subsidiariamente, em casos não abrangidos pela lei posterior.

Destaques

- Com o advento da Emenda Constitucional n° 115/2022, a proteção aos dados pessoais passou a ser um direito fundamental, previsto no art. 5°, LXXIX da CF, sendo assegurado, nos termos da lei, o direito à proteção dos dados pessoais, inclusive nos meios digitais.

- Temos o *compliance* eleitoral como um conjunto de ações direcionadas a candidatos, partidos políticos e cidadãos, para ajudá-los a cumprir as normas eleitorais e partidárias, prevenir e corrigir irregularidades, proporcionando-lhes segurança jurídica e maior credibilidade, de maneira a sempre promover a soberania popular.

- Os princípios estão elencados no art. 6° da LGPD. Merece destaque o princípio da boa-fé objetiva (lealdade no tratamento de dados), principalmente pela ideia de que os dados pessoais pertencem ao titular e que é ele que pode autorizar o tratamento dos dados.

- A efetiva representatividade do gênero feminino na esfera eleitoral e sua atuação livre de interferências preconceituosas é, sem dúvida, uma questão de igualdade e reconhecimento de direitos, cuja maior vítima, caso seja solapada, é a própria democracia.

- A reserva de gênero prevista no art. 10, § 3º, da Lei nº 9.504/1997 busca promover a igualdade material entre homens e mulheres, impondo aos partidos o incentivo à participação feminina na política. Para alcançar tal objetivo, devem-se também assegurar recursos financeiros e meios para que os percentuais de no mínimo 30% e no máximo 70% para candidaturas de cada sexo sejam adimplidos de forma efetiva, e não por meio de fraude ao sistema. Dessa forma, a distribuição dos recursos de campanha, de forma reflexa, deve observar o percentual.

Parte II

DIREITO ELEITORAL APLICADO ÀS ELEIÇÕES (DA ORGANIZAÇÃO DAS ELEIÇÕES À DIPLOMAÇÃO DOS ELEITOS)

9

Procedimentos de organização e eleições

A Justiça Eleitoral deve realizar toda a preparação para a realização das eleições, pois também é de sua competência a função administrativa eleitoral. Por isso, muito antes do dia das eleições, a preparação é cautelosamente efetivada, com o apoio dos partidos políticos e Ministério Público Eleitoral, que sempre terá a função fiscalizatória.

Para o pleito eleitoral são anteriormente realizadas a escolha e preparação dos mesários, a composição das mesas receptoras, a designação de Delegados e Fiscais, preparação e conferência das urnas eletrônicas, locais de votação, providenciar a votação de presos provisórios e adolescentes internados (desde que votantes) etc.

A Justiça Eleitoral também deve se preparar para garantir aos eleitores com deficiência, gestantes, maiores de 60 anos, com mobilidade reduzida, lactantes e pessoas com crianças no colo mecanismos aptos a facilitarem o pleno exercício de voto (teclas das urnas em braile, rampas de acesso, elevadores).

O Tribunal Superior Eleitoral permite que o eleitor deficiente visual ingresse na cabine de votação acompanhado de pessoa de sua confiança, com autorização do presidente da mesa receptora, desde que não seja ligado à coligação, ao serviço da justiça eleitoral ou de partido político. Na escolha do local de votação, os

164 Direito Eleitoral

prédios públicos devem ter preferência, recorrendo-se aos particulares se faltar aqueles em número e condições adequadas, sem qualquer ônus para a Justiça Eleitoral.

A lei eleitoral veda expressamente o uso de propriedade de candidato, membro de diretório de partido, delegado de partido ou autoridade policial, bem como seus respectivos cônjuges e parentes consanguíneos ou afins até o segundo grau (art. 135 do CE). Também é proibida a seção localizada em fazenda ou qualquer propriedade rural privada.

Para garantir o livre exercício do voto e a normalidade das eleições, é possível o TSE requisitar o auxílio das forças federais, mas a requisição deve ser precedida de consulta ao Chefe do Poder Executivo, conforme delineado no PA nº 63810/2012-TSE, salvo quando o pedido é formulado na véspera do pleito.

9.1 A realização das eleições

De acordo com a CF, as eleições se realizam no primeiro domingo de outubro e, caso haja necessidade de segundo turno, este ocorrerá no último domingo de outubro. Atenção para o ocorrido nas eleições de 2020, pois foi promulgada Emenda Constitucional (EC) nº 107/2020, que adiou as Eleições Municipais 2020, e todos os prazos eleitorais previstos para o mês de julho foram prorrogados por 42 dias, proporcionalmente ao adiamento da votação.

O horário oficial de votação é das 8h às 17h, observado sempre o horário de Brasília. Se no horário de encerramento alguns eleitores estiverem dentro do recinto, poderão realizar o voto. O Tribunal Superior Eleitoral poderá modificar o horário e demais procedimentos correlatos ao bom funcionamento do trabalho, desde que dentro dos limites regulamentadores.

A mesa receptora será formada, em regra, para cada seção eleitoral, nos seguintes termos:

> Art. 120 do CE. Constituem a mesa receptora um presidente, um primeiro e um segundo mesários, dois secretários e um

Procedimentos de organização e eleições **165**

suplente, nomeados pelo juiz eleitoral sessenta dias antes da eleição, em audiência pública, anunciado pelo menos com cinco dias de antecedência.

§ 1º Não podem ser nomeados presidentes e mesários:

I – os candidatos e seus parentes ainda que por afinidade, até o segundo grau, inclusive, e bem assim o cônjuge;

II – os membros de diretórios de partidos desde que exerça função executiva;

III – as autoridades e agentes policiais, bem como os funcionários no desempenho de cargos de confiança do Executivo;

IV – os que pertencerem ao serviço eleitoral.

§ 2º Os mesários serão nomeados, de preferência entre os eleitores da própria seção, e, dentre estes, os diplomados em escola superior, os professores e os serventuários da Justiça.

A mesa receptora, antes da abertura dos locais de votação, deverá realizar, na presença dos fiscais e delegados dos partidos, a **zerézima**, consistente na emissão de um documento pela urna eletrônica da respectiva seção eleitoral, logo após o procedimento de sua inicialização, servindo para atestar que não há registro de voto para nenhum dos candidatos. É um extrato retirado pelo Presidente dos mesários, direcionado aos cidadãos, antes de iniciar o horário das votações, para a certificação de que a urna está zerada, garantindo a higidez da urna e da votação.

O **boletim de urna**, por sua vez, é emitido ao final das eleições, para a certificação de quantos votos foram dados à urna (art. 68 e seguintes da Lei das Eleições). A denominada votação paralela ocorre no dia das eleições, ocasião em que o TSE sorteia determinadas seções que serão verificadas através do voto impresso para checar se os números batem, ou seja, configura um procedimento de auditoria da justiça eleitoral para verificar e confirmar a segurança da urna eletrônica (art. 66, § 6º, da Lei das Eleições).

A regra atualmente é o sistema eletrônico de votação, que tem se mostrado sólido e eficiente com o passar dos anos. Se no dia da votação ocorrer falha na urna, o juiz eleitoral ordenará a substituição por outra, denominada urna de contingência. Dessa forma, retira-se da urna com defeito o cartão de memória para que sejam inseridos em outra urna já preparada pela Justiça Eleitoral. Se a urna substituta operar regularmente, ela será lacrada e assinada pelos mesários e fiscais presentes. Entretanto, se nenhuma delas operar normalmente, proceder-se-á à votação com a utilização das cédulas. A Resolução n° 23.673, de 14 de dezembro de 2021, dispõe amplamente sobre o procedimentos de fiscalização e auditoria do sistema eletrônico de votação.

Mesmo com a utilização do sistema eletrônico de votação, há possibilidade de voto em cédula no Brasil? A resposta é afirmativa, pois, como visto acima, excepcionalmente, se porventura ocorrer problemas na urna oficial e na de contingência, obrigatoriamente já estarão as cédulas preparadas. Uma vez iniciada a votação por cédulas, não se poderá fazer uso de urna eletrônica na mesma seção de votação.

No dia das eleições, terão prioridade para votar os candidatos, o juiz eleitoral da zona, seus auxiliares em serviço, os eleitores de idade avançada, os enfermos e as mulheres grávidas (art. 143, § 2°, do CE). A prioridade também é do membro do MP, policiais que estejam em serviço.

Os eleitores entram na seção de forma individual, entregando seu título de eleitor ou documento hábil que o identifique, caso tenham o e-título. Mesmo sem o título de eleitor terá o direito de voto, desde que apresente outro documento que comprove sua identidade e seu nome na folha individual de votação.

Dentro da seção eleitoral é proibido o uso de aparelho celular ou de radiocomunicação e o uso, por qualquer dos membros da Mesa Receptora, de camiseta ou objetos que contenham propaganda de partido político, coligação ou candidato. Aos fiscais é permitido apenas o uso de crachá com nome e sigla que não induza o voto do eleitor. O eleitor, entretanto, poderá usar camiseta do candidato ou partido, inclusive portar bandeira ou outro objeto, de forma silenciosa, desde que não provoque aglomeração a caracterizar aliciamento ou manifestação coletiva.

Na votação eletrônica, primeiramente votam-se nos candidatos às eleições proporcionais (deputado federal, estadual e distrital, e vereadores), depois nos candidatos majoritários (presidente da República, governador, senador e prefeito). Se o eleitor não desejar votar em nenhum dos candidatos, poderá votar em branco ou nulo. Finalizados os trabalhos, as urnas são lacradas pelas Mesas Receptoras e entregues para a Justiça Eleitoral, juntamente com a ata da eleição assinada pelo presidente ou mesário responsável. Nesse momento, envia-se também o boletim eletrônico de contagem de votos, emitido em cinco vias, sendo: uma afixada na seção; três encaminhadas com o disquete à Junta Eleitoral; e a última entregue ao representante do partido político, se estiver presente.

Em regra, haverá uma mesa receptora para cada seção eleitoral, entretanto, a Resolução TSE nº 23.669/2021 inseriu a possibilidade de agregação de mesas receptoras, para melhor racionalização e eficiência dos trabalhos, conforme exposto a seguir:

> Art. 5º. Cada seção eleitoral corresponde a uma mesa receptora de votos, salvo na hipótese de agregação.
>
> § 1º Os Tribunais Regionais Eleitorais (TREs) poderão determinar a agregação de seções eleitorais visando à racionalização dos trabalhos eleitorais, desde que não importe prejuízo ao exercício do voto.
>
> § 2º O disposto no § 1º deste artigo deverá obedecer ao limite máximo de 20 (vinte) seções eleitorais.

9.2 Apuração

É a contagem propriamente dita dos votos depositados pelos eleitores. Atualmente, o processo eleitoral é todo eletrônico, inclusive a apuração dos votos. Mas é necessário esclarecer que os únicos órgãos apuradores são a Junta Eleitoral, o Tribunal Regional Eleitoral e o Tribunal Superior Eleitoral.

168 Direito Eleitoral

De acordo com as regras do Código Eleitoral, no que se refere à votação manual, a apuração tem início a partir do recebimento da primeira urna, devendo estar finalizada no prazo de 10 (dez) dias, permitida uma prorrogação por mais 5 (cinco) dias, desde que o presidente da Junta Eleitoral solicite ao TRE (art. 159, CE). Uma vez iniciada a apuração, não poderá ser interrompida, podendo se dar em sábado, domingo ou feriado, só chegando ao fim quando estiver concluída.

Conforme nos esclarece a doutrina (VASCONCELLOS; DA SILVA, 2020, p. 151):

> havia um procedimento de apuração: primeiro realizavam-se as verificações sobre a urna e sobre a votação (ex.: sinais de violação da urna, respeito ao horário de votação, votação realizada nos locais determinados etc.). Após as verificações ocorria a abertura da urna e a verificação em relação ao número de votos correspondentes ao número de votantes. Logo depois, a contagem dos votos e emissão do boletim de urna, o qual informa o resultado daquela urna. Em seguida ao boletim de urna os votos são colocados no mapa de votação, que é o documento no qual constam todas as urnas que já foram apuradas e o resultado parcial da eleição.

A apuração se inicia imediatamente após o término das eleições; com o sistema eletrônico, já se tem a totalização algumas horas após o pleito. Havendo a necessidade de contagem manual de votos, esta será realizada pelos escrutinadores, conforme disciplina prevista nos arts. 180 e seguintes da Resolução nº 23.669/2021.

Na proclamação dos eleitos é que se confere a condição jurídica de eleito, segundo Rodrigo Zilio. Não há previsão de recurso específico para o ato de proclamação dos eleitos, mas admite-se que ela pode ser alterada de ofício por erro material ou resultado superveniente de julgamento.

Em suma, no dia da votação, no primeiro e segundo turnos, deverão ser observados os seguintes procedimentos, de acordo com o TSE:

Procedimentos de organização e eleições 169

Quanto às eleitoras e aos eleitores	
Vedado(a)	**Permitida**
1. O porte de aparelho de telefonia celular, máquina fotográfica, filmadora, equipamento de radiocomunicação ou qualquer instrumento que possa comprometer o sigilo do voto, devendo a mesa receptora reter esses objetos enquanto a eleitora ou o eleitor estiver votando (Lei n° 9.504/1997, art. 91-A, parágrafo único).	A manifestação individual e silenciosa da preferência da eleitora e do eleitor por partido político, federação, coligação, candidata ou candidato, revelada exclusivamente pelo uso de bandeiras, broches, dísticos, adesivos e camisetas (Lei n° 9.504/1997, art. 39-A, *caput*).
2. Até o término da votação, com ou sem utilização de veículos (Lei n° 9.504/1997, arts. 39, § 5°, III, e 39-A, § 1°):	
I – a aglomeração de pessoas portando vestuário padronizado;	
II – a caracterização de manifestação coletiva ou ruidosa;	
III – a abordagem, o aliciamento e a utilização de métodos de persuasão ou convencimento; e	
IV – a distribuição de camisetas.	

Quanto à fiscalização partidária	
Vedado	**Permitido**
O uso de vestuário padronizado nos trabalhos de votação e apuração (Lei n° 9.504/1997, art. 39-A, § 3°).	Tão somente o uso de crachás com o nome e a sigla do partido político ou da coligação (Lei n° 9.504/1997, art. 39-A, § 3°).

Quanto às servidoras e aos servidores da justiça eleitoral, às mesárias, aos mesários, às pessoas convocadas para apoio logístico, às escrutinadoras e aos escrutinadores
Vedado
O uso de vestuário ou objeto que contenha qualquer propaganda de partido político, federação, coligação, candidata ou candidato no recinto das seções eleitorais e das juntas apuradoras (Lei n° 9.504/1997, art. 39-A, § 2°).

170 Direito Eleitoral

Quanto aos locais de votação
Obrigatória
A afixação de cópia do teor do art. 39-A da Lei n° 9.504/1997 em lugares visíveis nos locais de votação (Lei n° 9.504/1997, art. 39-A, § 4°).

Quanto à propaganda eleitoral
Vedado(a)
(Lei n° 9.504/1997, art. 39, § 5°)
1. O uso de alto-falantes e amplificadores de som ou a promoção de comício ou carreata.
2. A arregimentação de eleitora ou eleitor ou a propaganda de boca de urna.
3. A divulgação de qualquer espécie de propaganda de partidos políticos, de federações ou de suas candidatas e seus candidatos.
4. A publicação de novos conteúdos ou o impulsionamento de conteúdos nas aplicações de internet de que trata o art. 57-B da Lei n° 9.504/1997, podendo ser mantidos em funcionamento as aplicações e os conteúdos publicados anteriormente.
5. O derrame ou a anuência com o derrame de material de propaganda no local de votação ou nas vias próximas, ainda que realizado na véspera da eleição.

Quanto às pesquisas eleitorais
Permitida
1. A divulgação, a qualquer momento, das pesquisas realizadas em data anterior à da eleição, para todos os cargos.
2. A divulgação, a partir das 17 horas, das pesquisas realizadas no dia da eleição referentes aos cargos de presidente, governador, senador, deputado federal, deputado estadual e deputado distrital.

Quanto à urna eletrônica	
Proibida	**Permitida**
A manutenção de urna eletrônica na seção eleitoral no dia da votação, salvo ajuste ou troca de bateria e de módulo impressor, ressalvados os procedimentos previstos na resolução de atos gerais do processo eleitoral.	**1.** A substituição da urna que apresentar problema, antes do início da votação, por urna de contingência, substituição do cartão de memória de votação ou realização de nova carga, mediante autorização da juíza ou do

juiz eleitoral, convocando-se as pessoas representantes dos partidos políticos, das federações, das coligações, da Ordem dos Advogados do Brasil (OAB) e do Ministério Público (MP) para, querendo, acompanharem os procedimentos. **2.** A carga, a qualquer momento, em urnas de contingência.

Quanto ao comércio

Permitido

O funcionamento do comércio, desde que os estabelecimentos que funcionarem neste dia proporcionem efetivas condições para que suas funcionárias e seus funcionários possam exercer o direito e o dever do voto (Res.–TSE nº 22.963/2008 e Consulta–TSE nº 0600366-20/2019).

Destaques

- A Justiça Eleitoral deve realizar toda a preparação para a realização das eleições, pois também é de sua competência a função administrativa eleitoral. Por isso, muito antes do dia das eleições, a preparação é cautelosamente efetivada, com o apoio dos partidos políticos e Ministério Público Eleitoral, que sempre terá a função fiscalizatória.

- Para garantir o livre exercício do voto e a normalidade das eleições, é possível o TSE requisitar o auxílio das forças federais, mas a requisição deve ser precedida de consulta ao Chefe do Poder Executivo, conforme delineado no PA nº 63810/2012-TSE.

- De acordo com a CF, as eleições se realizam no primeiro domingo de outubro e, caso haja necessidade de segundo turno, este ocorrerá no último domingo de outubro. Atenção para o ocorrido nas eleições de 2020, pois foi promulgada Emenda Constitucional (EC) nº 107/2020, que adiou as Eleições Municipais 2020, e todos os prazos eleitorais previstos para o mês de julho foram prorrogados por 42 dias, proporcionalmente ao adiamento da votação.

- O **boletim de urna**, por sua vez, é emitido ao final das eleições, para a certificação de quantos votos foram dados à urna (art. 68 e seguintes da Lei das Eleições).
- **Zerézima**, consistente na emissão de um documento pela urna eletrônica da respectiva seção eleitoral, logo após o procedimento de sua inicialização, servindo para atestar que não há registro de voto para nenhum dos candidatos.

10

Convenções partidárias e registro de candidaturas

10.1 Convenções partidárias

Convenção partidária é a reunião dos filiados a determinado partido político para eleger aqueles que disputarão o pleito eleitoral. Em outras palavras, é na convenção que os partidos escolhem os candidatos que disputarão as eleições. Conforme estabelece a Lei nº 13.165/2015, Lei da Reforma Política, as convenções **devem ocorrer no período de 20 de julho a 5 de agosto do ano eleitoral.**

Os partidos políticos podem realizar, antes das convenções, as chamadas prévias eleitorais, com o objetivo de conhecer a opinião dos filiados sobre a escolha de candidatos, fazendo um tipo de seleção prévia, que deve ser confirmada pela convenção.

As convenções devem respeitar os níveis federativos e serem realizadas nas três esferas: nacional (para candidatura de presidente e vice-presidente), estadual/distrital (para os cargos de governador e vice-governador, deputado estadual, deputado distrital, deputado federal e senador), municipal (para os cargos de prefeito, vice-prefeito e vereador). A estrutura do partido funciona como um órgão hierarquizado em que os diretórios municipais e os estaduais devem obedecer às diretrizes do diretório nacional, sob pena de anulação de suas deliberações e dos atos dela decorrentes (art. 7°, § 2°, da Lei n° 9.504/1997). Justamente aqui deve-se ter muita cautela, na prática, para que o órgão diretório nacional não se sobreponha aos demais níveis partidários, impondo, a qualquer custo, sua vontade, devendo total obediência ao estatuto partidário e regras legais, especialmente no tocante às convenções partidárias.

O prazo para a realização das convenções é o período compreendido entre os dias 20 de julho a 5 de agosto do ano em que se realizarem as eleições, nos termos do art. 8° da Lei n° 9.504/1997, e, se forem extemporâneas, serão consideradas nulas. Para facilitar a realização das convenções, as agremiações políticas e as coligações podem usar gratuitamente prédios públicos (é comum, nas convenções municipais, a utilização do prédio da câmara municipal), não podendo haver qualquer discriminação a partidos determinados (art. 8°, § 2°).

Toda a convenção precisa ser minuciosamente descrita, medida importante, por exemplo, para a verificação da ocorrência de fraude com relação às quotas de candidaturas. O resultado das escolhas partidárias necessita ser lavrado e rubricado pela Justiça Eleitoral.

Os documentos mais importantes da convenção são:[1]

a) **Lista de Presença dos convencionais:** A lista de presença é um documento importante na organização dos trabalhos. Os filiados que se apresentam devem assinar a referida lista e, identificando-se, comprovar sua habilitação, como delegado, como parlamentar, como dirigente partidário. Dessa forma, no livro de ata da convenção partidária, antes do início da lavratura da ata respectiva, deverá constar o nome e a assinatura de todos os convencionais presentes. Não é possível

---

[1] Das Convenções – Tribunal Regional Eleitoral do Piauí. Disponível em: tre-pi.jus.br. Acesso em: 28 abr. 2022.

que se faça lista de presença em separado do livro de atas. É pela lista de presença que se verifica o quórum necessário para deliberação.

b) **Ata da Convenção:** A ata da convenção é seu histórico, devendo conter as matérias submetidas aos convencionais para votação, as eventuais decisões sobre coligações, o número de chapas concorrentes, os nomes dos candidatos e o número que lhes foi sorteado. Na convenção são escolhidos obrigatoriamente todos os candidatos a cargos eletivos, com exceção dos nomes dos candidatos às vagas remanescentes e de substituição, que poderão oportunamente ser indicados desde que o partido ou coligação tenha registrado em ata o direito a essas indicações.

Com o advento da pandemia de COVID, os partidos políticos puderam realizar suas convenções em formato virtual para a escolha de candidatos e formação de coligações majoritárias nas eleições de 2020 (Resolução TSE n° 23.623/2020), bem como para a definição dos critérios de distribuição dos recursos do Fundo Especial de Financiamento de Campanha (FEFC), desde que garantida a ampla publicidade a todos os seus filiados. As agremiações utilizaram as ferramentas tecnológicas que entenderam mais adequadas para as convenções virtuais, desde que obedecidos aos prazos estipulados e às regras gerais da Lei das Eleições e da Resolução TSE n° 23.609/2019, com as adaptações previstas quanto à abertura do livro-ata, registro de dados, lista de presença e respectivas assinaturas.

Com relação às eleições de 2022, as regras para a escolha e o registro de candidatos estão regulamentadas na Resolução TSE n° 23.609/2019 – com as alterações promovidas pela Resolução TSE n° 23.675/2021. Entre as alterações, está a possibilidade de federações partidárias apresentarem candidatos, desde que tenham se registrado até seis meses antes da data do primeiro turno das eleições, ou seja, no dia 2 de abril. O mesmo prazo é aplicado aos partidos recém-registrados.

176 Direito Eleitoral

A resolução também reforça a proibição do estabelecimento de coligações para eleições proporcionais para os cargos de deputado federal, estadual e distrital, que continuam valendo para as disputas majoritárias: senadores, governadores e presidente da República. As coligações terão denominação própria e todas as prerrogativas e obrigações de um partido político no que se referir ao processo eleitoral, funcionando como uma só legenda.

A realização de convenção por meio virtual ou híbrido independe de previsão no estatuto da legenda, podendo o registro da ata do evento na Justiça Eleitoral (JE) ser feito diretamente no módulo externo do Sistema de Candidaturas (CandEx) ou, ainda, em livro de ata tradicional, que deverá ser rubricado pela Justiça Eleitoral.

Ainda de acordo com o TSE, aos partidos políticos fica garantido o direito de manter os números concedidos à sua legenda na eleição anterior e aos candidatos, o direito de manter os números que lhes foram atribuídos na eleição anterior para o mesmo cargo. Deputados federais, estaduais ou distritais, assim como vereadores, podem solicitar novo número ao órgão de direção de seu partido, independentemente do sorteio (Lei nº 9.504/1997, art. 8º, § 1º, e art. 15, § 2º).

10.2 Registros de candidaturas

O que é registro de candidatura?

É o procedimento no qual os partidos e as coligações ou federações solicitam à Justiça Eleitoral o registro das pessoas que concorrerão aos cargos eletivos. O registro de candidatura é condição intransponível para a possibilidade de disputa eleitoral (art. 87 do CE).

Inicialmente, é necessário esclarecer que os partidos, coligações e federações poderão registrar várias pessoas, concorrendo a vários cargos, mas que cada uma delas poderá concorrer apenas a um cargo. Por dedução lógica, cada partido pode ter muitos candidatos, mas cada candidato só poderá disputar um cargo, ao que se denomina princípio da unicidade.

Convenções partidárias e registro de candidaturas **177**

No procedimento do registro, os candidatos a mandatos eletivos têm seus documentos, condições de elegibilidade e eventuais causas de inelegibilidade analisados pela Justiça Eleitoral, e com o deferimento recebem a autorização formal para a prática dos atos eleitorais. O registro deferido confere publicidade do preenchimento das condições de elegibilidade, registrabilidade e ausência de causas de inelegibilidade até aquele momento, outorgando segurança jurídica para que se atribua ao candidato a possibilidade do voto, no sentido da existência de plenas condições para assumir o exercício do mandato caso eleito. No entanto, os votos eventualmente atribuídos a um cidadão que tenha seu registro negado não serão considerados válidos, classificando-se como nulos.

O pedido de registro deverá ser formalizado pelo partido político ou coligação ou federação até as 19 horas do dia 15 de agosto do ano eleitoral e instruído com os documentos constantes do § 1° do art. 11 da Lei n° 9.504/1997. A justiça eleitoral publicará um edital, contendo todos os pedidos registrados, começando dessa publicação o prazo para impugnação de candidaturas mediante Ação de Impugnação ao Registro de Candidaturas (AIRC).

O pedido de registro será subscrito pelo presidente do diretório nacional ou regional, pelo presidente da respectiva comissão diretora provisória ou por delegado autorizado (art. 94 do CE). Na hipótese de coligação (eleições majoritárias), o pedido de registro dos candidatos deverá ser subscrito pelos presidentes dos partidos políticos coligados, por seus delegados, pela maioria dos membros dos respectivos órgãos executivos de direção ou por representante da coligação (art. 6°, § 3°, II, da Lei n° 9.504/1997). Em sendo o pedido feito por federação partidária, será subscrito pelo presidente, e demais hipóteses do art. 21 da Resolução n° 23.609/2019 (Resolução do Registro de Candidatura). Com o pedido de registro, devem as agremiações juntar o Demonstrativo de Regularidade dos Atos Partidários (DRAP).

O deferimento do registro de candidatura se dá por meio de uma decisão judicial, produzindo efeitos constitutivos e coisa julgada formal. Contra o requerimento de registro de candidatura cabe a Ação de Impugnação de Registro de Candidatura (AIRC). E em face da decisão que denega o registro de candidatura pela constatação de ausência de condição de elegibilidade, causa de inelegibilidade ou ausência de documento considerado essencial para a registrabilidade – ausência de documento comprobatório da alfabetização, por exemplo – cabe recurso, sob pena de se operar a coisa julgada formal (lembrando que as inelegibilidades constitucionais não precluem).

Os processos de registro de candidaturas terão **prioridade** sobre quaisquer outros, devendo a Justiça Eleitoral adotar as providências necessárias para o cumprimento dos prazos previstos, inclusive com a realização de sessões extraordinárias e a convocação dos juízes suplentes, rememorando que os prazos previstos na legislação eleitoral são contínuos e peremptórios, sendo que de 15 de agosto até a datas da eleição a contagem dos prazos inclui até os sábados, domingos e feriados.

No período compreendido entre o registro das candidaturas até cinco dias após a realização do segundo turno das eleições, os feitos eleitorais terão prioridade para a participação do Ministério Público e dos juízes de todas as justiças e instâncias, ressalvados os processos de *habeas corpus* e mandado de segurança.

As informações e documentos referentes ao processo de pedido de registro são públicos e podem ser livremente consultados pelos interessados no PJe ou na página de divulgação de candidaturas do Tribunal Superior Eleitoral (TSE), sendo que a divulgação de dados pessoais será restrita ao mínimo necessário, nos termos da Lei Geral de Proteção de Dados Pessoais (LGPD).

O candidato cujo registro esteja *sub judice* pode efetuar todos os atos relativos à campanha eleitoral (constar o nome na urna, aparecer na propaganda eleitoral, realizar seus eventos etc.), ao que se denomina **candidatura aparente**; no entanto, a validade dos votos a ele conferidos estará condicionada ao deferimento de seu registro por instância judicial superior (art. 16-A da Lei nº 9.504/1997). Aplicam-se, igualmente, ao candidato cujo pedido de registro tenha sido protocolado no prazo legal e ainda não tenha sido apreciado pela Justiça Eleitoral todas as prerrogativas (direitos) conferidas ao candidato que esteja com seu registro *sub judice*.

Releva notar que, se a causa que levou a inelegibilidade é superveniente à realização do registro, em que pese os votos não poderem ser computados ao candidato, deverão ser computados, no sistema proporcional, ao partido ou federação, de acordo com o que já ocorre, nas decisões das cortes regionais, no tocante à cassação do diploma de candidato eleito.

Art. 11 – Lei Eleitoral
Documentos para o registro de candidaturas
I – cópia da ata a que se refere o art. 8°;
II – autorização do candidato, por escrito;
III – prova de filiação partidária;
IV – declaração de bens, assinada pelo candidato;
V – cópia do título eleitoral ou certidão, fornecida pelo cartório eleitoral, de que o candidato é eleitor na circunscrição ou requereu sua inscrição ou transferência de domicílio no prazo previsto no art. 9°;
VI – certidão de quitação eleitoral;
VII – certidões criminais fornecidas pelos órgãos de distribuição da Justiça Eleitoral, Federal e Estadual;
VIII – fotografia do candidato, nas dimensões estabelecidas em instrução da Justiça Eleitoral, para efeito do disposto no § 1° do art. 59.
IX – propostas defendidas pelo candidato a Prefeito, a Governador de Estado e a Presidente da República.

Caso o partido, a coligação ou a federação não realize o protocolo do pedido de registro do candidato escolhido tempestivamente, o interessado poderá apresentar diretamente o seu pedido nas 48 horas seguintes à publicação da lista dos candidatos pela Justiça Eleitoral, ao que se denomina **pedido de requerimento individual de candidatura** (art. 11, § 4°, da Lei Eleitoral).

O requerimento individual de candidatura não se confunde com a candidatura avulsa, na qual o cidadão não foi escolhido pela convenção partidária. A candidatura avulsa é vedada, na esteira do que prescreve o art. 11, § 14, da Lei n° 9.504/1997: "É vedado o registro de candidatura avulsa, ainda que o requerente tenha filiação partidária".

Atenção especial para uma alteração substancial ocorrida com o advento da Lei n° 14.211/2021, que alterou o art. 10 do Código Eleitoral: "Cada partido poderá registrar candidatos para a Câmara dos Deputados, a Câmara Legislativa, as Assembleias Legislativas e as Câmaras Municipais no total de até 100% (cem por cento) do número de lugares a preencher mais 1 (um)". Antes, havia previsão de quóruns diferenciados.

O mesmo se aplica às federações partidárias, pelo que prevê o art. 17 da Resolução n° 23.609/2019:

> Cada partido político ou federação poderá registrar candidatas e candidatos para a Câmara dos Deputados, a Câmara Legislativa, as Assembleias Legislativas e as Câmaras Municipais no total de até 100% (cem por cento) do número de lugares a preencher mais 1 (um) (Lei n° 9.504/1997, art. 10, *caput*). (Redação dada pela Resolução n° 23.675/2021.)
>
> § 1° No cálculo do número de lugares previsto no *caput* deste artigo, será sempre desprezada a fração, se inferior a 0,5 (meio), e igualada a 1 (um), se igual ou superior. (Lei n° 9.504/1997, art. 10, § 4°.)

Como as coligações, atualmente, só podem ser formadas para as eleições majoritárias, tais regras não lhes são aplicadas, pois, de acordo com o princípio da unicidade, será apresentada somente uma chapa por coligação ou partido político para concorrer à chefia do executivo.

Os partidos e as federações deverão reservar o mínimo de 30% e o máximo de 70% para candidaturas de cada sexo (art. 10, § 3°, da LE e Resolução n° 23.609/2019). Na reserva de vagas, qualquer fração resultante será igualada a 1 (um) no cálculo do percentual mínimo estabelecido para um dos sexos e desprezada no cálculo das vagas restantes para o outro sexo. Nesse ponto, conforme entendimento do Tribunal Superior Eleitoral, a quota de sexo deve ser entendida como quota de gênero, não sendo possível a substituição de candidatos fora dos percentuais estabelecidos para cada gênero, nem mesmo por ocasião do preenchimento das vagas remanescentes (REspe n° 060201638 – Pedro Laurentino – PI, *DJe* 1°.09.2020, Rel. Min. Tarcisio Vieira De Carvalho Neto).

Na Resolução n° 23.609/2019, veio estampada a regra de que o cálculo dos percentuais de candidaturas para cada gênero terá como base o número de candidaturas efetivamente requeridas pelo partido político ou pela federação, com a devida autorização da candidata ou do candidato, e deverá ser observado nos casos de vagas remanescentes ou de substituição. No caso de federações, a observância das quotas de cada gênero se aplica tanto à lista de candidaturas proporcionais globalmente considerada quanto às indicações feitas por cada partido para compor a lista.

Os candidatos a presidente e vice-presidente da República são registrados no Tribunal Superior Eleitoral. Os candidatos a governador, vice-governador, senador, deputado federal e deputado estadual são registrados no Tribunal Regional Eleitoral do Estado-membro pelo qual concorrem. Candidatos a prefeito, vice-prefeito e vereador são registrados junto ao juiz eleitoral da respectiva circunscrição (art. 89 do CE).

O registro do candidato a chefe do Poder Executivo será feito conjuntamente com o do seu vice em chapa única e indivisível (princípio da indivisibilidade de chapa), nos termos do art. 91 do CE. O candidato a senador deve ser registrado com dois suplentes, de acordo com a escolha feita em convenção partidária.

Encerrado o prazo do registro de candidatura, e com o seu deferimento, somente haverá a substituição de candidato que: falecer, renunciar, for declarado inelegível, que tiver seu registro indeferido ou cancelado (art. 13 da Lei n° 9.504/1997). Fora essas hipóteses e da expulsão do partido após processo que respeite a ampla defesa, nenhuma candidatura poderá ser retirada sem a

182 Direito Eleitoral

anuência do candidato. O cancelamento do registro deve ser requerido à Justiça Eleitoral.

Conforme disposto nos §§ 2º e 3º do art. 13 da Lei nº 9.504/1997, nas eleições de ambos os sistemas (majoritárias e proporcionais), a substituição só se efetivará se o novo pedido for apresentado até 20 dias antes do pleito, salvo caso de falecimento de candidato, hipótese em que a substituição poderá ser efetivada fora do prazo limite estabelecido. Contudo, no caso específico das eleições majoritárias, se o candidato for de coligação, a substituição deverá ocorrer por decisão da maioria absoluta dos órgãos executivos de direção dos partidos coligados. Nesse caso, o pretenso candidato substituto poderá estar filiado a qualquer partido que integre a coligação, desde que o partido ao qual pertencia o substituído renuncie ao direito de preferência.

Relevante salientar, nas regras de substituições, o que dispõe o art. 77 da CF:

> Art. 77. A eleição do Presidente e do Vice-Presidente da República realizar-se-á, simultaneamente, no primeiro domingo de outubro, em primeiro turno, e no último domingo de outubro, em segundo turno, se houver, do ano anterior ao do término do mandato presidencial vigente.
>
> § 1º A eleição do Presidente da República importará a do Vice-Presidente com ele registrado.
>
> § 2º Será considerado eleito Presidente o candidato que, registrado por partido político, obtiver a maioria absoluta de votos, não computados os em branco e os nulos.
>
> § 3º Se nenhum candidato alcançar maioria absoluta na primeira votação, far-se-á nova eleição em até vinte dias após a proclamação do resultado, concorrendo os dois candidatos mais votados e considerando-se eleito aquele que obtiver a maioria dos votos válidos.
>
> § 4º Se, antes de realizado o segundo turno, ocorrer morte, desistência ou impedimento legal de candidato, convocar-se-á, dentre os remanescentes, o de maior votação.

> ### Importante!
>
> Isso significa que não vai ocorrer substituição do candidato, pelo partido, no segundo turno. Ou seja, chama-se a concorrer o terceiro colocado na votação geral (e seu vice), mas não substitui o candidato, não é direito do partido.

> § 5º Se, na hipótese dos parágrafos anteriores, remanescer, em segundo lugar, mais de um candidato com a mesma votação, qualificar-se-á o mais idoso.

Os Tribunais Regionais Eleitorais enviarão ao Tribunal Superior Eleitoral, até 20 dias antes da data das eleições, para fins de centralização e divulgação de dados, a relação dos candidatos às eleições majoritárias e proporcionais, da qual constará obrigatoriamente a referência ao sexo e ao cargo a que concorrem, devendo, até esta data, estarem julgados pelas instâncias ordinárias, todos os pedidos de registro de candidatos, inclusive os impugnados e os respectivos recursos, e publicadas as decisões a eles relativas, conforme art. 16 e seu § 1º com redação dada pela Lei nº 13.165, de 2015.

Por fim, relevante salientar que as regras para a escolha e registro de candidaturas para as eleições estão dispostas na Resolução TSE nº 23.609/2019 – com as alterações promovidas pela Resolução TSE nº 23.675/2021.

Súmulas

Súmula – TSE nº 2

Assinada e recebida a ficha de filiação partidária até o termo final do prazo fixado em lei, considera-se satisfeita a correspondente condição de elegibilidade, ainda que não tenha fluído, até a mesma data, o tríduo legal de impugnação.

Súmula – TSE nº 3

No processo de registro de candidatos, não tendo o juiz aberto prazo para o suprimento de defeito da instrução do pedido, pode o documento, cuja falta houver motivado o indeferimento, ser juntado com o recurso ordinário.

184 Direito Eleitoral

Súmula – TSE n° 4

Não havendo preferência entre candidatos que pretendam o registro da mesma variação nominal, defere-se o do que primeiro o tenha requerido.

Súmula – TSE n° 5

Serventuário de cartório, celetista, não se inclui na exigência do art. 1°, II, *l*, da LC n° 64/1990.

Súmula – TSE n° 10

No processo de registro de candidatos, quando a sentença for entregue em cartório antes de três dias contados da conclusão ao juiz, o prazo para o recurso ordinário, salvo intimação pessoal anterior, só se conta do termo final daquele tríduo.

Súmula – TSE n° 11

No processo de registro de candidatos, o partido que não o impugnou não tem legitimidade para recorrer da sentença que o deferiu, salvo se se cuidar de matéria constitucional.

Súmula – TSE n° 13

Não é autoaplicável o § 9° do art. 14 da Constituição, com a redação da Emenda Constitucional de Revisão n° 4/94.

Súmula – TSE n° 15

O exercício de mandato eletivo não é circunstância capaz, por si só, de comprovar a condição de alfabetizado do candidato.

Súmula – TSE n° 20

A prova de filiação partidária daquele cujo nome não constou da lista de filiados de que trata o art. 19 da Lei n° 9.096/95, pode ser realizada por outros elementos de convicção, salvo quando se tratar de documentos produzidos unilateralmente, destituídos de fé pública.

Súmula – TSE n° 43

As alterações fáticas ou jurídicas supervenientes ao registro que beneficiem o candidato, nos termos da parte final do art. 11, § 10, da Lei n° 9.504/1997, também devem ser admitidas para as condições de elegibilidade.

Súmula – TSE n° 44

O disposto no art. 26-C da LC n° 64/1990 não afasta o poder geral de cautela conferido ao magistrado pelo Código de Processo Civil.

Súmula – TSE nº 45

Nos processos de registro de candidatura, o Juiz Eleitoral pode conhecer de ofício da existência de causas de inelegibilidade ou da ausência de condição de elegibilidade, desde que resguardados o contraditório e a ampla defesa.

Súmula – TSE nº 49

O prazo de cinco dias, previsto no art. 3º da LC nº 64/1990, para o Ministério Público impugnar o registro inicia-se com a publicação do edital, caso em que é excepcionada a regra que determina a sua intimação pessoal.

Súmula – TSE nº 50

O pagamento da multa eleitoral pelo candidato ou a comprovação do cumprimento regular de seu parcelamento após o pedido de registro, mas antes do julgamento respectivo, afasta a ausência de quitação eleitoral.

Súmula – TSE nº 51

O processo de registro de candidatura não é o meio adequado para se afastarem os eventuais vícios apurados no processo de prestação de contas de campanha ou partidárias.

Súmula – TSE nº 52

Em registro de candidatura, não cabe examinar o acerto ou desacerto da decisão que examinou, em processo específico, a filiação partidária do eleitor.

Súmula – TSE nº 53

O filiado a partido político, ainda que não seja candidato, possui legitimidade e interesse para impugnar pedido de registro de coligação partidária da qual é integrante, em razão de eventuais irregularidades havidas em convenção.

Súmula – TSE nº 54

A desincompatibilização de servidor público que possui cargo em comissão é de três meses antes do pleito e pressupõe a exoneração do cargo comissionado, e não apenas seu afastamento de fato.

Súmula – TSE nº 55

A Carteira Nacional de Habilitação gera a presunção da escolaridade necessária ao deferimento do registro de candidatura.

Súmula – TSE nº 57

A apresentação das contas de campanha é suficiente para a obtenção da quitação eleitoral, nos termos da nova redação conferida ao art. 11, § 7º, da Lei nº 9.504/1997, pela Lei nº 12.034/2009.

Súmula – TSE n° 58

Não compete à Justiça Eleitoral, em processo de registro de candidatura, verificar a prescrição da pretensão punitiva ou executória do candidato e declarar a extinção da pena imposta pela Justiça Comum.

Súmula – TSE n° 66

A incidência do § 2° do art. 26-C da LC n° 64/1990 não acarreta o imediato indeferimento do registro ou o cancelamento do diploma, sendo necessário o exame da presença de todos os requisitos essenciais à configuração da inelegibilidade, observados os princípios do contraditório e da ampla defesa.

Destaques

- Convenção partidária é a reunião dos filiados a determinado partido político para eleger aqueles que disputarão o pleito eleitoral e **devem ocorrer no período de 20 de julho a 5 de agosto do ano eleitoral.**

- Registro de candidatura é o procedimento no qual os partidos e as coligações ou federações solicitam à Justiça Eleitoral o registro das pessoas que concorrerão aos cargos eletivos.

- O deferimento do registro de candidatura se dá por meio de uma decisão judicial, produzindo efeitos constitutivos e coisa julgada formal. Contra o requerimento de registro de candidatura cabe a Ação de Impugnação de Registro de Candidatura (AIRC).

- O registro do candidato a chefe do Poder Executivo será feito conjuntamente com o do seu vice em chapa única e indivisível (princípio da indivisibilidade de chapa), nos termos do art. 91 do CE. O candidato a senador deve ser registrado com dois suplentes, de acordo com a escolha feita em convenção partidária.

11

Publicidade eleitoral (propaganda institucional, propaganda partidária e propaganda eleitoral)

Antes de adentrarmos no estudo da propaganda eleitoral, é preciso estabelecer que publicidade política é gênero de três espécies de propaganda, quais sejam: a) propaganda institucional; b) propaganda partidária; e c) propaganda eleitoral.

A diferença primordial entre tais espécies está no objetivo que perseguem. A propaganda eleitoral tem por objetivo o voto do eleitor em favor de determinado partido ou candidatura. A propaganda partidária tem por finalidade divulgar seu programa de plataforma política e arregimentar seguidores e filiações à agremiação. A propaganda institucional, que não deve ser confundida com propaganda de governo, sob pena de incorrer em abuso do poder político, e tem por finalidade dar publicidade e transparência, informando a população sobre os atos e programas de Estado que estão sendo realizados, ou para fomentar determinado interesse público.

Segundo as lições do Professor José Jairo Gomes (2022, p. 554-557):

188 Direito Eleitoral

> a **propaganda partidária** é a comunicação estabelecida entre o partido e a sociedade; nela são divulgados a ideologia abraçada pela agremiação, seus valores, projetos e programas com vistas ao bem-estar e desenvolvimento da sociedade. (...) **propaganda institucional** trata-se da comunicação que o Estado, a Administração Pública e seus órgãos estabelecem com a sociedade. (...) A publicidade institucional deve ser realizada para divulgar de maneira honesta, verídica e objetiva políticas públicas, atos e feitos da Administração, sempre com foco no dever de orientar e bem informar a população. (...) Por propaganda eleitoral compreende-se a elaborada por partidos políticos e candidatos com a finalidade de se comunicar com a comunidade e captar votos do eleitorado para a investidura em cargo público-eletivo. (Grifos nossos.)

Dentro do grupo da propaganda partidária, podemos inserir propaganda intrapartidária. Essa modalidade intrapartidária está regulada no art. 36, § 1º, da Lei nº 9.504/1997, sendo realizada pelo pré-candidato a cargo eletivo, na quinzena anterior à escolha pelo partido, com vista à indicação de seu nome, inclusive mediante a fixação de faixas e cartazes em local próximo da convenção, com mensagem aos convencionais, vedado o uso de rádio, televisão e outdoor. A propaganda deverá ser retirada imediatamente após a convenção.

> Art. 36. A propaganda eleitoral somente é permitida após o dia 15 de agosto do ano da eleição.
>
> **§ 1º Ao postulante a candidatura a cargo eletivo é permitida a realização, na quinzena anterior à escolha pelo partido, de propaganda intrapartidária com vista à indicação de seu nome, vedado o uso de rádio, televisão e *outdoor*.** (Grifos nossos.)

Muita atenção para o fato de que o parlamentar, de qualquer âmbito federativo, pode divulgar suas atuações e atos, em observância ao princípio da transparência, uma vez que é representante do povo e deve prestar contas dos atos que desempenha por meio de seu mandato. Dessa forma, ao menos em tese, a divulgação de atos de atuação parlamentar por meio de jornais, pan-

Publicidade eleitoral **189**

fletos, páginas em redes sociais, dentre outros, não se confunde com propaganda eleitoral, ainda que possa beirar a autopromoção, o limite é tênue. No entanto, não pode haver pedido de votos ou nítido contexto de lançamento de candidatura, sob pena de configurar improbidade administrativa.

11.1 Propaganda eleitoral

De acordo com a definição de José Jairo Gomes (2011, p. 320), propaganda eleitoral é aquela elaborada por partidos políticos e candidatos com a finalidade de captar votos do eleitorado para investidura em cargo público-eletivo. A propaganda eleitoral é regida por alguns princípios, uma vez que sua finalidade precípua é dar igualdade de oportunidades aos candidatos para a formação da vontade popular.

Princípio da liberdade: além de ser garantia constitucional individual, é livre a manifestação de pensamento na propaganda política, ou seja, toda e qualquer propaganda é permitida, com ressalva das restrições legais (art. 39, *caput*, da Lei das Eleições e art. 248 do Código Eleitoral). Não se admite censura prévia nos programas eleitorais gratuitos, mas a propaganda obedece à limites e pode ensejar direito de resposta.

Princípio da responsabilidade: é a livre manifestação do pensamento, mas abusos, ilícitos ou excessos cometidos na propaganda política não são tolerados, e se praticados sujeitam-se à responsabilidade civil, penal e administrativa. O art. 241 do Código Eleitoral determinou a responsabilidade solidária aos partidos e candidatos pelos excessos cometidos.

O princípio da responsabilidade também encontra respaldo no art. 17 da Lei nº 9.504/1997, que impõe a responsabilidade dos partidos ou dos candidatos pelas despesas de campanha eleitoral e formas de financiamento.

Consagrando o princípio da responsabilidade nas campanhas eleitorais, assim decidiu o TSE: Ac.-TSE, de 30.4.2013, no AgR-AI nº 282212 e, de 22.02.2011, no AgR-AI nº 385.447: "[...] os partidos políticos respondem solidariamente pelos excessos praticados por seus candidatos e adeptos no que tange à propaganda eleitoral".

Controle judicial: o controle da propaganda eleitoral (não censura prévia) pode ser aferido pela justiça eleitoral. Ministério Público Eleitoral, partidos políticos, coligações e candidatos têm legitimidade ativa para propor demanda contra a propaganda política irregular. Em todas as representações por propaganda irregular, das quais não seja autor, o MPE atuará como custos legis, sob pena de nulidade processual.

A Lei n° 9.096/1997 somente atribui legitimidade às agremiações partidárias, contudo o Ministério Público encontra sua legitimidade na CF e o STF, no julgamento da ADI n° 4.617, já asseverou que o Ministério Público Eleitoral possui legitimidade para representar contra a propaganda partidária irregular.

Princípio da informação: os eleitores possuem o direito de serem informados de todas as qualidades – positivas ou negativas – dos candidatos e suas propostas e ideias, para que possam exercer com higidez a sua escolha representativa.

Princípio da veracidade e regime jurídico das *fake news*: os atos e informações veiculados devem corresponder à veracidade (vide art. 45, II, da Lei n° 9,504/1997), vedadas as *fake news*, que intentam distorcer a real intenção do eleitor.

Para as eleições de 2022, a vedação das *fake news* está na Resolução n° 23.671/2021 do TSE, asseverando que a utilização, na propaganda eleitoral, de qualquer modalidade de conteúdo pressupõe que a candidata, o candidato, o partido, a federação ou a coligação tenha verificado a presença de elementos que permitam concluir, com razoável segurança, pela fidedignidade da informação, sujeitando-se as pessoas responsáveis ao disposto no art. 58 da Lei n° 9.504/1997, sem prejuízo de eventual responsabilidade penal (art. 9°).

No artigo subsequente (art. 9°-A) da Resolução consta a vedação da

> divulgação ou compartilhamento de fatos sabidamente inverídicos ou gravemente descontextualizados que atinja a integridade do processo eleitoral, inclusive os processos de votação,

apuração e totalização de votos, devendo o juízo eleitoral, a requerimento do Ministério Público, determinar a cessação do ilícito, sem prejuízo da apuração de responsabilidade penal, abuso de poder e uso indevido dos meios de comunicação.

Nesse sentido, inclusive, foi a decisão do TSE no Recurso Ordinário Eleitoral nº 0603975-98/PR, que julgou procedente Ação de Investigação Judicial Eleitoral ajuizada para cassar o diploma e declarar a inelegibilidade por abuso nos meios de comunicação:

> Divulgar, sob a proteção da imunidade parlamentar, fatos sabidamente inverídicos sobre a segurança das urnas eletrônicas pode configurar abuso de poder político e de autoridade e uso indevido de meios de comunicação social.
>
> A transmissão ao vivo, em rede social, no dia das eleições, de notícias inverídicas sobre a ocorrência de fraudes no sistema eletrônico de votação por pessoa detentora de mandato eletivo, objetivando a promoção de candidata ou candidato e de seu partido, representa grave ofensa à legitimidade e à normalidade do pleito eleitoral.
>
> Trata-se de recurso ordinário interposto pelo Ministério Público Eleitoral (MPE) de acórdão de Tribunal Regional Eleitoral (TRE), que julgou improcedentes os pedidos veiculados em Ação de Investigação Judicial Eleitoral (AIJE), ajuizada em desfavor de candidato ao cargo de deputado estadual nas eleições de 2018 e detentor do cargo de deputado federal na data do pleito, por abuso de poder político e de autoridade e, ainda, uso indevido dos meios de comunicação social (art. 22 da LC nº 64/1990).O relator do feito, Ministro Luis Felipe Salomão, destacou em seu voto que "o abuso de poder político configura-se quando a normalidade e a legitimidade do pleito são comprometidas por atos de agentes públicos que, valendo-se de sua condição funcional, beneficiam candidaturas em manifesto desvio de finalidade", acrescentando ser "inviável afastar o abuso invocando-se a imunidade parlamentar como escudo".

Afirmou que "o ataque ao sistema eletrônico de votação, noticiando-se fraudes que nunca ocorreram, tem repercussão nefasta na legitimidade do pleito, na estabilidade do Estado democrático de direito e na confiança dos eleitores nas urnas eletrônicas, utilizadas há 25 anos sem nenhuma prova de adulterações". Ao final, sustentou que a internet e as redes sociais enquadram-se no conceito de veículos ou meios de comunicação social de que trata o art. 22 da Lei de Inelegibilidade, destacando que quem atua no processo eleitoral em muito se beneficia com o uso da rede de computadores e das mídias sociais, podendo se comunicar e angariar votos de forma mais econômica, com amplo alcance e de modo personalizado, mediante interação direta com o eleitorado.

Em voto divergente, o Ministro Carlos Horbach negou provimento ao recurso ao entendimento de que (i) não houve prova inequívoca de que a conduta imputada ao recorrido teve impacto direto na legitimidade e normalidade do pleito; (ii) a condição funcional do recorrido, à época dos fatos, não se revela essencial à prática do ilícito, razão pela qual estaria afastada a garantia da imunidade parlamentar e, por conseguinte, o enquadramento da conduta às disposições do art. 22 da LC nº 64/1990; e (iii) a caracterização das redes sociais e da internet como veículos ou meios de comunicação social ainda não está juridicamente sedimentada para os fins da Lei de Inelegibilidade.

Desse modo, o Tribunal, por maioria, nos termos do voto do relator, deu provimento ao recurso ordinário para julgar procedentes os pedidos formulados na Aije, a fim de cassar o diploma do recorrido e declará-lo inelegível pelo período de oito anos, contados das Eleições 2018 (art. 22, XIV, LC nº 64/1990) (Informativo TSE, 11 de outubro a 7 de novembro – Ano XXIII – nº 14).

Portanto, a prática de **divulgar e disseminar** *fake news* na propaganda eleitoral poderá ensejar a responsabilidade criminal (art. 323 do CE) e eventual direito de resposta (previsto no art. 58 da Lei nº 9.504/1997), conforme dispõe o art. 9º da Resolução nº 23.671/2021. Em outro contexto, se divulgadas ou disseminadas as *fake news* de forma a atingir a integridade do processo eleitoral, inclusive os processos de votação, apuração e totalização de votos, poderá ensejar pedido de cessação do ilícito, responsabilidade penal e apuração sobre a existência de abuso de poder e uso indevido dos meios de comunicação, conforme dispõe o art. 9-A da Resolução nº 23.671/2021.

Fazendo uma breve análise histórica, percebe-se que o combate à desinformação e, neste âmago, o enfrentamento às *fake news* não são de agora, tais condutas já eram vedadas com a antiga redação do art. 323 do CE, e nada mais são do que crimes contra a honra eleitoral. O que efetivamente mudou, desde o contexto das eleições americanas de 2016, foi a forma de propagação das desinformações e o seu enfrentamento na esfera cível.

O crime de *fake news* está previsto no art. 323 do Código Eleitoral, e refere-se especificamente a fatos inverídicos divulgados na propaganda eleitoral ou durante o período de campanha, *in verbis*:

> Art. 323. Divulgar, na propaganda eleitoral ou durante período de campanha eleitoral, **fatos que sabe inverídicos** em relação a partidos ou a candidatos e capazes de exercer influência perante o eleitorado:
>
> [*Caput* com redação dada pelo art. 4º da Lei nº 14.192/2021.]
>
> Pena – detenção de dois meses a um ano ou pagamento de 120 a 150 dias-multa.
>
> Parágrafo único. (Revogado pelo art. 4º da Lei nº 14.192/2021.)
>
> § 1º Nas mesmas penas incorre quem produz, oferece ou vende vídeo com conteúdo inverídico acerca de partidos ou candidatos.
>
> § 2º Aumenta-se a pena de 1/3 (um terço) até metade se o crime:

194 Direito Eleitoral

I – é cometido por meio da imprensa, rádio ou televisão, ou por meio da internet ou de rede social, ou é transmitido em tempo real.

II – envolve menosprezo ou discriminação à condição de mulher ou à sua cor, raça ou etnia.

[Parágrafos 1º e 2º acrescidos pelo art. 4º da Lei nº 14.192/2021.] (Grifos nossos.)

Convém destacar dois relevantes entendimentos do TSE, no sentido de que os fatos desinformativos não precisam ser aptos a definir a eleição, e a necessidade de que os textos sejam frutos de matéria paga para incidirem no crime do art. 323 do CE, **o que nos parece extrapolar** a real intenção do legislador, que nada asseverou quanto a tal requisito, especialmente no *caput*:

- ■ Ac.–TSE, de 25.06.2015, no AgR-RMS nº 10.404: o tipo penal indicado não exige que os *fatos* tenham potencial para definir a eleição, bastando que sejam "capazes de exercerem influência perante o eleitorado".
- ■ Ac.–TSE, de 15.10.2009, no AgR-REspe nº 35.977: necessidade de que os textos imputados como inverídicos sejam fruto de matéria paga para tipificação do delito previsto neste dispositivo.

Sobre as *fake news*, por fim, sobreleva destacar que o TSE possui o Programa Permanente de Enfrentamento à Desinformação da Justiça Eleitoral, instituído pela Portaria TSE nº 510, de 4 de agosto de 2021, para reduzir os efeitos nocivos da desinformação relacionada à Justiça Eleitoral e aos seus integrantes, ao sistema eletrônico de votação, ao processo eleitoral em suas diferentes fases. No entanto, estão excluídos de seu escopo os conteúdos desinformativos dirigidos a pré-candidatos, candidatos, partidos políticos, coligações e federações, exceto quando a informação veiculada tenha aptidão para afetar, negativamente, a integridade, a credibilidade e a legitimidade do processo eleitoral.

Propaganda eleitoral lícita e ilícita: a propaganda eleitoral também recebe a classificação entre lícita e ilícita.

A propaganda ilícita pode ser dividida em duas espécies:

a) ilícita criminal: sua prática configura crime eleitoral. Ex.: uso de símbolos de órgão governamentais em propaganda, realizar calúnia, injúria ou difamação;

b) irregular (ilícito civil-eleitoral): é a que, por ausência de previsão legal, não configura crime, mas enseja a aplicação de multa ou outra penalidade prevista em lei. Ex.: uso na imprensa escrita de espaço superior ao permitido, propaganda na TV ou rádio fora do horário eleitoral gratuito, propaganda extemporânea (fora do prazo legal).

É lícita a contrapropaganda, ou seja, demonstrar que o adversário não reúne as qualidades necessárias para o exercício de determinado mandato, tais como experiência legislativa ou administrativa, preparo acadêmico, autocontrole, diplomacia etc. Evidentemente, a contrapropaganda deve ocorrer dentro da moldura legal, sob pena de responsabilização cível e criminal e manuseio do direito de resposta.

É vedada a realização de propaganda cruzada. Por propaganda cruzada entende-se a vedação aos partidos políticos e às coligações de incluírem no horário destinado aos candidatos às eleições proporcionais propaganda das candidaturas a eleições majoritárias, ou vice-versa, ressalvada a utilização, durante a exibição do programa, de legendas com referência aos candidatos majoritários ou, ao fundo, de cartazes ou fotografias desses candidatos, ficando autorizada a menção ao nome e ao número de qualquer candidato do partido ou da coligação (art. 53-A da Lei n° 9.504/1997).

A realização da propaganda cruzada sujeita o partido ou coligação à perda de tempo equivalente ao dobro do usado na prática do ilícito, no período do horário gratuito subsequente, dobrada a cada reincidência, devendo o tempo correspondente ser veiculado após o programa dos demais candidatos com a informação de que a não veiculação do programa resulta de infração da lei eleitoral (Redação dada pela Lei n° 12.891, de 2013).

Como o elemento subjetivo da propaganda eleitoral é a intenção de angariar votos, cabe ao candidato e ao partido político demonstrar que são as melhores opções para o eleitor. Nesse sentido, conforme a literalidade do art. 36-A da Lei n° 9.054/1997, com redação dada pela reforma eleitoral de 2015, e pela já repetitiva jurisprudência do TSE, não se considera propaganda eleitoral a autopromoção de futuro candidato, desde que não haja pedido expresso de votos.

Em relação aos disparos em massa de mensagens de texto, a Resolução n° 23.671/2021 do TSE diz que o envio conteúdo eleitoral sem o consentimento prévio do destinatário é ilegal e pode ser punido como abuso de poder econômico e propaganda irregular, podendo resultar na cassação do registro da candidatura e na inelegibilidade. Pode ainda ser aplicada multa de R$ 5 mil a R$ 30 mil.

Propaganda que, de alguma forma, possa configurar distribuição de bens ou vantagens também é vedada, como a distribuição de brindes, nos termos do art. 39, § 6°, da Lei n° 9.504/1997. Na prática, sempre se questiona sobre a distribuição ou utilização de camisetas similares (mesma cor) para a realização de encontros, como comícios. Em regra, admite-se tal possibilidade, desde que seja para a organização do evento e cabos eleitorais, não permitida a distribuição para fins de comprar o voto do eleitor.

> Representação. Artigo 30-A da Lei n° 9.504/1997. Gasto ilícito de recursos. Não ocorrência. Camisetas padronizadas distribuídas a cabos eleitorais. Referência ao candidato. Ausência. Limite previsto no art. 27 da Lei n° 9.504/1997. [...]. 1. A organização de cabos eleitorais por meio de camisetas que não ostentem identificação relacionada às eleições ou ao candidato em disputa não contraria o disposto no art. 39, § 6°, da Lei n° 9.504/1997. 2. Não aplicável, no caso, a sanção prevista no art. 30-A da Lei n° 9.504/1997 (...) (Ac. de 31.03.2009 no RO n° 1.449, Rel. Min. Eros Grau).

Por fim, é vedada qualquer propaganda eleitoral, ainda que gratuita, veiculada em *site* de pessoas jurídicas, com ou sem fins lucrativos, ou veiculadas em *sites* oficiais ou hospedados por órgãos ou entidades da administração pública direta ou indireta da União, dos Estados, do Distrito Federal e dos Municípios.

Para que haja a punição do candidato, após procedimento legal, deve estar comprovada a ciência dele com relação ao ilícito; caso contrário, a punição irá atingir apenas a pessoa que, de fato, realizou a propaganda irregular (art. 40-B da Lei das Eleições).

11.2 Prazo de realização e propaganda antecipada

A propaganda eleitoral é permitida **após o dia 15 de agosto do ano da eleição**, incluindo, aqui, a propaganda eleitoral na internet, nos termos do art. 57-A da Lei n° 9.504/1997. Assim, a propaganda realizada antes do termo inicial de 15 de agosto do ano da eleição é considerada propaganda extemporânea, antecipada e, portanto, vedada pela lei eleitoral.

A propaganda eleitoral terá o fim na véspera de eleição, conforme art. 39, § 9°, da Lei n° 9.504/1997. Contudo, a propaganda televisiva e rádio, realizada nos 35 dias anteriores à antevéspera, conforme art. 47, *caput*, da Lei n° 9.504/1997, e a propaganda pela internet pode ser realizada inclusive no dia da eleição (art. 7° da Lei n° 12.034/2009).

De outra sorte, não configura propaganda eleitoral antecipada as hipóteses descritas no art. 36-A da Lei das Eleições:

> Art. 36-A. Não configuram propaganda eleitoral antecipada, desde que não envolvam pedido explícito de voto, a menção à pretensa candidatura, a exaltação das qualidades pessoais dos pré-candidatos e os seguintes atos, que poderão ter cobertura meios de comunicação social, inclusive via internet:
>
> I – a participação de filiados a partidos políticos ou de pré-candidatos em entrevistas, programas, encontros ou debates

no rádio, na televisão e na internet, inclusive com a exposição de plataformas e projetos políticos, observado pelas emissoras de rádio e de televisão o dever de conferir tratamento isonômico;

II – a realização de encontros, seminários ou congressos, em ambiente fechado e a expensas dos partidos políticos, para tratar da organização dos processos eleitorais, discussão de políticas públicas, planos de governo ou alianças partidárias visando às eleições, podendo tais atividades ser divulgadas pelos instrumentos de comunicação intrapartidária;

III – a realização de prévias partidárias e a respectiva distribuição de material informativo, a divulgação dos nomes dos filiados que participarão da disputa e a realização de debates entre os pré-candidatos;

IV – a divulgação de atos de parlamentares e debates legislativos, desde que não se faça pedido de votos;

V – a divulgação de posicionamento pessoal sobre questões políticas, inclusive nas redes sociais;

VI – a realização, a expensas de partido político, de reuniões de iniciativa da sociedade civil, de veículo ou meio de comunicação ou do próprio partido, em qualquer localidade, para divulgar ideias, objetivos e propostas partidárias.

§ 1º É vedada a transmissão ao vivo por emissoras de rádio e de televisão das prévias partidárias, sem prejuízo da cobertura dos meios de comunicação social.

§ 2º Nas hipóteses dos incisos I a VI do *caput*, são permitidos o pedido de apoio político e a divulgação da pré-candidatura, das ações políticas desenvolvidas e das que se pretende desenvolver.

§ 3º O disposto no § 2º não se aplica aos profissionais de comunicação social no exercício da profissão.

O artigo expressamente estipula que a exaltação de características pessoais de candidatos e apreço por determinada pré-candidatura, desde que sem pedido expresso de votos, não configura propaganda antecipada, o que por certo privilegia a livre manifestação do pensamento. Recente decisão liminar do TSE acendeu polêmica com relação ao teor do art. 36-A *supra*, ao terem sido proibidas, com imposição de multa, manifestações de apreço ou desapreço a pré-candidatos no festival de música Lollapalooza. Na representação nº 0600150-54.2022.6.00.0000/DF, entendeu o Min. Relator que:

> Não obstante a clara disposição legal em vitrina, os artistas e cantores referidos que se apresentaram no evento musical em testilha, além de destilar comentários elogiosos ao possível candidato, pediram expressamente que a plateia presente exercesse o sufrágio em seu nome, vocalizando palavras de apoio e empunhando bandeira e adereço em referência ao pré-candidato de sua preferência.

O ponto crucial é saber, se de fato, houve pedido expresso de voto, o que é expressamente vedado pela norma.

Por sua vez, o art. 36-B define expressamente como propaganda eleitoral antecipada a convocação, por parte do Presidente da República, dos Presidentes da Câmara dos Deputados, do Senado Federal e do Supremo Tribunal Federal, de redes de radiodifusão para divulgação de atos que denotem propaganda política ou ataques a partidos políticos e seus filiados ou instituições.

11.3 Propaganda em bens públicos e particulares

A propaganda nos bens públicos e particulares vem disciplinada no art. 37 da Lei Eleitoral, sendo vedada sua aposição em bens públicos, preservando-se a impessoalidade do patrimônio coletivo. Nos bens particulares é permitida, com as restrições estabelecidas no § 2º.

> Art. 37. Nos **bens cujo uso dependa de cessão ou permissão do poder público**, ou que a ele pertençam, e nos bens de uso

comum, inclusive postes de iluminação pública, sinalização de tráfego, viadutos, passarelas, pontes, paradas de ônibus e outros equipamentos urbanos, é vedada a veiculação de propaganda de qualquer natureza, inclusive pichação, inscrição a tinta e exposição de placas, estandartes, faixas, cavaletes, bonecos e assemelhados.

§ 1º A veiculação de propaganda em desacordo com o disposto no *caput* deste artigo sujeita o responsável, após a notificação e comprovação, à restauração do bem e, caso não cumprida no prazo, a multa no valor de R$ 2.000,00 (dois mil reais) a R$ 8.000,00 (oito mil reais).

§ 2º Não é permitida a veiculação de material de propaganda eleitoral em bens públicos ou particulares, exceto de:

I – bandeiras ao longo de vias públicas, desde que móveis e que não dificultem o bom andamento do trânsito de pessoas e veículos;

II – adesivo plástico em automóveis, caminhões, bicicletas, motocicletas e janelas residenciais, desde que não exceda a 0,5 m² (meio metro quadrado). (Grifos nossos.)

É permitida a colocação de mesas para distribuição de material de campanha e a utilização de bandeiras ao longo das vias públicas, desde que móveis e que não dificultem o bom andamento do trânsito de pessoas e veículos. Atenção especial para a propaganda nas dependências do poder legislativo: a critério da mesa diretora, poderá vir a ser permitida ou vedada (Lei das Eleições, art. 37, § 3º).

Da leitura do dispositivo, conclui-se que está vedada qualquer tipo de propaganda eleitoral em:

a) bens públicos;

b) bens cujo uso dependa de cessão ou permissão do Poder Público;

c) bens de uso comum, para fins eleitorais, são aqueles que possibilitam o acesso incondicionado à população em geral, mesmo que de propriedade privada. Ex.: cinemas, clubes, lojas, templos, ginásios, estádios.

A redação do § 1° deixa a entender que o responsável pela propaganda irregular somente vai receber a multa se, após a notificado, não retirar e comprovar a restauração do bem. E o TSE vem decidindo pela interpretação literal da norma, de forma que somente será possível a aplicação da multa prevista no § 1° se, após a Justiça Eleitoral notificar o responsável para retirar a propaganda e restaurar o bem, ele descumprir tal comando (art. 19, § 1°, da Res. TSE n° 23.610/2019).

Outro aspecto relevante é o da propaganda de caráter instantâneo, aquela realizada mediante distribuição, em bens públicos ou de uso comum, de folhetos avulsos de propaganda a eleitores. Por ser instantânea, já que impossível recolher todos os folhetos distribuídos e afastada qualquer possibilidade de restauração do bem ou retirada da publicidade, o TSE entende despicienda, para a incidência da multa do art. 37, § 1°, da Lei das Eleições, a prévia notificação do responsável (REspe n° 060516095, acórdão de 04.06.2019).

A propaganda em bens particulares, em que pese permitida, deve observar os limites do art. 20, § 1°, da Resolução TSE n° 23.610/2019, no sentido de que a justaposição de adesivo ou de papel cuja dimensão exceda a 0,5m² (meio metro quadrado) caracteriza propaganda irregular, em razão do efeito visual único, ainda que a publicidade, individualmente, tenha respeitado o limite previsto no inciso II deste artigo. **Ou seja, é vedado o efeito *outdoor*.**

A propaganda nos bens particulares deve ser um ato de adesão voluntária do proprietário do bem utilizado em relação ao candidato ou partido político.

No tocante à aplicação da multa, quando da propaganda irregular em bens particulares, o TSE havia consolidado o entendimento de que: "A retirada da propaganda irregular, quando realizada em bem particular, não é capaz de elidir a multa prevista no art. 37, § 1°, da Lei n° 9.504/1997" (Súmula n° 48/TSE). Porém, houve uma alteração na redação conferida pela Lei n° 13.488/2017 ao § 2° do art. 37 da Lei n° 9.504/1997, e dela depreende-se que a propaganda irregular em bens particulares não mais enseja sanção de multa, em razão da ausência de previsão normativa. Apesar de estarmos diante de uma norma imperfeita, na qual há uma vedação sem sanção, ela é aplicável, não podendo o julgador aplicar penalidade não mais prevista em lei.

> a aplicação do Enunciado Sumular nº 48 do TSE não mais se mostra possível, tendo em vista [...] clara preferência do legislador pela edição de norma *imperfectae*, destituída de sanção (REspe nº 0601820-47, Informativo TSE nº 07/2019).

Portanto, não haverá mais a aplicação da sanção de multa em propaganda irregular em bens particulares, o que ficou consolidado na atual resolução sobre o tema (art. 20, § 5º: "Não incide sanção pecuniária na hipótese de propaganda irregular em bens particulares". Resolução nº 23.671/2021).

11.4 Regras gerais da realização da propaganda

Impressa: é permitida a realização de propaganda eleitoral pela distribuição de folhetos (santinhos), adesivos e outros impressos, os quais devem ser produzidos sob a responsabilidade do partido, coligação ou candidato e impresso contendo o número de inscrição no Cadastro Nacional da Pessoa Jurídica (CNPJ) ou o número de inscrição no Cadastro de Pessoas Físicas (CPF) do responsável pela confecção, bem como de quem a contratou, e a respectiva tiragem, independe de licença do governo municipal e de autorização da Justiça Eleitoral. É vedada essa modalidade de propaganda apócrifa e somente podem ser utilizados até às 22 horas da véspera das eleições.

Recinto aberto, carros, comícios, showmício, *outdoor*: a realização de qualquer ato de propaganda partidária ou eleitoral, em recinto aberto ou fechado, não depende de licença da polícia (art. 39 da Lei nº 9.504/1997). Contudo, o candidato, partido ou coligação realizadores do ato deverão comunicar à autoridade policial em, no mínimo, 24 horas antes da realização do evento, com a finalidade de garantir, segundo a prioridade do aviso, o direito contra quem tencione usar o local no mesmo dia e horário, caso seja via pública.

É vedada a propaganda eleitoral mediante *outdoors*, **inclusive eletrônicos** e a realização dos showmícios, que poderiam gerar um desequilíbrio na disputa eleitoral.

O art. 39, § 7º, da Lei nº 9.504/1997 veda a realização de showmícios para a promoção de candidatos, bem como a apresentação de artistas, remunerada ou não, com a finalidade de animar comício (nem mesmo por telão). No entanto, temos a hipótese na qual candidatos da classe artística poderão exercer suas atividades durante o período eleitoral, sem menção à candidatura (Consulta 1.709/10 – TSE).

Ao responder a Consulta nº 0601243-23, o TSE sedimentou a vedação da realização de "*lives* eleitorais", por se equipararem à figura do showmício (livemício), ao argumento de que a apresentação de candidatos juntamente com atores, cantores e outros artistas por meio de *shows* transmitidos pela internet (*lives* eleitorais) proporcionando entretenimento, divertimento e recreação aos espectadores, evidenciando quadro fático enquadrável na cláusula geral de eventos assemelhados a showmício.

Muita atenção com a ADI nº 5.970, pois nesse *case* prevaleceu o entendimento de modo a possibilitar apresentações artísticas ou *shows* musicais em **eventos de arrecadação**. A seu ver, esses eventos não se confundem com *shows* para o público em geral, pois são frequentados por pessoas que já têm simpatia pelo candidato.

Vedado	Permitido
Showmício	Apresentação artística em evento de arrecadação.
Livemício	Candidatos da classe artística poderão exercer suas atividades durante o período eleitoral, sem menção à candidatura.

Nos carros, ainda que particulares, é vedado colar propaganda eleitoral, salvo adesivos microperfurados até a extensão total do para-brisa traseiro e, em outras posições, adesivos até a dimensão máxima de 50 por 40 centímetros. Dessa forma, não é lícito encapar automóvel com propaganda eleitoral.

204 Direito Eleitoral

O comício é permitido, podendo ser realizado no máximo até dois dias antes das eleições. É crime realizar comício no dia das eleições (art. 39, § 5°, da Lei das Eleições). A realização de comício deve ser comunicada à autoridade policial com antecedência mínima de 24 horas, mas não precisa de autorização da Justiça Eleitoral.

É permitida, ainda, a circulação de carros de som com *jingle* de campanha como meio de propaganda eleitoral, desde que observado o limite de 80 decibéis de nível de pressão sonora, medido a sete metros de distância do veículo, e respeitadas as vedações previstas no § 3° do art. 39 da Lei das Eleições, apenas em carreatas, caminhadas e passeatas ou durante reuniões e comícios. O trio elétrico permanece vedado, com base no art. 39, § 10, salvo com o objetivo exclusivo de sonorização de comícios. Essas formas de propaganda somente ocorrerão até as 22 horas do dia que antecede a eleição, nos termos do art. 39, § 9°-A, da Lei n° 9.504/1997.

Para as eleições de 2020, diversos atos de campanha foram restringidos pelas normas sanitárias em razão da pandemia de COVID.

Imprensa escrita: na imprensa escrita, é permitida a propaganda eleitoral paga, nos termos do art. 43 da Lei n° 9.504/1997.

Nos jornais, periódicos e a reprodução na internet do jornal impresso é autorizada, limitando-se a até 10 anúncios de propaganda eleitoral, por veículo, em datas diversas, podendo ser realizada até a antevéspera das eleições. Cada edição não pode ultrapassar 1/8 (um oitavo) de página de jornal padrão ou 1/4 (um quarto) de página de revista ou tabloide para cada candidato, partido ou coligação.

Propaganda na internet: é vedada a veiculação de qualquer tipo de **propaganda eleitoral paga** na internet, excetuado o impulsionamento de conteúdos, desde que identificado de forma inequívoca como tal e contratado exclusivamente por partidos, coligações e candidatos e seus representantes, conforme art. 57-C da Lei das Eleições.

Publicidade eleitoral **205**

O provedor de aplicação de internet que possibilite o impulsionamento pago de conteúdos deverá contar com canal de comunicação com seus usuários e somente poderá ser responsabilizado por danos decorrentes do conteúdo impulsionado se, após ordem judicial específica, não tomar as providências para, no âmbito e nos limites técnicos do seu serviço e dentro do prazo assinalado, tornar indisponível o conteúdo apontado como infringente pela Justiça Eleitoral.

O impulsionamento deverá ser contratado diretamente com o provedor da aplicação de internet com sede e foro no país, ou de sua filial, sucursal, escritório, estabelecimento ou representante legalmente estabelecido no país e apenas com o fim de promover ou beneficiar candidatos ou suas agremiações. A requerimento de candidato, partido ou coligação, observado o rito previsto no art. 96 da Lei das Eleições, a Justiça Eleitoral poderá determinar, no âmbito e nos limites técnicos de cada aplicação de internet, a suspensão do acesso a todo conteúdo veiculado que deixar de cumprir as disposições da referida norma, devendo o número de horas de suspensão ser definida proporcionalmente à gravidade da infração cometida em cada caso, observado o limite máximo de 24 horas.

A **propaganda gratuita na internet** poderá ser realizada:

a) no *site* próprio do candidato, com endereço eletrônico comunicado à Justiça Eleitoral e hospedado, direta ou indiretamente, em provedor de serviço de internet estabelecido no país;

b) no *site* próprio do partido ou da coligação, com endereço eletrônico comunicado à Justiça Eleitoral e hospedado, direta ou indiretamente, em provedor de serviço de internet estabelecido no país;

c) por meio de mensagem eletrônica para endereços cadastrados gratuitamente pelo candidato, partido ou coligação. As mensagens eletrônicas, enviadas por qualquer meio, deverão dispor de mecanismo que permita seu descadastramento pelo destinatário, obrigando o remetente a providenciá-lo no prazo de 48 horas. Caso seja enviada mensagem após o tér-

206 Direito Eleitoral

mino do prazo, os responsáveis ficam sujeitos ao pagamento de multa por mensagem;

d) por meio de *blogs*, redes sociais, sítios de mensagens instantâneas e assemelhados, cujo conteúdo seja gerado ou editado por candidatos, partidos ou coligações ou de iniciativa de qualquer pessoa natural.

O TSE já manifestou o entendimento de que o "Twitter se insere no conceito de 'sítios de mensagens instantâneas e assemelhados', previsto no art. 57-B da Lei n° 9.504/1997, e é alcançado pela referência a 'qualquer veículo de comunicação social' contida no art. 58 da Lei das Eleições" (Representação n° 361895, Acórdão de 29.10.2010, Rel. Min. Henrique Neves da Silva, publicação: PSESS – Publicado em Sessão, data 29.10.2010).

A utilização, doação, cessão ou venda de cadastro eletrônico (lista de *e-mails*) é vedada a partido e candidato.

Emissoras de rádio e TV: o art. 45 da Lei n° 9.504/1997 estabelece que, encerrado o prazo para a realização das convenções no ano das eleições, é vedado às emissoras de rádio e televisão, em sua programação normal e em seu noticiário:

> Art. 45. Encerrado o prazo para a realização das convenções no ano das eleições, é vedado às emissoras de rádio e televisão, em sua programação normal e em seu noticiário:
>
> I – transmitir, ainda que sob a forma de entrevista jornalística, imagens de realização de pesquisa ou qualquer outro tipo de consulta popular de natureza eleitoral em que seja possível identificar o entrevistado ou em que haja manipulação de dados;
>
> II – usar trucagem, montagem ou outro recurso de áudio ou vídeo que, de qualquer forma, degradem ou ridicularizem candidato, partido ou coligação, ou produzir ou veicular programa com esse efeito;
>
> III – veicular propaganda política ou difundir opinião favorável ou contrária a candidato, partido, coligação, a seus órgãos ou representantes;
>
> IV – dar tratamento privilegiado a candidato, partido ou coligação;

V – veicular ou divulgar filmes, novelas, minisséries ou qualquer outro programa com alusão ou crítica a candidato ou partido político, mesmo que dissimuladamente, exceto programas jornalísticos ou debates políticos;

VI – divulgar nome de programa que se refira a candidato escolhido em convenção, ainda quando preexistente, inclusive se coincidente com o nome do candidato ou com a variação nominal por ele adotada. Sendo o nome do programa o mesmo que o do candidato, fica proibida a sua divulgação, sob pena de cancelamento do respectivo registro.

O art. 45, § 1º, da Lei das Eleições preceitua que, a partir de 30 de junho do ano da eleição, é vedado às emissoras transmitir programa apresentado ou comentado por pré-candidato, sob pena, no caso de sua escolha na convenção partidária, de imposição da multa e de cancelamento do registro da candidatura do beneficiário.

Segundo o art. 45, § 6º, da Lei das Eleições "é permitido ao partido político utilizar na propaganda eleitoral de seus candidatos em âmbito regional, inclusive no horário eleitoral gratuito, a imagem e a voz de candidato ou militante de partido político que integre a sua coligação em âmbito nacional".

Se houver segundo turno, as emissoras de rádio e televisão reservarão, a partir da sexta-feira seguinte à realização do primeiro turno e até a antevéspera da eleição, horário destinado à divulgação da propaganda eleitoral gratuita, dividida em dois blocos diários de 10 minutos para cada eleição, e os blocos terão início às 7 e às 12 horas, no rádio, e às 13 e às 20:30 horas, na televisão.

No período de propaganda eleitoral, as emissoras de rádio e televisão e os canais por assinatura reservarão 70 minutos diários para a propaganda eleitoral gratuita, a serem usados em inserções de 30 e de 60 segundos, a critério do respectivo partido ou coligação, assinadas obrigatoriamente pelo partido ou coligação, e distribuídas, ao longo da programação veiculada entre as 5 e as 24 horas, nos termos do § 2º do art. 47 desta Lei das Eleições.

208 Direito Eleitoral

Durante o período de segundo turno, onde houver, as emissoras de rádio e televisão e os canais de televisão por assinatura reservarão, por cada cargo em disputa, 25 minutos para serem usados em inserções de 30 e de 60 segundos, observadas as disposições do artigo. Nota-se que o exercício do poder de polícia nos casos de propaganda eleitoral é exclusivo do Juízo ou Tribunal Eleitoral, não sendo lícito a qualquer outro órgão cercear o exercício da propaganda.

11.5 No dia das eleições

É permitida, no dia das eleições, a manifestação individual e silenciosa da preferência da eleitora ou do eleitor por partido político, coligação, federação, candidata ou candidato, revelada exclusivamente pelo uso de bandeiras, broches, dísticos, adesivos e camisetas.

A seguir, veja um quadro-resumo das vedações constantes no art. 82 da Resolução n° 23.610/2021:

Vedado, no dia da eleição, até o término do horário de votação, com ou sem utilização de veículos (Lei n° 9.504/1997, art. 39, § 5°, III, e art. 39-A, § 1°)
a) aglomeração de pessoas portando vestuário padronizado ou os instrumentos de propaganda referidos no *caput* deste artigo;
b) caracterização de manifestação coletiva e/ou ruidosa;
c) abordagem, aliciamento, utilização de métodos de persuasão ou convencimento;
d) distribuição de camisetas.
■ No recinto das seções eleitorais e juntas apuradoras, é proibido às servidoras e aos servidores da Justiça Eleitoral, às mesárias e aos mesários e às escrutinadoras e aos escrutinadores o uso de vestuário ou objeto que contenha qualquer propaganda de partido político, coligação, federação, candidata ou candidato.
■ À fiscalização partidária, nos trabalhos de votação, só é permitido que, de seus crachás, constem o nome e a sigla do partido político, da federação ou da coligação a que sirvam, vedada a padronização do vestuário.

11.6 Representação por propaganda irregular

Conforme visto, são diversas as regras de realização e proibição de propaganda eleitoral. Se realizada uma veiculação irregular (inclusive a antecipada), o procedimento adequado a ser manejado é a Representação por Propaganda Irregular, prevista no art. 96 da Lei das Eleições, que transcrevo:

> Art. 96. Salvo disposições específicas em contrário desta Lei, as reclamações ou representações relativas ao seu descumprimento podem ser feitas por qualquer partido político, coligação ou candidato, e devem dirigir-se:
>
> I – aos Juízes Eleitorais, nas eleições municipais;
>
> II – aos Tribunais Regionais Eleitorais, nas eleições federais, estaduais e distritais;
>
> III – ao Tribunal Superior Eleitoral, na eleição presidencial.
>
> § 1º As reclamações e representações devem relatar fatos, indicando provas, indícios e circunstâncias.
>
> (...)
>
> § 5º Recebida a reclamação ou representação, a Justiça Eleitoral notificará imediatamente o reclamado ou representado para, querendo, apresentar defesa em quarenta e oito horas.
>
> (...)
>
> § 7º Transcorrido o prazo previsto no § 5º, apresentada ou não a defesa, o órgão competente da Justiça Eleitoral decidirá e fará publicar a decisão em vinte e quatro horas.
>
> § 8º Quando cabível recurso contra a decisão, este deverá ser apresentado no prazo de vinte e quatro horas da publicação da decisão em cartório ou sessão, assegurado ao recorrido o oferecimento de contrarrazões, em igual prazo, a contar da sua notificação.

O prazo para o manejo da representação é até o dia da eleição, na esteira da jurisprudência eleitoral:

> Representação. Propaganda eleitoral irregular. Derramamento de santinhos. Prazo final para ajuizamento da representação. Data do pleito. Precedentes. Ausência de excepcionalidade que justifique a proposição tardia. Falta de interesse de agir. (...) 1. A jurisprudência desta corte superior, reafirmada para as eleições de 2018, é no sentido de que a data–limite para ajuizamento da representação por propaganda irregular é o dia do pleito. (...) (Ac. 18.08.2020 no AgR-REspe nº 060245017, Rel. Min. Edson Fachin).

> Representação. Propaganda eleitoral paga. Internet. (...) 1. A jurisprudência desta corte é no sentido de que o prazo final para ajuizamento de representação, por propaganda eleitoral extemporânea ou irregular, é a data da eleição, sob pena de reconhecimento de perda do interesse de agir. (...) (Ac. de 10.11.2015 no AgR-AI nº 343978, Rel. Min. Luciana Lóssio).

Importante ressaltar que o juiz eleitoral, ainda que tenha o poder de polícia para zelar pela regularidade da realização das eleições, não pode, de ofício, instaurar o procedimento para aplicação da penalidade por propaganda irregular. Esse é o conteúdo da Súmula TSE nº 18: "Conquanto investido de poder de polícia, não tem legitimidade o juiz eleitoral para, de ofício, instaurar procedimento com a finalidade de impor multa pela veiculação de propaganda eleitoral em desacordo com a Lei nº 9.504/1997". O poder de polícia é para fazer cessar ilegalidade, mas para impor multas ou sanções deve haver o manejo pelos legitimados (candidatos, partidos, coligações, federações e Ministério Público) da Representação por propaganda irregular, observando-se o devido processo legal.

O procedimento detalhado da representação por propaganda antecipada ou irregular (Capítulo II – Da representação fundada no art. 96 da Lei nº 9.504/1997), assim como da representação por direito de resposta (Capítulo IV – Do pedido de direito de resposta), está estabelecido na Resolução nº 23.608/2019 (atualizada pela Resolução nº 23.672/2021), cuja leitura recomendo.

Desde logo, contudo, importante salientar que os pedidos de direito de resposta e as representações por propaganda eleitoral irregular em rádio, televisão e internet tramitarão preferencialmente em relação aos demais processos em curso na Justiça Eleitoral, conforme preceitua o art. 5º da referida resolução.

A representação deverá ser manejada por partidos, coligações, federações, candidatos ou Ministério Público, e deverá conter a qualificação das partes e endereços por meio dos quais será realizada a citação (CPC, art. 319, II), além de relato os fatos, indicando provas, indícios e circunstâncias. O Ministério Público, se não for autor, será ouvido em até um dia, como fiscal da ordem jurídica.

Com relação ao direito de resposta, que deve ser lido em conjunto com os arts. 58 e seguintes da Lei nº 9.504/1997 – muito cobrado em provas de concursos públicos, estabelece o art. 31 da Resolução nº 23.608/2019:

> Art. 31. A partir da escolha de candidatas ou candidatos em convenção, é assegurado o exercício do direito de resposta à candidata, ao candidato, ao partido político, à federação de partidos ou à coligação atingidos, ainda que de forma indireta, por conceito, imagem ou afirmação caluniosa, difamatória, injuriosa ou sabidamente inverídica, difundidos por qualquer veículo de comunicação social, inclusive provedores de aplicativos de internet e redes sociais (Lei nº 9.504/1997, arts. 6º-A e 58, *caput* e Lei nº 9.096/1995, art. 11-A, *caput* e § 8º). (Redação dada pela Resolução nº 23.672/2021.)
>
> Parágrafo único. Se o pedido versar sobre a utilização, na propaganda eleitoral, de conteúdo reputado sabidamente inverídico, inclusive veiculado originariamente por pessoa terceira, caberá à representada ou ao representado demonstrar que procedeu à verificação prévia de elementos que permitam concluir, com razoável segurança, pela fidedignidade da informação.

Os prazos para o manejo do pedido de direito de resposta também estão dispostos na citada resolução, sendo, resumidamente, os seguintes:

212 Direito Eleitoral

a) imprensa escrita: o pedido deverá ser feito no prazo de três dias, a contar da data constante da edição em que foi veiculada a ofensa;

b) programação regular das emissoras de rádio e televisão: o pedido, com a transcrição do trecho considerado ofensivo ou inverídico, deverá ser feito no prazo de dois dias, contados a partir da veiculação da ofensa;

c) horário eleitoral gratuito: o pedido deverá ser feito no prazo de um dia, contado a partir da veiculação do programa;

d) propaganda eleitoral pela internet: o pedido poderá ser feito enquanto a ofensa estiver sendo veiculada, ou no prazo de três dias, contados da sua retirada.

Um detalhe prático importante, que pode ser extraído da resolução, é a impossibilidade de serem cumulados pedidos de direito de resposta com a aplicação de multa por propaganda irregular, sob pena de indeferimento da inicial (art. 4°).

Súmulas

Súmula – TSE n° 18

Conquanto investido de poder de polícia, não tem legitimidade o juiz eleitoral para, de ofício, instaurar procedimento com a finalidade de impor multa pela veiculação de propaganda eleitoral em desacordo com a Lei n° 9.504/1997.

Súmula – TSE n° 48

A retirada da propaganda irregular, quando realizada em bem particular, não é capaz de elidir a multa prevista no art. 37, § 1°, da Lei n° 9.504/1997.

Destaques

■ Publicidade política é gênero de três espécies de propaganda, quais sejam: a) propaganda institucional; b) propaganda partidária; e c) propaganda eleitoral.

- Para as eleições de 2022, a vedação das *fake news* está na Resolução nº 23.671/2021 do TSE, asseverando que a utilização, na **propaganda eleitoral**, de qualquer modalidade de conteúdo pressupõe que a candidata, o candidato, o partido, a federação ou a coligação tenha verificado a presença de elementos que permitam concluir, com razoável segurança, pela fidedignidade da informação, sujeitando-se as pessoas responsáveis ao disposto no art. 58 da Lei nº 9.504/1997, sem prejuízo de eventual responsabilidade penal (art. 9º da Resolução nº 23.671/2021).

- A prática de divulgar e disseminar *fake news* de forma a atingir a integridade do processo eleitoral, inclusive os processos de votação, apuração e totalização de votos, poderá ensejar pedido de cessação do ilícito, responsabilidade penal, e apuração sobre a existência de abuso de poder e uso indevido dos meios de comunicação (art. 9º-A da Resolução nº 23.671/2021).

- A propaganda eleitoral é permitida **após o dia 15 de agosto do ano da eleição**, incluindo, aqui, a propaganda eleitoral na internet, nos termos do art. 57-A da Lei nº 9.504/1997. Assim, a propaganda realizada antes do termo inicial de 15 de agosto do ano da eleição é considerada propaganda extemporânea, antecipada e, portanto, vedada pela lei eleitoral.

- É permitida, no dia das eleições, a manifestação individual e silenciosa da preferência da eleitora ou do eleitor por partido político, coligação, federação, candidata ou candidato, revelada exclusivamente pelo uso de bandeiras, broches, dísticos, adesivos e camisetas.

12

Enquetes e pesquisas eleitorais

Pesquisa eleitoral é o mecanismo de coleta de informações para colher elementos para orientar a tomada de decisões dos partidos, como definições de estratégias de ações de campanha. As pesquisas contratadas para fins de divulgação ao eleitorado deverão se submeter aos requisitos legais e levadas a registro na Justiça Eleitoral, sujeitas ainda à fiscalização do Ministério Público e dos demais partidos ou candidatos.

As enquetes constituem-se em levantamento de opinião sem plano amostral, que depende da participação espontânea do interessado e que não utiliza método científico para a sua realização, apresentando resultados que possibilitam ao eleitor perceber a ordem dos candidatos na disputa. É vedada, a partir da data prevista no *caput* do art. 36 da Lei nº 9.504/1997 (ou seja, a data de início para a propaganda eleitoral, após 15 de agosto), a realização de enquetes relacionadas ao processo eleitoral.

A pesquisa eleitoral está disciplinada pela Lei Eleitoral e na Resolução TSE nº 23.600/2019 (atualizada pela Resolução nº 23.676/2021). O art. 33 da Lei Eleitoral exige que as empresas responsáveis pela realização das pesquisas de opinião pública relativas às eleições ou aos candidatos, cuja divulgação se pretende, devem registrar, perante o órgão da Justiça Eleitoral incumbido da realização da eleição, até cinco dias antes da divulgação, as seguintes informações:

- quem contratou a pesquisa;
- o valor e a origem dos recursos despendidos no trabalho;
- a metodologia e o período de realização da pesquisa;
- plano amostral e ponderação quanto a sexo, idade, grau de instrução e nível econômico dos respondentes, bem como área física de realização do trabalho a ser executado, intervalo de confiança e margem de erro;
- sistema interno de controle e verificação, conferência e fiscalização da coleta de dados e do trabalho de campo;
- questionário completo, aplicado ou a ser aplicado, inclusive com as perguntas que não tenham relação direta com os candidatos e as eleições;
- nome de quem pagou pela realização do trabalho e cópia da respectiva nota fiscal;
- nome do estatístico responsável pela pesquisa – e o número de seu registro no competente Conselho Regional de Estatística –, que assinará o plano amostral e rubricará todas as folhas;
- indicação do município abrangido pela pesquisa, bem como dos cargos aos quais se refere (eleições municipais).

De acordo com o § 5° do art. 33 da Lei Eleitoral, é vedada, no período de campanha eleitoral, a realização de enquetes relacionadas ao processo eleitoral.

As empresas responsáveis pela divulgação de pesquisa fraudulenta ou sem o registro prévio das informações na Justiça Eleitoral podem receber multas e a divulgação de pesquisa fraudulenta constitui crime, punível de seis meses a um ano de detenção e multa.

Cabe especial cuidado com a contagem do prazo de cinco dias para o registro, pois o TSE, no § 2° do art. 2° da Resolução n° 23.453/2016, dispõe que a contagem do prazo de cinco dias far-se-á excluindo o dia de começo e incluindo o do vencimento.

Na divulgação dos resultados de pesquisas, atuais ou não, serão obrigatoriamente informados (art. 10 da Resolução n° 23.453/2016):

- o período de realização da coleta de dados;
- a margem de erro;
- o nível de confiança;

- o número de entrevistas;
- o nome da entidade ou empresa que a realizou, e, se for o caso, de quem a contratou;
- o número de registro da pesquisa.

Conforme a revisão da resolução eleitoral acima referida, a partir de 1º de janeiro de 2022, as entidades e empresas que realizarem pesquisas eleitorais serão obrigadas a registrá-la no Sistema de Registro de Pesquisas Eleitorais (PesqEle) até cinco dias antes da divulgação, lembrando que a Justiça Eleitoral não realiza controle prévio sobre resultado de pesquisa, nem gerencia ou cuida da divulgação. Da mesma forma, o registro da pesquisa não obriga a divulgação do resultado.

Uma alteração é que a enquete apresentada ao público como uma pesquisa eleitoral será reconhecida como pesquisa sem registro, cabendo, portanto, a aplicação das penalidades previstas no art. 17 da resolução.

Os partidos políticos, o Ministério Público, os candidatos e as coligações detêm legitimidade para impugnar o registro ou a divulgação de uma pesquisa eleitoral junto ao juízo ou ao tribunal competente, bem como apresentar as ações judiciais eleitorais cabíveis.

Inclusive, mediante requerimento à Justiça Eleitoral, o Ministério Público, os candidatos, os partidos políticos e as coligações poderão ter acesso ao sistema interno de controle, verificação e fiscalização da coleta de dados das entidades e das empresas que divulgarem pesquisas de opinião relativas aos candidatos e às eleições, incluídos os referentes à identificação dos entrevistadores e, por meio de escolha livre e aleatória de planilhas individuais, mapas ou equivalentes, confrontar e conferir os dados publicados, preservada a identidade dos entrevistados (Lei nº 9.504/1997, art. 34, § 1º).

Destaques

- Pesquisa eleitoral é o mecanismo de coleta de informações para colher elementos para orientar a tomada de decisões dos partidos, como definições de estratégias de ações de campanha.

218 Direito Eleitoral

■ As enquetes constituem-se em levantamento de opinião sem plano amostral, que depende da participação espontânea do interessado e que não utiliza método científico para a sua realização, apresentando resultados que possibilitam ao eleitor perceber a ordem dos candidatos na disputa.

13

Arrecadação e limites de gastos de campanha eleitoral

13.1 Regras gerais

No capítulo referente aos partidos políticos, já abordamos uma parte da temática com relação a prestação de contas da campanha eleitoral das agremiações partidárias. Os candidatos e partidos políticos necessitam de recursos, dinheiro para realizar as campanhas eleitorais, mas preservando a igualdade de condições na disputa eleitoral. Por esse motivo, são estabelecidas formas de financiamento (captação de recursos) para as campanhas e limites de gastos, mediante posterior comprovação, tanto da arrecadação, como dos gastos, pela prestação de contas de campanha eleitoral, medida a ser realizada pelos candidatos e pelos partidos políticos.

As normas sobre arrecadação e a aplicação dos recursos nas campanhas eleitorais estão estabelecidas nos arts. 17 a 27 da Lei nº 9.504/1997 e nas resoluções editadas pelo TSE para cada eleição, lembrando que partidos e candidatos têm responsabilidade autônomas sobre a prestação de contas. Para as eleições de 2022, as normas sobre arrecadação e gastos estão na Resolução do Tribunal Superior Eleitoral nº 23.607/2019, com as alterações instituídas pela Resolução nº 23.665/2021, aplicáveis aos partidos

220 Direito Eleitoral

políticos, coligações, federações e candidatos. Importante, portanto, conferir as regras específicas.

Os **limites de gastos de campanha** serão definidos em lei e divulgados pelo Tribunal Superior Eleitoral, e nos termos do art. 18-A, "serão contabilizadas nos limites de gastos de cada campanha as despesas efetuadas pelos candidatos e as efetuadas pelos partidos que puderem ser individualizadas" (incluído pela Lei nº 13.165, de 2015).

Por expressa disposição legal, os gastos advocatícios e de contabilidade referentes a consultoria, assessoria e honorários, relacionados à prestação de serviços em campanhas eleitorais e em favor destas, bem como em processo judicial decorrente de defesa de interesses de candidato ou partido político, não estão sujeitos a limites de gastos ou a limites que possam impor dificuldade ao exercício da ampla defesa.

Caso descumprido o limite de despesa em campanha eleitoral, desbordando dos limites estabelecidos pela lei, poderá ser aplicada multa equivalente a 100% da quantia que ultrapassar o limite estabelecido, sem prejuízo da apuração de abuso do poder econômico (art. 18-B da Lei nº 9.504/1997).

Muita atenção para o que dispõe o art. 4º da Resolução TSE nº 23.607/2019, § 2º-A, alterado pela Resolução nº 23.665/2021, assegurando que o limite de gastos fixado para o cargo da eleição majoritária é único e inclui os gastos realizados pelo candidato ao cargo de vice ou suplente.

Os recursos que podem ser gastos nas campanhas eleitorais possuem três origens, um modelo híbrido de financiamento de campanha eleitoral, com especial destaque para o financiamento público, não havendo mais a possibilidade de doação por pessoa jurídica.

Existem três principais fontes dos recursos:

a) **Recursos próprios do candidato** (art. 23, § 2º-A, da Lei nº 9.504/1997): "O candidato poderá usar recursos próprios em sua campanha até o total de 10% (dez por cento) dos limites previstos para gastos de campanha no cargo em que concorrer" (incluído pela Lei n° 13.878, de 2019).

b) **Doações de pessoas físicas** (art. 23 da Lei n° 9.504/1997): que podem ser doações em espécie: 10% dos rendimentos brutos auferidos pelo doador no ano anterior à eleição (art. 23, § 1°, da Lei n° 9.504/1997) ou doações estimáveis em dinheiro (utilização de bens móveis ou imóveis de propriedade do doador ou prestação de serviços): até R$ 40.000,00 (art. 23, § 7°, da Lei n° 9.504/1997).

c) **Recursos próprios dos partidos políticos** (art. 15, V, da Resolução TSE n° 23.607/2019): os partidos podem, também, injetar recursos nas campanhas de seus filiados. No entanto, é necessário que seja identificada a sua origem, ou seja, com esse recurso entrou no partido, e que tais recursos sejam provenientes:

- do Fundo Partidário, de que trata o art. 38 da Lei n° 9.096/1995; ou
- do Fundo Especial de Financiamento de Campanha (FEFC) – art. 16-C da LE;
- de doações de pessoas físicas efetuadas aos partidos políticos;
- de contribuição dos seus filiados;
- da comercialização de bens, serviços ou promoção de eventos de arrecadação;
- de rendimentos decorrentes da locação de bens próprios dos partidos políticos.

Essa regra serve para evitar a burla, por exemplo, à proibição de doação de recursos por pessoas jurídicas, já que elas poderiam doar, na origem, para o partido e este, injetar na campanha do candidato.

222 Direito Eleitoral

13.2 Representação por descumprimento dos limites legais de doação

Como visto acima, as pessoas físicas podem doar recursos para as campanhas eleitorais, no entanto, sujeitam-se a limites estabelecidos na lei. Contudo, se descumprirem o teto previsto para doação, poderão sofrer penalidades, após o aviamento da representação por descumprimento dos limites legais de doação.

Atenção!

Nessa representação estamos falando de doação acima do limite permitido, cuja sanção será de imposição de multa no valor de até 100% da quantia em excesso (art. 23, § 3º, da Lei nº 9.504/1997), hipótese distinta de doações ilegais (que sequer são permitidas), onde a representação terá a disciplina e contornos da AIJE, podendo haver negativa ou cassação de diploma do candidato.

A representação busca tutelar principalmente o princípio constitucional da moralidade (RO nº 1.540, Acórdão, Rel. Min. Felix Fischer, data 28.04.2009), se destinando a garantir a higidez das normas relativas à arrecadação e aos gastos eleitorais, bem como a transparência das campanhas eleitorais e, por conseguinte, tutela também a isonomia entre os candidatos, eis que a utilização de recursos financeiros ilícitos gera muitas vezes um desequilíbrio no pleito.

Para fins didáticos, transcrevo o art. 23 que regulamenta a matéria:

> Art. 23. Pessoas físicas poderão fazer doações em dinheiro ou estimáveis em dinheiro para campanhas eleitorais, obedecido o disposto nesta Lei.
>
> § 1º As doações e contribuições de que trata este artigo ficam limitadas a 10% (dez por cento) dos rendimentos brutos auferidos pelo doador no ano anterior à eleição.
>
> (...)

§ 7º O limite previsto no § 1o deste artigo não se aplica a doações estimáveis em dinheiro relativas à utilização de bens móveis ou imóveis de propriedade do doador ou à prestação de serviços próprios, desde que o valor estimado não ultrapasse R$ 40.000,00 (quarenta mil reais) por doador.

(...)

§ 10. O pagamento efetuado por pessoas físicas, candidatos ou partidos em decorrência de honorários de serviços advocatícios e de contabilidade, relacionados à prestação de serviços em campanhas eleitorais e em favor destas, bem como em processo judicial decorrente de defesa de interesses de candidato ou partido político, não será considerado para a aferição do limite previsto no § 1º deste artigo e não constitui doação de bens e serviços estimáveis em dinheiro. (Incluído pela Lei nº 13.877, de 2019.) (Grifos nossos.)

O limite para as doações em espécie é aquele estabelecido no § 1º acima transcrito, qual seja, 10% (dez por cento) dos rendimentos brutos auferidos pelo doador no ano anterior à eleição. Por outro lado, se a doação for em bens estimáveis em dinheiro, o limite será de R$ 40.000,00 mil reais, e esse limite não vai incidir nos honorários de serviços advocatícios e de contabilidade.

Na prática, utiliza-se a declaração do Imposto de Renda para constatar os rendimentos brutos auferidos pelo doador. Além disso, segundo o art. 27, § 9º, da Resolução nº 23.607/2019 do TSE, eventual declaração anual retificadora, desde que apresentada até o ajuizamento da ação de doação irregular, deve ser considerada na aferição do limite de doação do contribuinte. Assim, a declaração retificadora é cabível para balizar os limites, desde que apresentada até o ajuizamento da ação, evitando-se manobras e má-fé na representação por doação acima do limite.

O TSE, por muito tempo, entendia cabível a incidência da declaração retificadora a qualquer tempo, inclusive depois de ajuizada a representação. Contudo, desde o ano de 2018, alterou seu entendimento, agora consolidado textualmente na resolução acima referida:

DIREITO ELEITORAL. AGRAVO INTERNO EM RECURSO ESPECIAL ELEITORAL. ELEIÇÕES 2014. REPRESENTAÇÃO POR DOAÇÃO DE RECURSOS ACIMA DO LIMITE LEGAL. PESSOA FÍSICA. APRESENTAÇÃO DE DECLARAÇÃO RETIFICADORA APÓS O AJUIZAMENTO DA REPRESENTAÇÃO. MUDANÇA DE ENTENDIMENTO DO TRIBUNAL SUPERIOR ELEITORAL. FIXAÇÃO DE MARCO TEMPORAL MAIS RESTRITIVO. PROVIMENTO.

(...)

2. A jurisprudência do Tribunal Superior Eleitoral admitia a apresentação da declaração retificadora após a propositura da representação por doação acima do limite legal, desde que ausente má-fé. Precedentes.

3. No entanto, no AgR-REspe n° 294-79/RR, sob a minha relatoria, este Tribunal fixou um marco temporal mais restritivo e entendeu que devem ser consideradas pela Justiça Eleitoral apenas as declarações de imposto de renda apresentadas à Receita Federal do Brasil até a data do ajuizamento da representação por doação acima do limite legal, revendo-se, assim, o atual entendimento desta Corte.

4. No caso dos autos, segundo registrou o acórdão regional, a declaração retificadora de imposto de renda foi apresentada apenas na defesa. Portanto, o documento não deve ser considerado para a aferição da regularidade do montante doado no âmbito de representação por doação acima do limite legal.

(...)

(Recurso Especial Eleitoral n° 20034, Acórdão, Rel. Min. Luís Roberto Barroso, Publicação: *DJe* 11.10.2018, p. 6).

Prazo de propositura da representação: pode ser proposta até o final do exercício financeiro do ano seguinte ao da apuração dos valores doados, portanto, dia 31 de dezembro (art. 24-C, § 3°, da Lei n° 9.504/1997).

Competência, legitimidade ativa e passiva: a competência é do Juízo eleitoral do domicílio civil do doador, independentemente da natureza do pleito (art. 46 da Resolução TSE nº 23.608/2019). No polo passivo da ação estará o doador supostamente irregular, e poderão manejar a representação o partido político, coligação, federações, candidato ou Ministério Público Eleitoral.

Rito processual: utiliza-se o procedimento previsto no art. 22 da LC nº 64/1990, que é o estabelecido para a Ação de Investigação Judicial Eleitoral (AIJE).

Inelegibilidade: pode ser um efeito decorrente da condenação, motivo pelo qual não faz parte do pedido da representação, tampouco será declarada na sentença. Essa inelegibilidade decorrente da condenação por doação irregular será aferida por ocasião do pedido de registro de candidatura (art. 1º, I, *p*, da LC nº 64/1990). Assim, se determinado cidadão faz um pedido de registro de candidatura e, ao analisar os seus documentos, o Ministério Público Eleitoral identifica que ele foi condenado por representação por doação acima dos limites, nos termos da lei, irá impugnar o registro em razão da inelegibilidade prevista no art. 1º, I, *p*, da LC nº 64/1990.

13.3 Representação por arrecadação e gastos ilegais (art. 30-A da Lei nº 9.504/1997)

Visa a combater ilícitos na arrecadação e gastos de campanha, que normalmente podem surgir após a análise da prestação de contas de campanha (embora seja uma ação autônoma, não necessariamente decorrente da prestação de contas).

> Art. 30-A. Qualquer partido político ou coligação poderá representar à Justiça Eleitoral, no prazo de 15 (quinze) dias da diplomação, relatando fatos e indicando provas, e pedir a abertura de investigação judicial para apurar condutas em desacordo com as normas desta Lei, relativas à arrecadação e gastos de recursos.

Competência: art. 96, *caput*, da Lei n° 9.504/1997.

Prazo: o termo inicial de ajuizamento da representação não vem estabelecido na lei, apenas o lapso final, no entanto, a doutrina majoritária, como José Jairo Gomes, entende que essa ação somente pode ser manejada após a eleição, pois antes não haveria diploma a ser negado. O prazo final se estende até 15 dias depois da diplomação.

Legitimados ativos: embora a lei só mencione como legitimados ativos o partido político e a coligação, o TSE reconhece a legitimidade do Ministério Público para o ajuizamento da representação prevista no art. 30-A da LE (RO n° 1.540 – j. 28.04.2009) e as federações (art. 15 da Resolução n° 23.608/2019: A federação de partidos e a coligação devem ser devidamente identificadas nas ações eleitorais, com a nominação dos respectivos partidos políticos que a compõem (Redação dada pela Resolução n° 23.672/2021).

Legitimados passivos: aqui será o candidato que arrecadou ou gastou recursos ilicitamente (não o doador, como na representação por doação acima do limite), inclusive os suplentes. Nos pleitos majoritários, há litisconsórcio passivo necessário entre o titular e o vice ou suplente (Súmula n° 38/TSE).

Rito processual: conforme estabelece o art. 30-A, § 1°, da Lei n° 9.504/1997, a representação deve observar o procedimento previsto no art. 22 da LC n° 64/1990, ou seja, o mesmo rito da AIJE, que denominamos de rito ordinário eleitoral.

Penalidade: o art. 30-A, § 2°, da Lei n° 9.504/1997 determina que será negado diploma ao candidato, ou cassado, se já houver sido outorgado. Novamente, a exemplo do ocorre com a representação por doação acima do limite, a inelegibilidade apresenta-se como efeito externo e secundário da decisão que julga procedente o pedido, em razão do disposto no art. 1°, I, *j*, da LC n° 64/1990, a ser apreciado no registro da candidatura.

13.4 Prestação de contas de campanha eleitoral

Como a campanha eleitoral envolve a arrecadação e gastos de recursos financeiros, com diversas proibições e limitações, é necessário que a justiça eleitoral possa aferir se todas as estipulações foram cumpridas devidamente. Por esse motivo, partidos políticos e candidatos devem prestar contas à justiça eleitoral, em razão da campanha eleitoral realizada. Não confunda a prestação de contas anual do partido político, que diz respeito a sua manutenção, com a prestação de contas da campanha eleitoral. Ambas as prestações já foram desenvolvidas no capítulo referente aos partidos políticos.

A prestação de contas de campanha eleitoral é um procedimento de caráter jurisdicional, que deve ser realizado em até 30 dias após as eleições, através do qual os candidatos e partidos políticos apresentam à Justiça Eleitoral os valores arrecadados na campanha, demonstrando as respectivas fontes e indicando os destinos dos gastos eleitorais. A prestação de contas de campanha eleitoral é regida pela Lei nº 9.504/1997 (arts. 28 a 32) e por resoluções editadas pelo TSE para cada eleição.

Duas regras são de extrema importância para esse procedimento, e de muita incidência prática: a ausência de movimentação de recursos de campanha, financeiros ou estimáveis em dinheiro, não isenta o partido político e o candidato do dever de prestar contas (art. 45, § 8º, da Resolução TSE nº 23.607/2019), e o candidato que não prestar contas de campanha não poderá ser diplomado enquanto perdurar a omissão (art. 29, § 2º, da Lei nº 9.504/1997).

Ao serem julgadas, as contas do partido político ou candidato podem ser:

a) Aprovadas (art. 30, I, da LE): quando estiverem regulares.

b) Aprovadas com ressalvas (art. 30, II, da LE): quando verificadas falhas que não lhes comprometam a regularidade; erro isolado que não contamina a avaliação do processo de prestação de contas.

c) Desaprovadas (art. 30, III, da LE): quando verificadas falhas que lhes comprometam a regularidade; falhas substanciais que impactam o processo de prestação de contas.

d) Não prestadas (art. 30, IV, da LE): quando não apresentadas as contas após a notificação emitida pela Justiça Eleitoral ou diante da ausência de documentos necessários para a análise das contas.

A desaprovação de contas, por si só, não tem efeito jurídico negativo sobre o candidato eleito. Adota-se a providência prevista no art. 22, § 4º, da Lei nº 9.504/1997, remetendo-se as peças do processo de prestação de contas ao Ministério Público para eventual ajuizamento da ação prevista no art. 30-A da Lei nº 9.504/1997.

Por outro lado, a decisão que julgar as contas eleitorais como não prestadas acarreta ao candidato o impedimento de obter a certidão de quitação eleitoral até o final da legislatura, persistindo os efeitos da restrição após esse período até a efetiva apresentação das contas (art. 80, I, da Resolução TSE nº 23.607/2019). Perceba que é mais grave não prestar as contas do que as prestar, ainda que posteriormente sejam desaprovadas. Isso porque, ao não prestar as contas, o candidato impede que a justiça eleitoral tome conhecimento da origem dos recursos, da forma de gasto, impedindo que seja feita uma verificação da lisura da utilização dos recursos.

Destaques

■ Os **limites de gastos de campanha** serão definidos em lei e divulgados pelo Tribunal Superior Eleitoral, e, nos termos do art. 18-A da Lei nº 9.504/1997, "serão contabilizadas nos limites de gastos de cada campanha as despesas efetuadas pelos candidatos e as efetuadas pelos partidos que puderem ser individualizadas" (incluído pela Lei nº 13.165, de 2015).

- As pessoas físicas podem doar recursos para as campanhas eleitorais, no entanto, sujeitam-se à limites estabelecidos na lei. Contudo, se descumprirem o teto previsto para doação, poderão sofrer penalidades, após o aviamento da representação por descumprimento dos limites legais de doação. Pessoa jurídica não pode doar para campanha eleitoral.

- A desaprovação de contas, por si só, não tem efeito jurídico negativo sobre o candidato eleito. Adota-se a providência prevista no art. 22, § 4º, da Lei nº 9.504/1997, remetendo-se as peças do processo de prestação de contas ao Ministério Público para eventual ajuizamento da ação prevista no art. 30-A da Lei nº 9.504/1997.

14

Diplomação dos eleitos e posse

14.1 Diplomação

A diplomação é ato oficial da Justiça Eleitoral que certifica e habilita o candidato eleito a tomar posse do cargo eletivo e exercer o mandato para o qual foi escolhido. Na diplomação temos o encerramento do processo eleitoral, sendo um ato solene, no qual os candidatos eleitos e seus suplentes recebem o diploma assinado pelo presidente do TSE (eleição presidencial), pelo TRE respectivo (eleições estaduais e para o Congresso Nacional) ou da Junta Eleitoral por meio do seu juiz presidente (art. 40, IV, do CE, e art. 85 da Resolução TSE nº 21.635/2004).

Com a diplomação, os eleitos se habilitam a exercer o mandato a que postularam, mesmo que haja recurso pendente de julgamento, pelo qual se impugna exatamente a diplomação (art. 216, CE), ou seja, o Recurso Contra a Expedição de Diploma não tem efeito suspensivo. Essa situação, contudo, não se confunde com o indeferimento de registro de candidatura do candidato eleito, pois nessa hipótese sequer o candidato deverá ser diplomado, ainda que a decisão esteja *sub judice*.

232 Direito Eleitoral

De acordo com o Código Eleitoral (art. 215, parágrafo único), no diploma devem constar o nome do candidato, a indicação da legenda sob a qual concorreu, o cargo para o qual foi eleito ou a sua classificação como suplente, e, facultativamente, outros dados a critério do juiz ou do tribunal.

Para essa cerimônia deve ser dada ampla publicidade, conforme rememora José Jairo Gomes, possibilitando o comparecimento de todos, também porque começa a contagem de prazo para a interposição de recurso contra a diplomação (art. 262 do CE) e de ação de impugnação de mandato eletivo (art. 14, §§ 10 e 11, da CF), que serão estudados.

Contudo, mesmo que o candidato eleito não compareça na cerimônia, a diplomação produz os mesmos efeitos.

Joel Cândido (2012, p. 234) lista as hipóteses que podem acarretar nulidade total e parcial da cerimônia de diplomação:

a) nulidade total quando realizado por autoridade incompetente;
b) nulidade parcial quando o diplomado, por qualquer razão, não deveria receber o diploma; o diploma não se originar de eleição válida; ou o diploma for expedido em manifesta desconformidade com os resultados da apuração.

Aos cargos de deputados e senadores a diplomação gera algumas prerrogativas e vedações (desde a expedição do diploma):

a) vedações: aceitar ou exercer cargo, função ou emprego remunerado, bem como firmar ou manter contrato com qualquer ente da administração pública direta ou indireta, exceto se o contrato obedecer a cláusulas uniformes (art. 54, I, da CF);
b) prerrogativas: não poderão ser presos (salvo em flagrante de crime inafiançável), apenas poderão ser julgados perante o STF, com a possibilidade de suspensão de crime ocorrido após a diplomação (art. 53 da CF).

Não se olvide de que o candidato que não prestar contas de campanha não poderá ser diplomado enquanto perdurar a omissão (art. 29, § 2º, da Lei nº 9.504/1997).

A diplomação marca diversos prazos de fim e início das ações eleitorais. A diplomação encerra o processo eleitoral e a jurisdição da Justiça Eleitoral.

14.2 Posse

A Constituição Federal possui as regras principais acerca da posse dos candidatos eleitos. Com o advento da Emenda Constitucional nº 111/2021, houve alteração da data das posses para Presidente da República e Governadores, que iniciarão em 5 e 6 de janeiro, respectivamente. O Presidente da República e os Governadores de Estado e do Distrito Federal que forem eleitos em 2022 tomarão posse em 1º de janeiro de 2023, conforme a regra atual, mas seus mandatos durarão até a posse de seus sucessores, em 5 e 6 de janeiro de 2027, respectivamente (art. 4º da EC nº 111/2021), pois essas alterações nas datas serão aplicadas somente a partir das eleições de 2026 (art. 5º da EC nº 111/2021).

Dispõe a Constituição Federal, em seu art. 78, parágrafo único, que se decorridos 10 dias da data fixada para a posse e não tiverem assumido o cargo, este será declarado vago, salvo por motivo de força maior. Com a declaração de vacância do cargo, a postulação passa a ser do vice eleito e novas eleições devem ser convocadas caso ele também não assuma. Nesse período, serão sucessivamente chamados ao exercício da Presidência, temporariamente: o Presidente da Câmara dos Deputados, o do Senado Federal e o do Supremo Tribunal Federal.

Depois de realizada a posse, não poderão se ausentar do país por mais de 15 dias, sem a autorização do Congresso Nacional, sob pena de perda do cargo (art. 83, CF).

Os Governadores e Vice-Governadores tomarão posse em sessão da Assembleia Legislativa. Não assumindo o Governador

234 Direito Eleitoral

ou o Vice, a postulação pertencerá ao Presidente da Assembleia Legislativa, e, após, ao Presidente do Tribunal de Justiça. Os Prefeitos e Vice-Prefeitos tomarão posse em sessão da Câmara Municipal. Não assumindo o Prefeito ou o Vice, a postulação pertencerá ao Presidente da Câmara Municipal, e, após, a qualquer Vereador indicado pela Câmara Municipal. Tais regras seguem o que determina o art. 80 da CF, pela simetria constitucional.

A posse aos cargos do Poder Executivo segue uma regra constitucional (art. 82, CF), assim como a posse de Deputados Federais e Senadores (art. 57, CF). No entanto, aos mandatos legislativos das unidades federadas, caberá a cada um deles determinar o dia da sua posse, que pode variar de Estado para Estado e de Município para Município.

Destaques

- A diplomação é ato oficial da Justiça Eleitoral que certifica e habilita o candidato eleito a tomar posse do cargo eletivo e exercer o mandato para o qual foi escolhido.

- A diplomação marca diversos prazos de fim e início das ações eleitorais. A diplomação encerra o processo eleitoral e a jurisdição da Justiça Eleitoral.

- Com o advento da Emenda Constitucional nº 111/2021, houve alteração da data das posses para Presidente da República e Governadores, que iniciarão em 5 e 6 de janeiro, respectivamente. O Presidente da República e os Governadores de Estado e do Distrito Federal que forem eleitos em 2022 tomarão posse em 1º de janeiro de 2023, conforme a regra atual, mas seus mandatos durarão até a posse de seus sucessores, em 5 e 6 de janeiro de 2027, respectivamente (art. 4º da EC nº 111/2021), pois essas alterações nas datas serão aplicadas somente a partir das eleições de 2026 (art. 5º da EC nº 111/2021).

Parte III

PROCESSO JUDICIAL ELEITORAL

15

Regras gerais para as demandas eleitorais

O processo judicial eleitoral, seja ele cível ou criminal, é dotado de regras e especificidades próprias. Com relação ao processo penal, há expressa disposição de utilização de suas regras no âmbito eleitoral de forma subsidiária e supletiva. No tocante ao CPC, o TSE editou a Resolução nº 23.478/2016, que estabelece diretrizes para a aplicação do CPC no âmbito da Justiça Eleitoral. Contudo, o próprio Código de Processo Civil prevê sua aplicação quando for compatível com os bens jurídicos tutelados na Justiça Eleitoral.

> Art. 15. Na ausência de normas que regulem processos eleitorais, trabalhistas ou administrativos, as disposições deste Código lhes serão aplicadas supletiva e subsidiariamente.

Bem por isso, normas específicas de Direito Eleitoral (provenientes de lei ou resoluções do TSE) prevalecem em relação a aplicação subsidiária do CPC.

> Art. 2º Em razão da especialidade da matéria, as ações, os procedimentos e os recursos eleitorais permanecem regidos pelas normas específicas previstas na legislação eleitoral e nas instruções do Tribunal Superior Eleitoral.

238 Direito Eleitoral

Parágrafo único. A aplicação das regras do Novo Código de Processo Civil tem caráter supletivo e subsidiário em relação aos feitos que tramitam na Justiça Eleitoral, desde que haja compatibilidade sistêmica (...)

Com relação ao contencioso eleitoral, algumas regras são essenciais:

a) Nos termos do art. 23 da LC n° 64/1990, "o Tribunal formará sua convicção pela livre apreciação dos fatos públicos e notórios, dos indícios e presunções e prova produzida, atentando para circunstâncias ou fatos, ainda que não indicados ou alegados pelas partes, mas que preservem o interesse público de lisura eleitoral".

b) Celeridade do trâmite: as ações devem tramitar e serem decididas de forma célere, para evitar prejuízos às campanhas políticas, aos partidos, coligações, federações e aos candidatos, por isso os prazos no período eleitoral não se interrompem, nem mesmo em feriados ou finais de semana, não possuindo, em regra, o MPE prazo em dobro.

c) O prazo de insurgência geral, não havendo indicação expressa na lei, será de três dias da publicação do ato, da resolução ou do despacho (art. 258 do CE); e contra as decisões finais de condenação ou absolvição, cabe recurso ao TRE no prazo de dez dias (art. 362 do CE).

d) Prazo de 24 horas para a obtenção de direito de resposta de informação veiculada no horário gratuito eleitoral.

e) O ajuizamento de ação eleitoral por candidato ou partido político não impede ação do Ministério Público no mesmo sentido.

f) Os feitos eleitorais são gratuitos, não incidindo custas, preparo ou honorários (Lei n° 9.265/1996, art. 1°).

Uma mesma situação fática poderá ensejar o manejo de mais de uma ação eleitoral, contudo, caso isso ocorra, haverá a reunião das referidas ações eleitorais para que o mesmo juiz ou relator possa apreciá-las.

> Art. 96-B, Lei nº 9.504/1997. Serão reunidas para julgamento comum as ações eleitorais propostas por partes diversas sobre **o mesmo fato**, sendo competente para apreciá-las o juiz ou relator que tiver recebido a primeira.
>
> § 1º O ajuizamento de ação eleitoral por candidato ou partido político não impede ação do Ministério Público no mesmo sentido. (Grifos nossos.)

15.1 Acordo de não persecução cível

A realização de acordo de não persecução criminal com relação aos crimes eleitorais é possível, uma vez preenchidos os requisitos estabelecidos no art. 28-A do CPP, não havendo qualquer divergência quanto ao tema. No entanto, na esfera cível eleitoral, por muito tempo se perpetuou o entendimento de que não se podia celebrar termo de ajustamento de condutas ou negócios jurídicos consensuais, pelo argumento de que o bem jurídico tutelado na esfera eleitoral é indisponível e não admitiria celebrações consensuais. Em reforço a essa proibição, aduzem a expressa proibição constante no art. 105-A da Lei Eleitoral de utilização dos procedimentos (dentre eles, os consensuais) da Lei de Ação Civil Pública. Nada mais equivocado, a nosso sentir.

Primeiramente, é um contrassenso jurídico, em um sistema pautado por uma racionalidade lógica, admitir a celebração de acordo de não persecução cível por condutas de improbidade administrativa na esfera cível e, pelas mesmas condutas, não aceitar o acordo no âmbito eleitoral, pois existem diversas condutas vedadas, por exemplo, que também configuram improbidade administrativa.

No que tange à indisponibilidade do bem jurídico, é de se ver que o ordenamento jurídico brasileiro tem sido paulatinamente

240 Direito Eleitoral

transformado e influenciado pelos paradigmas da consensualidade punitiva, ao que Igor Pereira Pinheiro (2020, p. 439) denomina de "princípio da consensualidade punitiva", com a incorporação de diversos mecanismos de negociação que abrangem, inclusive, bens jurídicos tidos por indisponíveis, como acordos de leniência, acordo de não persecução em improbidade administrativa e a própria prática consensual estimulada pelo Código de Processo Civil, que no seu art. 3º determina que "a conciliação, a mediação e outros métodos de solução consensual de conflitos deverão ser estimulados por juízes, advogados, defensores públicos e membros do Ministério Público, inclusive no curso do processo judicial". Dessa forma, também faltaria razoabilidade na interpretação de se permitir consenso punitivo para determinados bens jurídicos, também tidos por indisponíveis, e proibir o ajuste para a esfera eleitoral.

A doutrina já vem se posicionando em favor da aplicação da solução consensual da esfera eleitoral, pois há situações nas quais o consenso compositivo, seja na esfera judicial ou extrajudicial, é o mais adequado e eficiente. Tome-se, por exemplo, os acordos prévios sobre propaganda irregular celebrados entre as agremiações partidárias e o Ministério Público Eleitoral, que evitam desequilíbrios na disputa eleitoral e preservam o voto do eleitor, além de prevenirem litígios e representações. Com esse pensamento, José Jairo Gomes (2018, p. 724) assevera que: "Apesar disso, afigura-se inadequada a absoluta vedação da autocomposição nos domínios eleitorais".

Referentemente à suposta vedação legal a celebração de acordos veiculada pelo art. 105-A da Lei nº 9.504/1997, além de já ter sido objeto de manifestação dos Ministros Luiz Fux e Maria Thereza de Assis Moura no TSE pela sua inconstitucionalidade (REspe nº 54.588, DJe 04.11.2015), sua aplicação vem sendo reduzida, pois impossibilitaria, inclusive, a instauração de inquéritos civis pelo Ministério Público Eleitoral, o que, à toda evidência, foge à racionalidade do sistema constitucional.

Por derradeiro, as precisas lições de Antônio Veloso Peleja Júnior sobre o tema:

A Constituição Federal consagra os princípios da moralidade e da probidade, o princípio democrático e a coibição ao abuso de poder político e econômico. A redação do art. 105-A da Lei nº 9.504/1997 vai totalmente de encontro a tais desideratos. O norte do legislador ao munir o Ministério Público da ACP e do ICP foi facilitar a proteção ao patrimônio público e social. Foge à lógica admitir-se a restrição à atuação do Ministério Público em tal caso. É limitar o raio de ação do Parquet. É como acorrentar os agentes ministeriais e deixar a sorrelfa a proteção ao patrimônio público no pleito eleitoral, no qual toda sorte de arbitrariedades tende a ocorrer.

Com essas considerações, nos parece perfeitamente possível a celebração do acordo de não persecução cível, e todas as medidas consensuais do ordenamento jurídico, no âmbito eleitoral, obviamente não de forma arbitrária, mas respeitando os precisos contornos estabelecidos pela própria lei no tocante às avenças celebradas na esfera cível.

Porém, como certeiramente alerta Igor Pereira Pinheiro (2020, p. 105), se a hipótese concreta envolver uma possível condenação judicial que gere **inelegibilidade enquanto sanção**, não caberá qualquer espécie de acordo, uma vez que somente lei complementar pode instituir e excluir inelegibilidades.

15.2 Divisão das ações eleitorais

As ações propriamente eleitorais, que serão detalhadas no capítulo seguinte, podem ser divididas em dois grupos: ações eleitorais de arguição de inelegibilidade (AIRC e RCED) ou ações de combate a ilícitos eleitorais (todas as demais, como AIJE e representações).

16

Ações eleitorais

16.1 Ação de Impugnação ao Registro de Candidatura (AIRC)

Prevista nos arts. 3 a 16 da LC nº 64/1990, a ação de impugnação ao registro de candidatura tem por finalidade o reconhecimento judicial da inelegibilidade do candidato, impedindo a sua candidatura, seja pela ausência de uma das condições de elegibilidade, seja pela incidência de alguma causa de inelegibilidade.

A AIRC, em que pese leve o nome de ação, é um incidente no processo de registro do candidato, e ambas as demandas devem ser julgadas simultaneamente, em uma só sentença.

Legitimação ativa: o candidato (pré-candidato escolhido em convenção), partido político, coligação, federações (art. 4º da Resolução 23.609/2019) ou Ministério Público (art. 3º da LC nº 64/1990) podem manejar a AIRC. Muita atenção para a regra especial de que partido político coligado não tem legitimidade para ajuizar AIRC isoladamente no sistema majoritário (AgR-REspe nº 10827/BA), conforme já assentado pelo TSE. No sistema proporcional, de outra banda, é possível partido político ou federação, isoladamente, impugnar candidaturas, por expressa previsão do art. 4º da Resolução nº 23.609/2021.

O enunciado da Súmula nº 11 do TSE, cujo teor se transcreve, é de recorrência prática, e muito cobrado em concursos públi-

244 Direito Eleitoral

cos: "No processo de registro de candidatos, o partido que não o impugnou não tem legitimidade para recorrer da sentença que o deferiu, salvo se se cuidar de matéria constitucional". Obviamente tal conteúdo não se aplica para o Ministério Público, que sempre tem legitimidade recursal.

> Registro de candidatura. Vereador. (...) Recurso ministerial. *Custus legis*. (...) 1. Segundo já decidido pelo Supremo Tribunal Federal, com repercussão geral (ARE nº 728.188/RJ), o Ministério Público Eleitoral tem legitimidade para recorrer de decisão que julga o pedido de registro de candidatura, mesmo que não haja apresentado impugnação anterior (...) (Ac. de 1º.12.2016 no REspe nº 21.767, Rel. Min. Luciana Lóssio).

O enunciado sumular também faz uma ressalva com relação às inelegibilidades e matérias constitucionais. Assim, uma inelegibilidade prevista na CF poderá ser alegada em recurso contra o deferimento do registro de candidatura, mesmo que a parte recorrente não tenha impugnado o pedido de registro, via AIRC, pois, conforme já asseverado no capítulo das inelegibilidades, se essas forem constitucionais, não haverá preclusão.

A despeito da redação literal da súmula, que apenas se refere aos partidos políticos, ela também se aplica aos candidatos, coligações e federações, conforme entendimento do próprio TSE:

> Registro de candidatura. Deputado estadual. (...) 2. Nos processos de registro de candidatura, o partido, a coligação ou o candidato que não o impugnou não tem legitimidade para recorrer, salvo quando se tratar de matéria constitucional (Súmula nº 11/TSE). Tal súmula aplica-se inclusive ao candidato que não impugnou a candidatura do seu potencial concorrente. Precedente (...) (Ac. de 04.12.2018 no AgR-RO nº 060033790, Rel. Min. Luís Roberto Barroso).

A Súmula TSE nº 45 estabelece que "nos processos de registro de candidatura, o Juiz Eleitoral pode conhecer de ofício da existência de causas de inelegibilidade ou da ausência de condição de elegibilidade, desde que resguardados o contraditório e a ampla defesa". Assim, o juiz eleitoral poderá, de ofício, negar o registro de candidatura de algum candidato, mesmo que não tenha havido ação de impugnação ao registro por qualquer das partes.

Em relação ao Ministério Público, atenção especial para duas situações:

a) Desnecessidade de intimação do Ministério Público para fins de ajuizamento da AIRC, uma vez publicada a lista dos pedidos de registro de candidatura, a contagem do prazo para a ação de impugnação ao registro já se inicia. Trata-se de uma exceção à regra geral de intimação pessoal, justificada pela celeridade que se exige nos processos de registro (Súmula TSE nº 49).

b) Ainda que o MPE não tenha ajuizado a AIRC, haverá obrigatória atuação ministerial no pedido de registro do candidato, como *custos iuris*.

Legitimação passiva: indubitavelmente, será sempre o pré--candidato, ou seja, o cidadão que teve o registro de sua candidatura requerido pelo partido, coligação ou federação.

Não há litisconsórcio passivo entre o impugnado e seu partido ou coligação, até porque a discussão na AIRC se restringe às condições pessoais dos candidatos, mas nada impede que estes sejam assistentes do réu na referida ação. Da mesma forma, não há litisconsórcio necessário entre titular e vice. No entanto, ocorrendo o indeferimento do registro da candidatura, o partido poderá promover a substituição (art. 18 da LC nº 64/1990).

Seguindo o mesmo raciocínio, a declaração de inelegibilidade do candidato à Presidência da República, Governador de Estado e do Distrito Federal e Prefeito Municipal não atingirá o candidato a Vice-Presidente, Vice-Governador ou Vice-Prefeito, assim como a destes não atingirá aqueles.

246 Direito Eleitoral

Prazo: publicado o edital contendo a relação dos candidatos cujos registros foram requeridos à Justiça Eleitoral, começa a correr o prazo de cinco dias para a impugnação prevista no art. 3º da LC nº 64/1990. A impugnação por parte dos demais legitimados não impede a ação do MP (e lembrando que o prazo para o MP não depende de intimação pessoal).

A partir da notificação do réu, passa a correr o prazo de sete dias para apresentar a contestação, conforme redação do art. 4º da LC nº 64/1990.

Competência: vem estabelecida no art. 2º, parágrafo único, da LC nº 64/1990, conforme transcrito a seguir:

> Art. 2º Compete à Justiça Eleitoral conhecer e decidir as arguições de inelegibilidade.
>
> Parágrafo único. A arguição de inelegibilidade será feita perante:
>
> I – o **Tribunal Superior Eleitoral**, quando se tratar de candidato a Presidente ou Vice-Presidente da República;
>
> II – os **Tribunais Regionais Eleitorais**, quando se tratar de candidato a Senador, Governador e Vice-Governador de Estado e do Distrito Federal, Deputado Federal, Deputado Estadual e Deputado Distrital;
>
> III – os **Juízes Eleitorais**, quando se tratar de candidato a Prefeito, Vice-Prefeito e Vereador. (Grifos nossos.)

Suspensão cautelar da inelegibilidade: o art. 26-C da LC nº 64/1990 traz a possibilidade de o órgão colegiado do tribunal suspender os efeitos de algumas inelegibilidades, que dizem respeito a inelegibilidades decorrentes de decisões judiciais, caso haja pedido expresso e tenha o requerimento plausibilidade.

> Art. 26-C. O órgão colegiado do tribunal ao qual couber a apreciação do recurso contra as decisões colegiadas a que se referem as alíneas *d, e, h, j, l* e *n* do inciso I do art. 1º poderá, em caráter cautelar, suspender a inelegibilidade sempre

Ações eleitorais **247**

que existir plausibilidade da pretensão recursal e desde que a providência tenha sido expressamente requerida, sob pena de preclusão, por ocasião da interposição do recurso.

§ 1º Conferido efeito suspensivo, o julgamento do recurso terá prioridade sobre todos os demais, à exceção dos de mandado de segurança e de *habeas corpus*.

§ 2º Mantida a condenação de que derivou a inelegibilidade ou revogada a suspensão liminar mencionada no *caput*, serão desconstituídos o registro ou o diploma eventualmente concedidos ao recorrente. (Grifos nossos.)

A suspensão dessas inelegibilidades deve ser requerida não na Justiça Eleitoral, mas no órgão colegiado do tribunal ao qual couber a apreciação do recurso contra as decisões colegiadas a que se referem as **alíneas *d, e, h, j, l* e *n* do inciso I do art. 1º**. Dessa maneira, quando se tratar de decisão colegiada oriunda de TJ dos Estados ou TRF, o pedido de suspensão deve ser efetuado em recurso especial perante o STJ.

E, nos termos do art. 26-C, a suspensão cautelar da inelegibilidade pode ser deferida se estiverem presentes dois requisitos: a) plausibilidade da pretensão recursal e b) desde que a providência (suspensão) tenha sido expressamente requerida no recurso.

Na hipótese delineada, caso o STJ suspenda a inelegibilidade, nos termos do art. 26-C da LC nº 64/1990, não restaria, em tese, à Justiça Eleitoral outra alternativa que não o deferimento do registro de candidatura, a não ser que exista outra causa de inelegibilidade sobre o candidato. Contudo, o deferimento seria condicionado, ou seja, o candidato se eleito poderia ser diplomado, investido no mandato e empossado no cargo eletivo; no entanto, pendente essa condição, que somente será definitiva a partir do resultado do julgamento do recurso no STJ.

Em sendo o requerente absolvido no STJ, a diplomação fica mantida e ele exercerá normalmente o cargo para o qual foi eleito. Caso seja mantida a condenação do TJ ou TRF pelo STJ, ou ainda se for revogada a liminar, o diploma será desconstituído e o reque-

248 Direito Eleitoral

rente deverá ser desinvestido do cargo eletivo (art. 26-C, § 2°, da LC n° 64/1990).

Havendo impugnação ao registro de candidatura de algum cidadão, nos termos do art. 16-A da Lei das Eleições, é possível que o candidato continue, sob sua conta e risco, a campanha eleitoral, podendo utilizar o horário gratuito da televisão e rádio, e ter mantido seu nome na urna eletrônica. No entanto, a validade dos votos a ele atribuídos ficará condicionada ao deferimento do registro. Assim, no momento da apuração, a computação dos votos a ele deferidos ficará em separado (engavetado) e não serão contabilizados para qualquer fim até que a Justiça Eleitoral julgue a ação de impugnação ao registro pendente. Se o registro for posteriormente deferido, ainda que depois das eleições, os votos serão "desengavetados" e contabilizados ao candidato. Caso o registro não seja deferido, os votos serão descartados. É o que se denomina **teoria dos votos engavetados**, ou candidatura por conta e risco, somente sendo possível tal hipótese se pendente AIRC, nunca nos casos de Ação de Impugnação ao Mandato Eletivo (AIME) ou Recurso contra expedição de Diploma (RCD).

16.2 Ação de Investigação Judicial Eleitoral (AIJE)

É a ação que tem por finalidade combater todo e qualquer ato de abuso de poder (político, econômico e meios de comunicação) e uso indevido dos veículos de transporte (Lei n° 6.091/1974) que tenha interferência na normalidade do pleito, e está prevista no art. 22 da LC n° 64/1990:

> LC n° 64/1990 – Art. 22. Qualquer partido político, coligação, candidato ou Ministério Público Eleitoral poderá representar à Justiça Eleitoral, diretamente ao Corregedor-Geral ou Regional, relatando fatos e indicando provas, indícios e circunstâncias e pedir abertura de investigação judicial para **apurar uso indevido, desvio ou abuso do poder econômico ou do poder de autoridade, ou utilização indevida de**

veículos ou meios de comunicação social, em benefício de candidato ou de partido político, obedecido o seguinte rito: (...) (Grifos nossos.)

Abuso de poder econômico: utilizar os meios disponíveis (não necessariamente o dinheiro em espécie) para transformar o voto do eleitor em instrumento de mercancia. Como lapida Edson de Rezende Castro (2018), é a compra, direta ou indiretamente, da liberdade de escolha dos eleitores. Nesse sentido, uma oferta ou doação a eleitores de remédios, vale-combustíveis, cestas básicas, promessa de atendimento médico, empregos podem ser consideradas formas de abuso do poder econômico a serem combatidas pelo manejo da AIJE.

É necessário diferenciar, nesse ponto, a Ação de Investigação Judicial Eleitoral por abuso de poder econômico e a Representação por Captação Ilícita de Sufrágio. Na AIJE, o bem jurídico protegido é a legitimidade das eleições, o abuso detectado tem que impactar o processo eleitoral. Por sua vez, na Captação Ilícita de Sufrágio o bem jurídico tutelado é a liberdade do eleitor, portanto se apenas um eleitor foi corrompido, já é suficiente para a procedência da representação por captação ilícita de sufrágio.

Outra diferença entre ambas são os seus limites temporais com relação à prática do ilícito, pois na AIJE podem ser contemplados fatos anteriores ao pedido de registro de candidatura, mas na representação por captação ilícita de sufrágio (art. 41-A da Lei nº 9.504/1997) o ilícito tem que ter ocorrido entre o pedido de registro de candidatura e a eleição.

Abuso de poder político: utilização da máquina administrativa de gestão com o objetivo de favorecer candidaturas no processo eleitoral, seja candidatura própria ou de outrem.

A prática do abuso de poder político não é conduta reservada aos chefes do poder executivo, podendo ser exercida por qualquer candidato, sendo que o art. 73, § 1º, da Lei nº 9.504/1997 traz expressamente a definição de agente público.

250 Direito Eleitoral

Há um precedente muito relevante para a caracterização do abuso de poder político, no qual o TSE entendeu pela caracterização do abuso do poder político quando demonstrado que o ato da Administração, aparentemente regular e benéfico à população, teve como objetivo imediato o favorecimento de algum candidato, ferindo a legitimidade e normalidade dos pleitos e, também o princípio da isonomia entre os concorrentes (REspe n° 25074).

Utilização indevida dos meios de comunicação social: o abuso do poder de comunicação ocorre toda vez que um veículo de comunicação (rádio, jornal, TV) não observar a legislação vigente, causando benefício eleitoral a determinado candidato, partido, coligação ou federação.

Esses são, portanto, os possíveis abusos a serem combatidos pelo manejo da ação de investigação judicial eleitoral.

Na esteira da orientação atual da jurisprudência eleitoral, a AIJE só poderá ser julgada procedente se houver **prova da gravidade do abuso de poder** (em qualquer de suas modalidades) para afetar a normalidade e legitimidade das eleições (art. 22, XVI, da LC n° 64/1990), não sendo necessária a prova da possiblidade de o fato abusivo alterar o resultado da eleição.

> LC n° 64/1990 – Art. 22, XVI. para a configuração do ato abusivo, não será considerada a potencialidade de o fato alterar o resultado da eleição, mas apenas a **gravidade** das circunstâncias que o caracterizam. (Incluído pela Lei Complementar n° 135, de 2010.) (Grifo nosso.)

O abuso do poder religioso, por si só, não é capaz de ser combatido pela ação de investigação judicial eleitoral do 22-A, sendo viável apenas se conjugado com qualquer outra modalidade de abuso, como o abuso do poder econômico. Aliás, nesse sentido, o TSE já decidiu que a prática de atos de propaganda por entidade religiosa pode ser caracterizada como abuso de poder econômico; e a difusão proposital de atos de promoção de candidaturas, como uso indevido dos meios de comunicação social (Ac.-TSE, de 07.03.2017, no RO n° 265.308).

Competência: a competência para processo e julgamento das AIJEs segue a regra geral das eleições, portanto, nas eleições presidenciais, o competente é o TSE; nas eleições federais e estaduais, o ter; e nas eleições municipais, os juízes eleitorais.

Detalhe prático é que as demandas devem ser ajuizadas perante as Corregedorias em caso de TSE ou TRE, pois esses órgãos farão a instrução e apresentarão relatório após encerramento da instrução, conforme art. 22 da LC n° 64/1990, permanecendo o julgamento pela Corte (TRE ou TSE).

Nas eleições municipais, a competência é do Juiz eleitoral para instruir o feito e julgá-lo (art. 24 da LC n° 64/1990).

Prazos: com relação ao prazo, o marco inicial da AIJE é controvertido, mas o TSE sedimentou o entendimento de que o termo inicial para a AIJE é o requerimento do registro da candidatura (AgR-RO n° 107-87, julg. em 17.09.2015), não se olvidando que os fatos veiculados na ação de investigação judicial eleitoral podem ter ocorrido antes desse marco temporal, conforme já exposto. Como prazo final tem-se a data da diplomação dos eleitos.

Legitimados passivos: como requeridos na AIJE podem figurar o/a candidato/a e qualquer pessoa que tenha concorrido para a prática do abuso de poder, exceto pessoas jurídicas, pois como na AIJE não é prevista sanção compatível com a natureza das pessoas jurídicas – multa, por exemplo –, não faria sentido colocá-la no polo passivo. Nas eleições majoritárias, será sempre necessária a formação de litisconsórcio passivo entre o titular e o vice da chapa para o executivo ou entre candidato a Senador e respectivos suplentes, pois o abuso pode a todos aproveitar.

É nesse sentido o enunciado da Súmula TSE n° 38: "Nas ações que visem à cassação de registro, diploma ou mandato, há litisconsórcio passivo necessário entre o titular e o respectivo vice da chapa majoritária".

No julgamento do RO 0603030-63, o TSE realizou uma virada jurisprudencial e entendeu que não é mais necessário incluir obrigatoriamente o agente responsável pela prática conduta abusiva, a ação pode ser proposta somente contra o beneficiário do abuso. Nesse sentido, hipoteticamente, se determinado cabo eleitoral compra votos por ter influência em seu bairro na cidade, e caracterizado o abuso do poder econômico, a AIJE pode ser pro-

252 Direito Eleitoral

posta contra ambos (agente responsável pela prática do abuso e beneficiado) ou apenas contra o candidato beneficiado.

Legitimados ativos: como legitimados ativos têm-se os partidos políticos, coligações, candidatos, federações ou Ministério Público Eleitoral.

A mesma advertência realizada quando abordamos a AIRC deve ser repetida: o partido coligado ou federado não possui legitimidade para, isoladamente, propor a investigação judicial (TSE, REspe n° 25.015/2005). Não obstante esse entendimento, o TSE vem decidindo que "após a realização do pleito, o partido político coligado tem legitimidade para, isoladamente, propor representações que envolvam a cassação de diplomas e/ou a imposição de inelegibilidade" (TSE – AgRg – REspe n° 958/SP – julgado em 03.11.2016), e a justificativa se pauta no desfazimento da coligação imediatamente após a eleição, o que não ocorre com a federação.

Com a procedência da Ação de Investigação Judicial Eleitoral, é possível a aplicação das sanções do art. 22, XIV, da LC n° 64/1990, ou seja, a cassação do registro ou diploma e a inelegibilidade, salientando-se que a AIJE é a única ação eleitoral que tem a inelegibilidade como sanção direta, nas demais ações eleitorais a inelegibilidade será efeito da sentença condenatória ou declaratória.

As sanções possíveis de serem aplicadas na AIJE são independentes, quer dizer, nem toda a procedência de uma AIJE leva, necessariamente, ao duplo sancionamento (cassação do registro ou diploma e inelegibilidade), pois somente se cogita da sanção de inelegibilidade quando houver prova da responsabilidade subjetiva do sujeito passivo, ao passo que para a aplicação da pena de cassação do registro ou diploma basta a mera condição de beneficiário do ato de abuso, sem necessidade da prova do elemento subjetivo.

Peculiar atenção ao que dispõe o art. 222 do Código Eleitoral no sentido de ser anulável a votação sempre que viciada por abuso de poder econômico ou político, pois tais condutas, quando comprovadas, comprometem as eleições, afetando sua normalidade e higidez. Assim, na AIJE, a procedência do pedido e a consequente cassação do diploma e do mandato implica a anulação dos votos dados aos réus.

Uma vez aplicada a sanção pela AIJE, é de se atentar para o disposto no art. 224, § 3°, do CE:

> A decisão da Justiça Eleitoral que importe o indeferimento do registro, a **cassação do diploma ou a perda do mandato de candidato eleito em pleito majoritário** acarreta, **após o trânsito em julgado**, a realização de novas eleições, independentemente do número de votos anulados. (Grifos nossos.)

De acordo com essa regra, se procedente a AIJE com a aplicação da sanção de cassação do registrou diploma de mandatos majoritários, deveria ser realizada nova eleição após o trânsito em julgado da decisão. Contudo, no julgamento da ADI n° 5.525/DF, entendeu-se pela desnecessidade do trânsito em julgado da decisão de procedência da AIJE, sendo necessário apenas o esgotamento das vias recursais ordinárias.

A eleição será direta ou indireta de acordo com o momento da vacância do cargo (art. 224, § 4°, do Código Eleitoral), mas deve observar a regra constitucional do Presidente da República e Vice e Senado, para caso de vacância.

Repise-se que essa regra é para cargos de eleição majoritária, caso tal fato ocorra em pleito proporcional, chama-se o suplente. E o que ocorre com os votos que eram do candidato proporcional que teve sua condenação em AIJE?

A jurisprudência do TSE é firme no sentido de que os votos obtidos por candidato, cujo registro encontrava-se deferido na data do pleito eleitoral, não devem ser anulados, mas contados a favor da legenda pela qual o parlamentar posteriormente cassado se candidatou, por força do disposto no art. 175, § 4°, do Código Eleitoral (REspe – Agravo Regimental em Recurso Especial Eleitoral n° 958 – SABINO-SP – *DJe – Diário da Justiça eletrônico*, tomo 229,

254 Direito Eleitoral

data 02.12.2016, p. 45-46). No entanto, não parece ser a melhor solução, uma vez que a vontade do eleitor, naqueles votos, estaria maculada pelo abuso, de forma que não seria prudente destinar tais votos a legenda, locupletando-se a sigla da própria torpeza, para manter a cadeira no legislativo. O melhor seria, salvo melhor juízo, optar pela inaplicabilidade do art. 175, § 4°, do CE nas hipóteses em que a anulação decorrer da prática de ilícitos eleitorais, e não meramente de indeferimento do registro de candidatura, esse já agasalhada pela Procuradoria Geral Eleitoral no RMS – Recurso em Mandado de Segurança n° 060153871 – Franco da Rocha/SP, *DJe – Diário da Justiça eletrônico*, data 25.09.2020.

Por fim, sobreleva notar que os processos de desvio ou abuso do poder econômico ou do poder de autoridade, até que sejam julgados, terão prioridade sobre quaisquer outros, ressalvado o *habeas corpus* e o Mandado de Segurança.

Jurisprudência

TSE: Agravo Regimental em Agravo de Instrumento n° 30251 – Itaguaí/RJ, Acórdão de 23.03.2017 Rel. Min. Henrique Neves Da Silva.

2. O Tribunal Regional Eleitoral, analisando o conjunto probatório dos autos, entendeu configuradas as práticas de propaganda eleitoral antecipada, de propaganda irregular e de abuso do poder econômico. (...)

4. Os fatos imputados à agravante, da forma como descritos no acórdão regional, revelam a distribuição de brindes (rosas, cartões de felicitações pelo Dia das Mães, ímãs de geladeira com logotipo e fotografia da candidata com eleitores individualizados, camisetas com as cores de campanha) em eventos de grande porte, nos quais houve divulgação do logotipo de campanha da candidata, com desvio da finalidade dos encontros para beneficiar a candidatura.

5. "A apuração do abuso do poder econômico, nos feitos em que os fatos apontados são múltiplos, deve ser aferida a partir do conjunto de irregularidades apontadas. Assim, ainda que algumas delas não possua, em si, gravidade suficiente para autorizar a cassação do registro ou do

diploma dos representados, é possível que, no conjunto, a gravidade seja reconhecida. Precedentes" (REspe n° 568-76, Rel. Min. Henrique Neves da Silva, *DJe* 10.12.2015).

Recurso Ordinário Eleitoral n° 060303063 – Brasília/DF, Rel. Min. Mauro Campbell Marques, *DJe* 03.08.2021.

ELEIÇÕES 2018. RECURSO ORDINÁRIO. CARGO DE GOVERNADOR. ABUSO DO PODER POLÍTICO. COAÇÃO E EXONERAÇÃO DE SERVIDORES COMISSIONADOS. EXECUÇÃO SIMULADA DE PROGRAMA SOCIAL. LITISCONSÓRCIO PASSIVO NECESSÁRIO ENTRE CANDIDATO BENEFICIÁRIO E AUTOR DE ATO TIDO POR ABUSIVO. DESNECESSIDADE. HIPÓTESE NÃO ABRANGIDA PELO ART. 114 DO CPC/2015. AFASTAMENTO DA EXIGÊNCIA EM AIJE POR ABUSO DO PODER POLÍTICO. ALTERAÇÃO DE JURISPRUDÊNCIA. APLICAÇÃO PROSPECTIVA. SEGURANÇA JURÍDICA. NECESSIDADE DE PRODUÇÃO DE PROVAS PREVIAMENTE REQUERIDA. RETORNO DOS AUTOS DIGITAIS À ORIGEM. COAÇÃO DE SERVIDORES COMISSIONADOS PARA APOIO DE CANDIDATURA. PUBLICIDADE INSTITUCIONAL PARA PROMOÇÃO PESSOAL. AUSÊNCIA DE PROVAS. IMPROCEDÊNCIA. PARCIAL PROVIMENTO AO RECURSO ORDINÁRIO.

1. A jurisdição eleitoral, considerados os bens jurídicos que se presta a defender, não pode criar óbice à efetividade da norma eleitoral nem exigir a formação de litisconsórcio sem expressa previsão no ordenamento jurídico.

2. O art. 114 do CPC/2015 prevê a formação do litisconsórcio necessário em apenas duas hipóteses: (a) por disposição de lei; e (b) quando, pela natureza da relação jurídica controvertida, a eficácia da sentença depender da citação de todos que devam ser litisconsortes.

3. Não há, no ordenamento eleitoral, disposição legal que exija a formação de litisconsórcio no polo passivo da AIJE.

4. Inexiste relação jurídica controvertida entre o candidato beneficiado e o autor da conduta ilícita nas ações de investigação judicial por abuso do poder político.

5. Firma-se a tese no sentido de não ser exigido o litisconsórcio passivo necessário entre o candidato beneficiado e o autor da conduta ilícita em AIJE por abuso do poder político.

256 Direito Eleitoral

6. A fixação do novo entendimento tem aplicação prospectiva, para as eleições de 2018 e seguintes, por força do princípio da segurança jurídica.

7. Ausentes provas seguras que comprovem a utilização da máquina pública em favor dos recorridos e, por consequência, do abuso do poder político, a improcedência do pedido se impõe, conforme o entendimento desta Corte Superior.

8. Recurso ordinário provido, tão somente para afastar a necessidade de litisconsórcio passivo necessário entre o candidato beneficiário e os autores da conduta ilícita e determinar o retorno dos autos digitais ao TRE/DF a fim de retomar a instrução probatória relativa às condutas atingidas pelo indeferimento parcial da inicial.

16.3 Captação ilícita de sufrágio – art. 41-A da Lei Eleitoral

A representação por captação ilícita de sufrágio tem fundamento legal no art. 41-A da Lei nº 9.504/1997:

> Art. 41-A. Ressalvado o disposto no art. 26 e seus incisos, constitui captação de sufrágio, vedada por esta Lei, o candidato doar, oferecer, prometer, ou entregar, ao eleitor, com o fim de obter-lhe o voto, bem ou vantagem pessoal de qualquer natureza, inclusive emprego ou função pública, desde o registro da candidatura até o dia da eleição, inclusive, sob pena de multa de mil a cinquenta mil Ufir, e cassação do registro ou do diploma, observado o procedimento previsto no art. 22 da Lei Complementar no 64, de 18 de maio de 1990.

Pela leitura do dispositivo legal, fica claro que o bem jurídico tutelado pela captação ilícita é a liberdade do voto do eleitor, protegendo sua manifestação livre, hígida, sem qualquer interferência econômica ou pessoal. Não se cogita, nesse âmbito, de proteção à normalidade e legitimidade das eleições, tampouco é necessário verificar a potencialidade da conduta interferir no resultado do pleito, basta que um eleitor efetivamente seja atingido para se caracterizar a captação ilícita.

As condutas e fatos objetos de apuração na representação por captação ilícita de sufrágio devem ter ocorrido **entre o pedido de registro de candidatura e a data da eleição**, e **deve estar clara a finalidade de obtenção de voto** "com o fim de obter-lhe o voto". Para a caracterização do ilícito previsto no art. 41-A da LE, a conduta (doação, oferta, promessa ou entrega) deve ser dirigida a eleitor em pleno gozo de seus direitos políticos.

Pelo mesmo motivo, não há captação ilícita de sufrágio:

a) quando a conduta é direcionada a eleitor que possua o direito de voto em circunscrição diversa do candidato que praticou o ilícito;

b) quando a conduta é direcionada para candidato desistir da disputa em troca de bem ou vantagem (Recurso Especial Eleitoral n° 50706/TSE).

Além disso, o art. 41-A, § 1°, da Lei n° 9.504/1997 deixa clara a desnecessidade da prova do pedido explícito de voto, o que deve ser demonstrada é a intenção da mercancia do voto na conduta praticada pelo candidato, a partir das circunstâncias do caso concreto. Por sua vez, no mesmo art. 41-A, agora § 2°, fica expresso que, se houverem mesmos elementos normativos do crime de coação eleitoral (art. 301 do CE), aplicando-se as mesmas sanções do *caput* "contra quem praticar atos de violência ou grave ameaça a pessoa, com o fim de obter-lhe o voto".

Em suma, ocorrendo a prática de uma captação ilícita, ela pode ser averiguada e punida tanto no âmbito eleitoral propriamente dito, com o aviamento da representação do art. 41-A, como na esfera criminal.

Prazo: para o ajuizamento da representação, deve-se observar o prazo da formalização do pedido de registro de candidatura até a data da diplomação dos eleitos (art. 41-A, § 3°, da Lei n° 9.504/1997).

Legitimados ativos: são os partidos políticos, coligações, federações, candidatos (mesmo que estejam concorrendo para

258 Direito Eleitoral

outro cargo) ou Ministério Público Eleitoral. Aqui, novamente aplica-se o entendimento de que o partido coligado não possui legitimidade para, isoladamente, propor a representação. No entanto, o TSE vem decidindo que, após a realização do pleito, o partido político coligado pode propor isoladamente a representação.

Legitimados passivos: muito embora a doutrina defenda que além do candidato, qualquer pessoa que tenha concorrido para a prática do ilícito possa ser legitimado passivo, o **TSE adota interpretação literal do art. 41-A da Lei nº 9.504/1997, de modo que terceiro não candidato não possui legitimidade para figurar no polo passivo da representação** (Recurso Ordinário nº 692966/ RJ/TSE).

Em suma, somente os candidatos podem ser requeridos. Tratando-se de eleição majoritária, os candidatos a vice e suplente devem compor o polo passivo da ação, já que a cassação do mandato atinge a todos os componentes da chapa.

Competência: a competência segue o estabelecido no art. 96, *caput*, da Lei nº 9.504/1997, ou seja, seguirá a regra geral da circunscrição da eleição.

Procedimento: no art. 41-A, *caput*, da Lei nº 9.504/1997 ficou determinado que nas representações por captação ilícita de sufrágio o rito a observado é o do art. 22 da LC nº 64/1990, ou seja, o mesmo da AIJE.

Sanções: em sendo julgada procedente a representação, será possível a aplicação de multa e cassação do registro ou diploma, sendo as referidas sanções cumulativas: multa e a cassação de registro/diploma. Não se veicula pedido de inelegibilidade como sanção, pois ela é efeito secundário da sentença.

A inelegibilidade apresenta-se como efeito externo e secundário da decisão que julga procedente o pedido, em razão do disposto no art. 1º, I, *j*, da LC nº 64/1990, portanto, não deve constar na sentença, pois somente será declarada em eventual futuro processo de registro de candidatura.

Ações eleitorais **259**

Da decisão proferida na representação, caberá recurso no prazo de três dias, mesmo prazo estabelecido para as contrarrazões (art. 41-A, § 4°, da Lei n° 9.504/1997).

Com a procedência da representação por captação ilícita de sufrágio – e a consequente cassação do diploma – tem-se a anulação dos votos dados aos réus nas referidas eleições, aplicando-se as mesmas regras já alinhavadas no capítulo da AIJE, com relação a necessidade de novas eleições, nos termos do art. 224 do Código Eleitoral.

Jurisprudência

TSE: RO – Recurso Ordinário n° 151012, Acórdão de 12.06.2012, Rel. Min. Gilson Dipp, red. designado Min. Arnaldo Versiani.

Representação. Captação ilícita de sufrágio.

1. A atual jurisprudência deste Tribunal não exige, para a configuração da captação ilícita de sufrágio, o pedido expresso de votos, bastando a evidência, o fim especial de agir, quando as circunstâncias do caso concreto indicam a prática de compra de votos.

2. O pagamento de inscrição em concurso público e de contas de água e luz em troca de votos, com o envolvimento direto do próprio candidato, em face das provas constantes dos autos, caracteriza a captação ilícita de sufrágio prevista no art. 41-A da Lei n° 9.504/1997 (...)

16.4 Representações por conduta vedada

A representação por conduta vedada possui por finalidade o combate a ilícitos eleitorais, consubstanciados em condutas vedadas pela lei eleitoral. Por sua vez, condutas vedadas são espécies de abuso de poder tipificadas na lei eleitoral, que se manifestam através do desvirtuamento dos recursos materiais, humanos, financeiros e de comunicação da Administração Pública em campanhas eleitorais. As condutas vedadas estão estabelecidas

260 Direito Eleitoral

nos arts. 73 e seguintes da Lei nº 9.504/1997 e visam garantir a isonomia entre os candidatos concorrentes, presumindo a lei que as condutas descritas neste dispositivo tornam a disputa desigual.

Sanções: a procedência da representação por conduta vedada pode ensejar a aplicação de multa e a cassação do registro ou diploma, nos termos do art. 73, § 4º, da Lei nº 9.504/1997 (multa) e art. 73, § 5º, da Lei nº 9.504/1997 (cassação do registro ou diploma) para os incisos do art. 73, *caput*, e § 10.

A aplicação da multa pela conduta vedada possui regras especiais, como o disposto no art. 73, § 6º, que estabelece que as multas pela prática de conduta vedada serão duplicadas a cada reincidência. Além disso, para as condutas vedadas previstas nos arts. 74, 75 e 77, a única penalidade possível é a de cassação do registro ou diploma, portanto, não será aplicada multa nessas hipóteses.

Condutas vedadas dos arts. 74, 75 e 77	Demais condutas vedadas do art. 73 da Lei Eleitoral
■ proibição de publicidade dos atos, programas, obras, serviços e campanhas dos órgãos públicos deverá ter caráter educativo, informativo ou de orientação social, dela não podendo constar nomes, símbolos ou imagens que caracterizem promoção pessoal de autoridades ou servidores públicos; ■ nos três meses que antecederem as eleições, na realização de inaugurações é vedada a contratação de *shows* artísticos pagos com recursos públicos; ■ proibido a qualquer candidato comparecer, nos 3 (três) meses que precedem o pleito, a inaugurações de obras públicas.	
Consequências	
Cassação de registro ou diploma	Multa e cassação de registro ou diploma

A jurisprudência do TSE é consolidada no sentido de que é suficiente a ocorrência do fato lesivo para que ocorra a procedência do pedido, com a aplicação da multa prevista no art. 73, § 4°, da Lei n° 9.504/1997. Entretanto, para que seja aplicada a pena de cassação do registro ou do diploma, deverão ser sopesadas a proporcionalidade, a gravidade dos fatos e a potencialidade lesiva de gerar desequilíbrio ao pleito.

Outra vez, é importante rememorar que a inelegibilidade se apresenta como efeito externo e secundário da decisão que julga procedente o pedido da representação por conduta vedada, em razão do disposto no art. 1°, I, j, da LC n° 64/1990, motivo pelo qual ela não deve constar na sentença, pois somente será declarada em eventual futuro processo de registro de candidatura.

Competência: a competência será determinada conforme as regras gerais, ou seja, de acordo com a circunscrição eleitoral, na esteira do art. 96, *caput*, da Lei n° 9.504/1997.

Procedimento: pelo que dispõe o art. 73, § 12, da LE, o procedimento dessa representação vai observar aquele estabelecido para a Ação de Investigação de Candidatura, previsto no art. 22 da Lei Complementar n° 64, de 18 de maio de 1990, e poderá ser ajuizada até a data da diplomação.

Prazos: o marco inicial para o aviamento da representação será o registro de candidatura, ao passo que o prazo final será a diplomação dos eleitos.

Legitimados ativos da representação por conduta vedada: podem representar por conduta vedada o Ministério Público, candidatos, partidos políticos, coligações e federações que concorrem no pleito respectivo. O TSE vem decidindo que "após a realização do pleito, o partido político coligado tem legitimidade para, isoladamente, propor representações que envolvam a cassação de diplomas e/ou a imposição de inelegibilidade" (TSE – AgRg – REspe n° 958/SP – julgado em 03.11.2016).

Legitimados passivos da representação por conduta vedada: pode figurar como requeridos o candidato beneficiado pela

262 Direito Eleitoral

prática abusiva (ainda que não tenha sido ele o autor do fato abusivo), agente público (art. 73, § 1°, da LE), partido político, coligação e federação. Nos termos do art. 73, § 8°, da LE a sanção de multa se aplica "aos agentes públicos responsáveis pelas condutas vedadas e aos partidos, coligações e candidatos que dela se beneficiarem". **De acordo com o TSE (RO n° 169.677), "o agente público, tido como responsável pela prática da conduta vedada, é litisconsorte passivo necessário em representação proposta contra os eventuais beneficiários"** (grifos nossos).

Para essa representação, também aplicável o enunciado da Súmula n° 38 do TSE.

Sobreleva notar que, havendo a possibilidade de aplicação da sanção de multa, é possível que pessoa jurídica possa figurar no polo passivo da relação processual (art. 73, § 8°, da LE).

Condutas vedadas: são espécies de abuso do poder previamente tipificadas na Lei Eleitoral, que revelam, no geral, a proibição de uso da máquina pública (bens e serviços) para campanhas eleitorais.

> Art. 73. São proibidas aos agentes públicos, servidores ou não, as seguintes condutas tendentes a afetar a igualdade de oportunidades entre candidatos nos pleitos eleitorais:
>
> I – ceder ou usar, em benefício de candidato, partido político ou coligação, bens móveis ou imóveis pertencentes à administração direta ou indireta da União, dos Estados, do Distrito Federal, dos Territórios e dos Municípios, ressalvada a realização de convenção partidária; (Grifos nossos.)

Nessa hipótese, temos como restrições a utilização de bens públicos nas campanhas eleitorais, abrangendo os bens, móveis ou imóveis, empregados na realização de serviço público, tais como carros públicos, viaturas policiais, escolas, postos de saúde etc.

> II – usar materiais ou serviços, custeados pelos Governos ou Casas Legislativas, que excedam as prerrogativas consignadas nos regimentos e normas dos órgãos que integram;

Aqui proíbe-se o desvirtuamento da finalidade informativa dos referidos materiais, utilizando-os para atingir concorrentes no pleito. Como ilustração, tem-se a hipótese de utilização de *site* eletrônico oficial do governo para criticar/desmerecer candidato adversário, sob o pretexto de prestar esclarecimento à população (TSE – Representação n° 295986 – Rel. Min. Henrique Neves da Silva – j. 21.10.2010).

O TSE, inclusive, já teve a oportunidade de julgar e cassar o mandato de um Senador por este ter ordenado, às custas da gráfica do Senado Federal, a impressão de 130.000 calendários com propaganda eleitoral em proveito próprio (TSE – RO n° 12.224, j. 13.09.1994).

> III – ceder servidor público ou empregado da administração direta ou indireta federal, estadual ou municipal do **Poder Executivo**, ou usar de seus serviços, para comitês de campanha eleitoral de candidato, partido político ou coligação, durante o horário de expediente normal, salvo se o servidor ou empregado estiver licenciado. (Grifos nossos.)

O inciso textualmente refere-se apenas aos servidores públicos do Poder Executivo, no entanto, a doutrina aponta a inconstitucionalidade parcial da norma, de forma a não restringir a conduta vedada apenas a um poder, sendo necessária sua extensão para todos os servidores públicos, como do judiciário, legislativo, pois todos devem obediência ao princípio constitucional da impessoalidade. Apesar de causar estranheza, o TSE já teve oportunidade de analisar a questão e acabou por vaticinar a literalidade da norma, entendendo que essa conduta vedada não se aplica a servidores dos demais poderes, obviamente sem prejuízo de caracterização das faltas funcionais administrativas e improbidade administrativa (Ag. Rg. REspe n° 119.653/RN).

264 Direito Eleitoral

A ressalva estabelecida pelo inciso é válida, ou seja, servidor licenciado, em gozo de férias, folgas legais, pode trabalhar em um comitê eleitoral, por exemplo (TSE 21.854/2004).

> IV – fazer ou permitir uso promocional em favor de candidato, partido político ou coligação, de distribuição gratuita de bens e serviços de caráter social custeados ou subvencionados pelo Poder Público;

Trata-se de hipótese que justamente protege a lisura da campanha eleitoral, vedando a utilização de objetos adquiridos com dinheiro público e benefícios, destinados a programas sociais, para a vinculação com o candidato. No entanto, de acordo com a sedimentada jurisprudência do TSE, "no ano eleitoral, é possível a distribuição gratuita de bens, valores ou benefícios, **desde que no bojo de programas sociais autorizados em lei e já em execução orçamentária no exercício anterior**" (Ac. de 5.8.2014 no REspe nº 1429, Rel. Min. Laurita Vaz – grifos nossos).

> V – nomear, contratar ou de qualquer forma admitir, demitir sem justa causa, suprimir ou readaptar vantagens ou por outros meios dificultar ou impedir o exercício funcional e, ainda, *ex officio*, remover, transferir ou exonerar servidor público, na circunscrição do pleito, **nos três meses que o antecedem e até a posse dos eleitos, sob pena de nulidade de pleno direito, ressalvados:**
>
> a) a nomeação ou exoneração de cargos em comissão e designação ou dispensa de funções de confiança;
>
> b) a nomeação para cargos do Poder Judiciário, do Ministério Público, dos Tribunais ou Conselhos de Contas e dos órgãos da Presidência da República;
>
> c) a nomeação dos aprovados em concursos públicos homologados até o início daquele prazo;
>
> d) a nomeação ou contratação necessária à instalação ou ao funcionamento inadiável de serviços públicos essenciais, com prévia e expressa autorização do Chefe do Poder Executivo;

Ações eleitorais   265

e) a transferência ou remoção *ex officio* de militares, policiais civis e de agentes penitenciários. (Grifos nossos.)

Essa norma tem por finalidade evitar que interesses políticos prevaleçam em detrimento do bom andamento da Administração Pública e da gestão pública, acarretando, no período vedado, injustificáveis atos de perseguição ou favorecimentos indevidos. Não é difícil perceber que todas as espécies de condutas vedadas objetivam, em última *ratio*, a consagração dos princípios vetores da administração pública, como da moralidade, impessoalidade e eficiência.

> VI – nos três meses que antecedem o pleito:
>
> a) realizar transferência voluntária de recursos da União aos Estados e Municípios, e dos Estados aos Municípios, sob pena de nulidade de pleno direito, ressalvados os recursos destinados a cumprir obrigação formal preexistente para execução de obra ou serviço em andamento e com cronograma prefixado, e os destinados a atender situações de emergência e de calamidade pública;
>
> b) com exceção da propaganda de produtos e serviços que tenham concorrência no mercado, autorizar publicidade institucional dos atos, programas, obras, serviços e campanhas dos órgãos públicos federais, estaduais ou municipais, ou das respectivas entidades da administração indireta, salvo em caso de grave e urgente necessidade pública, assim reconhecida pela Justiça Eleitoral;
>
> c) fazer pronunciamento em cadeia de rádio e televisão, fora do horário eleitoral gratuito, salvo quando, a critério da Justiça Eleitoral, tratar-se de matéria urgente, relevante e característica das funções de governo;

Detalhe para chamar atenção, relevante na atuação prática, é que na alínea *b* a vedação abrange o verbo **autorizar** publicidade institucional dos atos, programas, obras, serviços e campanhas dos órgãos públicos federais, estaduais ou municipais, ou das respec-

266 Direito Eleitoral

tivas entidades da administração indireta, salvo em caso de grave e urgente necessidade pública, assim reconhecida pela Justiça Eleitoral. Portanto, não é somente a veiculação ou realização que fica vedada, mas a autorização para tal fim também é proibida pela norma.

Sobre a caracterização desse tipo de conduta vedada, o TSE perfilha a vertente de que a divulgação/veiculação de publicidade institucional em período vedado constitui ilícito de natureza objetiva, nesse sentido, independe de constatação de conteúdo eleitoreiro. Além disso, para a corte eleitoral, a divulgação do nome e da imagem do beneficiário da propaganda institucional não é indispensável para a configuração da conduta vedada (Ag. Reg. REspe n° 999878-81).

> VII – realizar, no primeiro semestre do ano de eleição, despesas com publicidade dos órgãos públicos federais, estaduais ou municipais, ou das respectivas entidades da administração indireta, que excedam a média dos gastos no primeiro semestre dos três últimos anos que antecedem o pleito;

A essência dessa disposição é impedir que o administrador público, no último ano do seu mandato, seja para se reeleger, seja para eleger um sucessor que apoie, dispenda mais do que a média do que gastou nos três anos anteriores do mandato, havendo, portanto, um planejamento igualitário do mandato, sem que se concentre ou reverta toda a publicidade governamental em proveito eleitoral.

O TSE já exarou entendimento de que as condutas vedadas são infrações eleitorais de caráter objetivo – cuja finalidade é obstar a realização de propagandas eleitorais mediante utilização da máquina pública –, inexistindo, na hipótese do art. 73, VII, da Lei das Eleições, previsão de excepcionalidades para a sua configuração quando os fatos se subsumirem à descrição normativa.

> VIII – fazer, na circunscrição do pleito, revisão geral da remuneração dos servidores públicos que exceda a recomposi-

ção da perda de seu poder aquisitivo ao longo do ano da eleição, a partir do início do prazo estabelecido no art. 7º desta Lei e **até a posse dos eleitos**. (Grifos nossos.)

(...) Conduta vedada. Art. 73, VIII, da Lei nº 9.504/1997. (...) Revisão geral da remuneração acima da inflação. (...) 2. O art. 73, VIII, da Lei nº 9.504/1997 veda ao agente público fazer, na circunscrição do pleito, revisão geral da remuneração (lato sensu) dos servidores públicos que exceda a recomposição da perda de seu poder aquisitivo ao longo do ano da eleição, a partir do início do prazo estabelecido no art. 7º do mesmo diploma legal até a posse dos eleitos. 3. A interpretação estritamente literal do aludido artigo – de modo a entender que revisão geral apta a caracterizar ilícito eleitoral é somente aquela que engloba todos os servidores da circunscrição do pleito – não é a que melhor se coaduna com a finalidade precípua da norma de regência, que é a de proteger a normalidade e a legitimidade do prélio eleitoral da influência do poder político. Assim, revela-se defeso ao agente público conceder reajuste remuneratório que exceda a recomposição da perda do poder aquisitivo, no período vedado, a servidores que representem quantia significativa dos quadros geridos. 4. A proibição quanto ao incremento do valor percebido pelos servidores a título de contraprestação do trabalho prestado alcança qualquer das parcelas pagas sob essa rubrica, de modo que, para fins do art. 73, VIII, da Lei das Eleições, não há como distinguir vencimento-base de remuneração final (...) (Ac. de 09.04.2019 no RO nº 763425, Rel. Min. João Otávio de Noronha, red. designado Min. Tarcisio Vieira de Carvalho Neto).

A leitura atenta de todo o art. 73 da Lei nº 9.504/1997 e seus parágrafos é imprescindível. Contudo, pela relevância prática, especial atenção é exigida ao conteúdo do § 10, que assim dispõe:

§ 10. No ano em que se realizar eleição, fica proibida a distribuição gratuita de bens, valores ou benefícios por parte da Administração Pública, exceto nos casos de calamidade pública, de estado de emergência ou de programas sociais autorizados em lei e já em execução orçamentária no exercício anterior, casos em que o Ministério Público poderá promover o acompanhamento de sua execução financeira e administrativa.

A disposição contida nesse parágrafo muito se assemelha ao conteúdo do inciso IV do mesmo artigo. No entanto, aqui veda-se a mera distribuição gratuita de bens, valores ou benefícios por parte da Administração Pública, sendo desnecessário o "uso promocional" de tais bens. Também desse dispositivo respalda-se uma importante atuação preventiva do Ministério Público eleitoral, no tocante ao acompanhamento das exceções previstas, ou seja, distribuição derivada de calamidade pública, de estado de emergência ou de programas sociais autorizados em lei e já em execução orçamentária no exercício anterior, evitando-se o seu desvirtuamento, que será feita pela instauração de procedimento administrativo eleitoral.

Em manifestação já exarada, o TSE estipulou que somente a existência cumulativa da lei de criação do programa social e da previsão orçamentária específica atende à exigência do art. 73, § 10, da Lei das Eleições (REspe nº 172/2016).

> Art. 77. É proibido a qualquer candidato comparecer, nos 3 (três) meses que precedem o pleito, a inaugurações de obras públicas. Parágrafo único. A inobservância do disposto neste artigo sujeita o infrator à cassação do registro ou do diploma.

Essa regra é dirigida a qualquer candidato, sendo irrelevante que seja ele titular de mandato eletivo, exerça ou tenha exercido cargo ou função na Administração Pública.

A jurisprudência do TSE já admitiu a aplicação do princípio da proporcionalidade, para afastar a sanção de cassação do diploma, quando a presença do candidato em inauguração de obra pública ocorre de forma discreta e sem a sua participação ativa na solenidade (TSE AI 49645/2017). Discordo desse entendimento.

Jurisprudência

AgR-AI – Agravo Regimental em Agravo de Instrumento nº 12.165 – Bituruna/PR, Acórdão de 19.08.2010 – Relator(a) Min. Arnaldo Versiani

Leite Soares. Representação. Conduta vedada. Art. 73, VI, *b* e § 10, da Lei nº 9.504/1997.

1. Segundo a atual jurisprudência do Tribunal Superior Eleitoral, quanto ao tema das condutas vedadas do art. 73 da Lei das Eleições, deve ser observado o princípio da proporcionalidade e somente se exige a potencialidade do fato naqueles casos mais graves, em que se cogita da cassação do registro ou do diploma.

TSE – Agravo Regimental em Recurso Especial Eleitoral nº 60.845 – Acórdão de 28.11.2016 Relator(a) Min. Gilmar Ferreira Mendes.

1. "Nos três meses que antecedem o pleito, impõe-se a **total vedação à publicidade institucional, independentemente de haver em seu conteúdo caráter informativo, educativo ou de orientação social (art. 37, § 1º, da CF/1988)**, ressalvadas as exceções previstas em lei". 2. "A conduta vedada prevista no art. 73, VI, *b*, da Lei nº 9.504/1997 fica configurada independentemente do momento da autorização da publicidade institucional, desde que tenha sido veiculada dentro dos três meses anteriores ao pleito". 3. "para a configuração do ilícito previsto no art. 73, VI, *b*, da Lei nº 9.504/1997, é desnecessária a existência de provas de que o chefe do Poder Executivo municipal tenha autorizado a divulgação da publicidade institucional no período vedado, uma vez que dela auferiu benefícios, conforme prevê o § 5º do referido dispositivo legal. 4. Por estar o acórdão regional em harmonia com a jurisprudência do TSE, é inviável o acolhimento das alegações feitas pelos agravantes para afastar a multa aplicada, a saber: i) o material impugnado teria mero caráter informativo; ii) a jurisprudência autorizaria a manutenção da publicidade nos três meses anteriores ao pleito, quando colocada em data anterior ao período vedado; iii) não haveria provas da autorização do candidato para afixação das placas". (Grifos nossos.)

Conduta vedada. Art. 73, IV e § 10, da Lei nº 9.504/1997. Senador. Deputado estadual. Repasse. Recursos financeiros. Subvenção social. Entidades públicas e privadas. Fomento. Turismo. Esporte. Cultura. Contrato administrativo. Contrapartida. Gratuidade. Descaracterização. [...] 4. A assinatura de convênios e o repasse de recursos financeiros a entidades públicas e privadas para a realização de projetos na área da cultura, do esporte e do turismo não se amoldam ao conceito de distribuição gratuita,

270 Direito Eleitoral

previsto no art. 73, § 10, da Lei n° 9.504/1997, sobretudo quando os instrumentos preveem a adoção de contrapartidas por parte das instituições (Ac. de 24.04.2012 no REspe n° 282.675, Rel. Min. Marcelo Ribeiro). **Conduta vedada.** Gastos do município com publicidade institucional para promoção do então prefeito ao cargo de governador. Desconfigurados. Inaplicabilidade da regra do art. 73, inciso VII, da Lei n° 9.504/1997. (...) 2. A *ratio* da norma em exame é impedir que o administrador público, no último ano do seu mandato, seja para se reeleger, seja para eleger um sucessor que apoie, dispenda mais do que a média do que gastou nos três anos anteriores do mandato, havendo, portanto, um planejamento igualitário do mandato, sem que se concentre ou reverta toda a publicidade governamental em proveito eleitoral. 3. Para fins de incidência da norma do art. 73, VII, da Lei n° 9.504/1997, no âmbito da municipalidade, os gastos com publicidade institucional, devem ser realizados entre períodos, semestres de uma mesma gestão. 4. As propagandas divulgadas pela Prefeitura tiveram a finalidade de informar o cidadão acerca dos atos do governo, da disponibilização de serviços e da realização de obras públicas e revelam, acima de tudo, o dever de prestar contas do gestor público. Assim, a conduta imputada aos recorridos não teve aptidão para comprometer a igualdade de chances entre os candidatos, tampouco a normalidade e a legitimidade do pleito, a afastar o alegado abuso de poder (...) (Ac. de 05.04.2021 no AgR-RO-EI n° 060977883, Rel. Min. Alexandre de Moraes).

Prefeito e vice-prefeito. Conduta vedada. Art. 73, VII, da Lei n° 9.504/1997. Gastos com publicidade institucional, no primeiro semestre do ano eleitoral, que excedam a média de despesas dos primeiros semestres dos três anos imediatamente anteriores. (...) 3. As condutas vedadas são infrações eleitorais de caráter objetivo – cuja finalidade é obstar a realização de propagandas eleitorais mediante utilização da máquina pública –, inexistindo, na hipótese do art. 73, VII, da Lei das Eleições, previsão de excepcionalidades para a sua configuração quando os fatos se subsumirem à descrição normativa. 4. No caso, o TRE/MT assentou que ficou devidamente demonstrada a conduta vedada investigada, em decorrência do dispêndio de R$ 1.209.568,21 (um milhão, duzentos e nove mil, quinhentos e sessenta e oito reais e vinte e um centavos) com publicidade institucional no primeiro semestre de 2016, quantia que excedeu a média dos gastos com publicidade nos primeiros semestres dos três últimos anos, calculada em R$ 206.856,21 (duzentos e seis mil, oitocentos e cinquenta e seis reais e vinte e um centavos). 5. A constatação da extrapolação de gastos com publicidade institucional no primeiro semestre do ano eleitoral, comparando-se com a média de gastos dos primeiros semestres dos três anos anteriores, caracteriza, por si só, a conduta vedada prevista no art. 73, VII, da Lei nº 9.504/1997. (...) 7. Os atos publicitários com caráter de utilidade pública não se destacam da classificação de publicidade institucional, sendo igualmente considerados para efeito de configuração de condutas vedadas a agentes públicos e de abuso de poder (...) (Ac. de 17.09.2020 no AgR-REspEl nº 38.696, Rel. Min. Edson Fachin).

16.5 Ação de Impugnação ao Mandato Eletivo (AIME)

Trata-se de ação eleitoral que possui substrato constitucional, prevista no art. 14, § 10, que dispõe que o mandato eletivo poderá ser impugnado ante a Justiça Eleitoral no prazo de 15 dias contados da diplomação, instruída a ação com provas de abuso do poder econômico, corrupção ou fraude. A ação de impugnação de mandato tramitará em segredo de justiça, respondendo o autor, na forma da lei, se temerária ou de manifesta má-fé.

A finalidade da Ação de Impugnação ao Mandato Eletivo é desconstituir o mandato do eleito, uma vez que obtida a eleição e o mandato com abuso de poder econômico, corrupção ou fraude. O fundamento fático do pedido reside na concretização de condutas que denotem o abuso de poder econômico, corrupção (ex.: art. 299 do CE) ou fraude (ex.: alteração de resultados de totalização do sistema eletrônico), com potencialidade para lesar a normalidade ou legitimidade das eleições.

Prazo: a AIME deve ser ajuizada no prazo de 15 dias, contados da data da diplomação, sob pena de decadência do direito de impugnar o mandato. É a única ação eleitoral que vai ser cabível depois da diplomação, motivo pelo qual deverá veicular fatos gra-

272 Direito Eleitoral

ves. Antes, pelos mesmos fatos, inclusive, poderão ser manejadas as demais ações eleitorais.

Competência: a competência será firmada de acordo com o mandato que se vai impugnar. Nas eleições presidenciais, a competência é do TSE. Por sua vez, nas federais e estaduais são os TREs e nas municipais, os juízes eleitorais.

A Constituição somente faz menção ao cabimento da AIME nas hipóteses de abuso do poder econômico. No entanto, a maioria dos doutrinadores defende uma interpretação ampliativa do termo **abuso de poder econômico**, estendendo a todas as formas de abuso de poder, como o político e o de comunicação. O TSE, de forma diferente, somente admite a veiculação de outras formas de abuso em AIME se houver alguma conexão com o abuso de poder econômico ou mesmo com corrupção.

Legitimados ativos: podem manejar a AIME qualquer candidato (mesmo que derrotado nas urnas ou que tenha disputado eleições para outro cargo), partido político, federação e coligação ou Ministério Público Eleitoral. A AIME só pode ser ajuizada nos 15 dias posteriores a diplomação, tempo no qual não mais existem as coligações, que se desfazem após a eleição. Porém, o TSE tem admitido a legitimidade das coligações, asseverando que a legitimidade processual se reverbera no tempo.

O eleitor não tem legitimidade ativa para a propositura da AIME.

Legitimados passivos: somente o candidato diplomado pode ser réu em AIME, aí se incluindo os suplentes. Nas eleições majoritárias, é preciso que o vice seja citado para compor o polo passivo, sob pena de nulidade da relação processual, pois configuram uma chapa, una e indivisível, conforme enunciado da Súmula n° 38 TSE.

A sentença que julga procedente o pedido exordial é do tipo constitutiva negativa ou desconstitutiva, já que implica perda do mandato. Na AIME também não se declara inelegibilidade, constituindo efeito secundário da sentença que cassa o mandato, por conta do disposto no art. 1°, I, d, da LC n° 64/1990, sendo lícito perquirir o reconhecimento da inelegibilidade, através de impugnação futura.

Por expresso mandamento constitucional, a AIME possui seu trâmite em segredo de justiça.

Rito: em consonância com o art. 173 da Res. TSE nº 23.456, a ação de impugnação de mandato eletivo observará o procedimento previsto na LC nº 64/1990 para o registro de candidaturas, com a aplicação subsidiária, conforme o caso, das disposições do CPC. Nesse sentido, preleciona José Jairo Gomes (2022, p. 1010):

> Assentou-se na jurisprudência que o procedimento a ser observado na AIME é aquele previsto nos arts. 3º a 16 da LC nº 64/1990 para a Ação de Impugnação ao Registro de Candidatura (AIRC), considerado "ordinário" na seara eleitoral. É esse – reitere-se – o entendimento vitorioso e iterativo da hodierna jurisprudência eleitoral.

16.6 Recurso contra expedição de diploma (RCED)

Apesar do nome remontar a um recurso, não há mais divergência relevante no tocante à sua natureza de ação eleitoral, com a finalidade de arguição de inelegibilidade. O objetivo do RCED é a desconstituição do diploma, afastando o eleito do exercício do mandato eletivo, tratando-se, dessa forma, de uma ação desconstitutiva do ato administrativo da diplomação.

Prazo: na esteira do que estabelece o art. 262, § 3º, do CE, o prazo para o ajuizamento do RCED é de três dias após o último dia limite fixado para a diplomação e será suspenso no período compreendido entre os dias 20 de dezembro e 20 de janeiro, a partir do qual retomará seu cômputo.

O art. 262 do Código Eleitoral estabelece as hipóteses de cabimento do RCED, sendo considerado um rol taxativo, sem possibilidade de ampliação.

> Art. 262 do CE. O recurso contra expedição de diploma caberá somente nos casos de **inelegibilidade superveniente** ou de natureza constitucional e de **falta de condição de elegibilidade**. (Grifos nossos.)

Assim, de acordo com o dispositivo, é cabível o aviamento do RCED quando verificada uma inelegibilidade superveniente ou de natureza constitucional, ou quando constatada a ausência de uma condição de elegibilidade. Vejamos separadamente tais possibilidades.

1. **Inelegibilidade superveniente:** é a inelegibilidade que surge após a fase do registro das candidaturas (quando cabível AIRC) e que, portanto, não poderia ter sido naquele momento alegada. Assim, como a inelegibilidade surgiu posteriormente ao prazo de Ação de Impugnação ao Registro de Candidatura, ela poderá ser alegada em sede de RCED.

Como as inelegibilidades infraconstitucionais podem precluir se não alegadas em tempo oportuno (no caso, em AIRC), se elas forem preexistentes ao registro não podem ser combatidas por meio de RCED, pois ocorre a preclusão. Abarcando esse entendimento é o enunciado da Súmula n° 47 do TSE: "A inelegibilidade superveniente que autoriza a interposição de recurso contra expedição de diploma, fundado no art. 262 do Código Eleitoral, é aquela de índole constitucional ou, se infraconstitucional, superveniente ao registro de candidatura, e que surge até a data do pleito" (REspe – Recurso Especial Eleitoral n° 55.080 – Guaxupé/MG, julg. em 17.10.2017, Rel. Min. Tarcisio Vieira De Carvalho Neto).

Com o advento da Lei n° 13.877/2019, que alterou o art. 262 do Código Eleitoral, uma situação muito criticada pela doutrina se formou, pois, nos termos da redação que se transcreve a seguir, restou prejudicada a ocorrência da denominada inelegibilidade infraconstitucional superveniente!

> Art. 262 do CE.
>
> § 1° A inelegibilidade superveniente que atrai restrição à candidatura, se formulada no âmbito do processo de registro, não poderá ser deduzida no recurso contra expedição de diploma. (Incluído pela Lei n° 13.877, de 2019)
>
> § 2° A inelegibilidade superveniente apta a viabilizar o recurso contra a expedição de diploma, decorrente de alterações fáticas ou jurídicas, deverá ocorrer até a data fixada para que os partidos políticos e as coligações apresentem

os seus requerimentos de registros de candidatos. (Incluído pela Lei nº 13.877, de 2019.)

§ 3º O recurso de que trata este artigo deverá ser interposto no prazo de 3 (três) dias após o último dia limite fixado para a diplomação e será suspenso no período compreendido entre os dias 20 de dezembro e 20 de janeiro, a partir do qual retomará seu cômputo. (Incluído pela Lei nº 13.877, de 2019.) (Grifos nossos.)

Ora, se a inelegibilidade infraconstitucional apta a ser alegada em RCED é aquela que ocorreu até o registro dos candidatos, então ela deve ser alegada em AIRC, restando prejudicada e preclusa a sua constatação em RCED. A doutrina vem denominando essa caótica situação normativa de superveniência às avessas.

Na realidade, a alteração legislativa acabou com o instituto da inelegibilidade infraconstitucional superveniente, tornando o deferimento do registro nessa parte imutável, o que fere toda a sistemática de controle de inelegibilidades estabelecida no sistema eleitoral: inelegibilidade antecedente é a que surge antes do requerimento de registro, oponível via AIRC; superveniente é a que surge após o pedido de registro, oponível, até a alteração legislativa, via RCED. Na prática, com a atual redação do referido artigo, no dia da eleição, um candidato sabidamente inelegível poderá validamente postular acesso a mandato representativo!

A doutrina vem manifestando total discordância com relação a essa disposição, entendendo que, ao imunizar os candidatos inelegíveis de todos os fatos supervenientes que atraiam restrição ao direito de candidatura – pois limita a sua incidência à data fixada para os partidos e coligações apresentarem seus requerimentos de registro de candidatura –, o legislador infraconstitucional age com manifesta violação à proibição da proteção deficiente, ou seja, o Estado legislador indevidamente (e de modo contrário ao texto da Constituição) deixa de proteger – é esta a expressão da Constituição – de modo adequado o estatuto jurídico das elegibilidades, tornando letra morta o § 9º do art. 14 da Constituição da República e, via de consequência, os valores eleitorais ali consagrados.

Importante acompanhar, doravante, como os Tribunais Regionais Eleitorais e o TSE irão se posicionar com relação a esse assunto, pois essa regra não foi aplicada nas eleições de 2020 em razão do princípio da anualidade eleitoral, todavia para as eleições vindouras sua incidência deve ser objeto de questionamento nos tribunais.

2. Inelegibilidade constitucional: a inelegibilidade constitucional pode ser combatida através do RCED, inclusive quando não tenha sido averiguada no momento da Ação de Impugnação ao Registro de Candidatura, uma vez que por ser constitucional, não preclui.

3. Ausência de condição de elegibilidade: as condições de elegibilidade também estão previstas na Constituição Federal, dessa forma não precluem e podem ser arguidas caso ocorram dentro do prazo para o RCED.

Competência: a competência para o julgamento do RCED é diferente das demais ações eleitorais, pois sempre será da instância imediatamente superior ao juízo da diplomação (como se, efetivamente, fosse um recurso, em que pese seja uma ação), no entanto a sua interposição será no juízo de "origem". Assim, nas eleições municipais, o RCED deve ser processado interposto no juízo eleitoral e julgado pelo TRE; nas eleições estaduais e federais (deputados, Senador e Governador), o RCED é interposto e processado perante o TRE e julgado pelo TSE. Nas eleições presidenciais temos a interposição e julgamento perante o TSE, conforme decidido pelo STF em 07.03.2018, na ADPF 167/DF (Informativo nº 893).

Legitimados ativos: podem manejar o RCED os candidatos registrados (que tenham concorrido ao pleito e que possam se beneficiar do provimento do RCED), partidos políticos, federações, coligações (lembrando que a legitimidade processual das coligações subsiste para esse fim) e o Ministério Público Eleitoral. Aquele partido político que concorreu coligado poderá propor o RCED isoladamente, uma vez que a eleição já vai ter acontecido.

Legitimado passivo: como o próprio nome diz, será o candidato diplomado, eleito ou suplente. Se estivermos diante de eleição majoritária, com chapa, indispensável promover a citação de ambos os membros da chapa majoritária (vice e senador suplente), pois existe litisconsórcio passivo necessário em razão do princípio da indivisibilidade da chapa. Aplica-se, portanto, a Súmula TSE n° 38.

Peculiar situação já decidiu o TSE, e que merece atenção, quando a cassação do diploma do titular pode não alcançar o vice com ele eleito, o que não se confunde com a necessidade de ambos serem demandados, conforme Súmula n° 38:

> *In casu*, é incontroverso o fato de pesar sobre o ora Agravante, Francisco Anilton Pinheiro Maia, condenação à suspensão dos direitos políticos, em ação de improbidade administrativa, anterior à data da diplomação, o que configura incompatibilidade apta a ensejar o manejo de Recurso Contra Expedição do Diploma. A despeito do princípio da unicidade da chapa majoritária, a cassação do diploma do titular não alcança o vice com ele eleito. De efeito, a suspensão dos direitos políticos do cabeça da chapa configura causa de natureza pessoal que, bem por isso, não pode transpassar a esfera jurídica de outrem (REspe n° 261 – Ibicuitinga/CE, Acórdão de 09.03.2017, Rel. Min. Luiz Fux).

Procedimento:

a) o RCED deve ser ajuizado no prazo de três dias, conforme determina o art. 262, § 3°, do CE;

b) no mesmo prazo, os legitimados passivos devem oferecer as contrarrazões (art. 267 do CE);

c) atualmente, como o RCED se tornou uma típica ação de inelegibilidade, o TSE passou a admitir dilação probatória no juízo de origem, podendo ser arroladas no máximo seis testemunhas (art. 3°, § 3°, da LC n° 64/1990);

d) após, os autos são encaminhados à superior instância para julgamento.

Merece destaque o contido no art. 216 do Código Eleitoral, de que "enquanto o Tribunal Superior não decidir o recurso inter-

278 Direito Eleitoral

posto contra a expedição do diploma, poderá o diplomado exercer o mandato em toda a sua plenitude".

Em regra, julgada procedente a ação, o diploma do candidato eleito é cassado, o que afeta toda a chapa (em pleitos majoritários). Isso porque, na data da eleição, a inelegibilidade de um deles já existia, o que acaba por contaminar toda a chapa. A nulidade dos votos é efeito anexo da sentença de procedência no RCED.

> Art. 224 do Código Eleitoral:
>
> § 3º A decisão da Justiça Eleitoral que importe o indeferimento do registro, a cassação do diploma ou a perda do mandato de candidato eleito em pleito majoritário acarreta, após o trânsito em julgado [ADI 5.525/DF], a realização de novas eleições, independentemente do número de votos anulados. [**regra geral**]
>
> § 4º A eleição a que se refere o § 3º ocorrerá a expensas da Justiça Eleitoral e será:
>
> I – indireta, se a vacância do cargo ocorrer a menos de seis meses do final do mandato;
>
> II – direta, nos demais casos.

Rememorando que as disposições do § 4º não se aplica aos casos de presidente, vice e senador, por uma interpretação conforme a constituição, que prescreve regra expressa para esses cargos.

16.7 Ação rescisória eleitoral

A ação rescisória eleitoral possui fundamento legal no art. 22, I, j, do Código Eleitoral:

> Art. 22. Compete ao Tribunal Superior:
>
> (...)
>
> j) a ação rescisória, nos casos de inelegibilidade, desde que intentada dentro de cento e vinte dias de decisão irrecorrível, **possibilitando-se o exercício do mandato eletivo até o seu trânsito em julgado**. (Grifos nossos.)

No âmbito eleitoral, somente será cabível ação rescisória para desconstituição de inelegibilidades. Uma vez transitada em julgado a decisão que decrete ou declare inelegibilidade (não importa a origem da inelegibilidade – AIJE, AIRC ou RCED), faculta-se ao interessado, aquele declarado inelegível, ajuizar no prazo de 120 dias a ação rescisória eleitoral perante o TSE.

Na Ação Direta de Inconstitucionalidade nº 1.459/DF, o STF declarou a inconstitucionalidade da expressão "possibilitando-se o exercício do mandato eletivo até o seu trânsito em julgado".

A competência para o julgamento da ação rescisória eleitoral é originária do TSE, estando limitada a seus próprios arestos; portanto, a demanda deve ter por objeto o acórdão do próprio TSE que conclua pela inelegibilidade da parte, no âmbito de sua competência originária ou recursal (se tiver analisado o mérito da causa). Dessa forma, a Corte Superior não detém competência para rescindir julgado de Tribunal Regional, tampouco de Juiz eleitoral de primeiro grau.

A legitimidade ativa é do declarado inelegível, partidos políticos e Ministério Público Eleitoral para a propositura da ação rescisória, salientando que o TSE possui entendimento que só pode ser autor aquele que tenha sido declarado inelegível (Ag Reg. em AR nº 55/2000, Parauapebas/PA, *Diário de Justiça*, data 1º.09.2000, p. 172, Rel. Min. Fernando Neves).

A legitimidade passiva é daquele que ajuizou a ação que resultou no reconhecimento da inelegibilidade que se pretende rescindir, e não de juízo rescindendo.

Embora a doutrina defenda ser cabível a ação rescisória tanto para a inelegibilidade como para a ausência de condição de elegibilidade, o TSE adota entendimento restritivo, afastando seu cabimento quando a matéria envolve condição de elegibilidade, cristalizado no enunciado da Súmula nº 33 do TSE: "Somente é cabível ação rescisória de decisões do Tribunal Superior Eleitoral que versem sobre a incidência de causa de inelegibilidade".

280 Direito Eleitoral

Jurisprudência

Agravo Regimental na Ação Rescisória Eleitoral n° 060005728 – Campo Grande/MS – Acórdão de 13.05.2021 – Rel. Min. Alexandre de Moraes – Ementa: ELEIÇÕES 2018. AGRAVO REGIMENTAL. AÇÃO RESCISÓRIA. REQUERIMENTO DE REGISTRO DE CANDIDATURA INDEFERIDO. NÃO CABIMENTO DA AÇÃO RESCISÓRIA. DESPROVIMENTO. 1. A ação rescisória fundada em violação a dispositivo literal de lei somente se justifica quando a afronta é manifesta e verificável de maneira imediata, evidenciando a existência de erro grosseiro no enquadramento do fato à norma jurídica. 2. O erro de fato que dá ensejo à ação rescisória é o clamoroso, teratológico, verificável *ictu oculi*, o que efetivamente não se verificou no caso em apreço. 3. A Ação Rescisória não é o meio adequado para apreciação de matéria fática, especialmente a de que a cassação do mandato do autor pela Câmara Municipal de Campo Grande/MS decorreu de suposta e engenhosa articulação de seus adversários políticos. 4. A sentença condenatória em sede de Ação Civil Pública não interfere no julgamento da presente demanda, pois o acórdão rescindendo reconheceu a inelegibilidade do art. 1°, I, *c*, da LC n° 64/1990 em razão do cometimento de violações ao Decreto–lei n° 201/1969. 5. Agravo Regimental desprovido.

A inelegibilidade de estatura constitucional não se submete à preclusão (AgRREspe n° 36.043/MG, Rel. Min. Marcelo Ribeiro, julgado em 18.05.2010, *DJe* 25.08.2010).

Recurso Especial Eleitoral n° 142-42, Presidente Juscelino/MG, redator para o acórdão Min. Tarcisio Vieira de Carvalho Neto, julgado em 07.05.2019. Inelegibilidade constitucional preexistente arguida em RCED e preclusão. Mantida a jurisprudência do TSE quanto à não incidência de preclusão quando se tratar de causa de inelegibilidade estabelecida diretamente na Constituição. **Assim, inelegibilidade constitucional, ainda que preexistente ao registro de candidatura, poderá ser noticiada em sede de Recurso Contra a Expedição de Diploma (RCED).** Trata-se de RCED ajuizado pelo Ministério Público Eleitoral em face de candidato eleito ao cargo de vereador, a fim de que fosse reconhecida a causa de inelegibilidade prevista no art. 14, § 7°, da Constituição Federal. No caso concreto, consta do acórdão do Regional que a existência da relação de parentesco causadora da inelegibilidade reflexa foi declarada pelo recorrente no processo de registro de candidatura, ocasião em que o Ministério Público Eleitoral quedou-se inerte quanto à impugnação. Posteriormente, o Parquet insurgiu-se contra a inelegibilidade em sede de RCED, ora em análise. O Ministro Tarcisio Vieira de Carvalho Neto, ao proferir seu votovista, divergiu do relator, no ponto em que entendeu que a inelegibilidade constitucional não é afetada por preclusão, seja pela densidade normativa agregada, seja pela impossibilidade de convalidação de vício de tal natureza (arts. 259 e 262 do Código Eleitoral). Ressaltou que esse é o entendimento sufragado na Súmula-TSE n° 47, que autoriza a interposição de RCED quando fundado em inelegibilidade constitucional superveniente. Vencido o relator, Ministro Admar Gonzaga, que submeteu à Corte proposta de alteração da jurisprudência para que, assim como ocorre em relação à inelegibilidade de caráter infraconstitucional, a inelegibilidade constitucional deva se sujeitar à preclusão, de modo que, se ela for preexistente ao registro de candidatura e não for alegada nessa fase, não poderá ser arguida em recurso contra expedição de diploma. Acrescentou que a alegação somente no âmbito de RCED acarreta incerteza quanto ao resultado da eleição e potencial afronta ao princípio da soberania popular (Informativo TSE n° 6/2019). (Grifos nossos.)

Súmulas

Súmula – TSE n° 33

Somente é cabível ação rescisória de decisões do Tribunal Superior Eleitoral que versem sobre a incidência de causa de inelegibilidade.

Súmula – TSE n° 37

Compete originariamente ao Tribunal Superior Eleitoral processar e julgar recurso contra expedição de diploma envolvendo eleições federais ou estaduais.

Súmula – TSE n° 38

Nas ações que visem à cassação de registro, diploma ou mandato, há litisconsórcio passivo necessário entre o titular e o respectivo vice da chapa majoritária.

Direito Eleitoral

Súmula – TSE n° 39

Não há formação de litisconsórcio necessário em processos de registro de candidatura.

Súmula – TSE n° 40

O partido político não é litisconsorte passivo necessário em ações que visem à cassação de diploma.

17

Crimes eleitorais e Processo Penal Eleitoral

São condutas tipificadas no código eleitoral e na legislação esparsa em razão do processo eleitoral e, portanto, puníveis em decorrência de serem praticadas por ocasião do período em que se preparam e realizam as eleições e ainda porque visam a um fim eleitoral. São todos crimes dolosos, não há previsão legal para a modalidade culposa.

17.1 Natureza jurídica e bem jurídico tutelado

Trata-se de crimes comuns, segundo a corrente majoritária afinada com o entendimento do STF, e que tutelam a ordem política do Estado e o processo democrático.

17.2 Disposições penais gerais no Código Eleitoral

a) **Relativas ao conceito de funcionário público:** o art. 283 do CE traz o conceito de funcionário público e, portanto, por haver disposição específica, não se deve considerar o conceito de funcionário público adotado pelo Código Penal.

b) **Relativas à aplicação das penalidades:** as disposições gerais dos arts. 284 a 286 do CE são bastante diferentes em rela-

284   Direito Eleitoral

ção ao que está disposto sobre o mesmo assunto no Direito Penal comum, há uma técnica diferenciada de colocação da pena mínima. No Código Eleitoral, a **pena mínima privativa de liberdade** é definida com o mesmo tempo de duração – de detenção, 15 dias; de reclusão, um ano – a todos os crimes eleitorais.

A mesma técnica ocorreu com as hipóteses de atenuação ou agravamento da pena, o Código Eleitoral dispõe que o juiz poderá adotar as frações de 1/3 a 1/5.

Ainda com relação às penas, cabe mencionar que **os crimes eleitorais são punidos também com a perda do registro ou diploma eleitoral, e com a suspensão das atividades eleitorais.** A pena de cassação do registro está prevista no tipo do art. 334 do CE. O crime tipificado no art. 11, V, da Lei nº 6.091/1974 prevê cumulativamente a pena do cancelamento do registro, se candidato, ou do diploma, se já eleito, ao infrator desse tipo criminal eleitoral.

Além disso, o art. 287 estabelece que aos fatos incriminados nesta lei são aplicáveis as regras gerais do Código Penal de forma subsidiária e supletiva.

17.3 Classificação dos crimes eleitorais

Os crimes eleitorais podem ser classificados em:

a) específicos ou puros – aqueles próprios da Justiça Eleitoral, somente previstos pela legislação eleitoral e julgados na Justiça Eleitoral, salvo foro por prerrogativa de função;
b) acidentais ou impróprios – aqueles previstos tanto na legislação comum quanto na legislação eleitoral, podem ser julgados na Justiça Eleitoral, ou não (crimes contra a honra com relação à propaganda eleitoral) (VASCONCELLOS; DA SILVA, 2020, p. 200).

Tradicionalmente, os crimes eleitorais estão previstos nas legislações eleitorais: Código Eleitoral (Lei n° 4.737/1965); Lei do Transporte de Eleitores (Lei n° 6.091/1974); Lei do Processamento Eletrônico de Dados nos Serviços Eleitorais (Lei n° 6.996/1982); Lei do Escrutínio (Lei n° 7.021/1982); Lei das Inelegibilidades (Lei Complementar n° 64/1990); Lei das Eleições (Lei n° 9.504/1997). No entanto, a mera localização típica do delito não é suficiente para definir a sua natureza jurídica, sendo crucial observar o bem jurídico tutelado. A lesão aos bens jurídicos tutelados pelo Direito Eleitoral é que determina ser um crime eleitoral, como a liberdade do eleitor, lisura do pleito, igualdade de oportunidades, higidez de funcionamento do sistema eleitoral (PINHEIRO, s.d., p. 12).

Nesse passo, José Jairo Gomes (2020, p. 9) esclarece:

> na verdade, os ilícitos eleitorais visam resguardar bens e valores clara e especificamente definidos em lei, tais como a higidez do processo eleitoral, a lisura do alistamento e da formação do corpo eleitoral, princípios como a liberdade do eleito, a veracidade da votação e do resultado das eleições, a representatividade do eleito.

17.4 Novos crimes contra o Estado Democrático de Direito

Alteração importante no tocante aos crimes eleitorais diz respeito à Lei n° 14.197/2021, que revogou os crimes contra a segurança nacional e acrescentou algumas espécies afins aos crimes eleitorais no próprio Código Penal, sob o título de "Crimes contra o funcionamento das instituições democráticas no processo eleitoral", quais sejam:

Interrupção do processo eleitoral

Art. 359-N. Impedir ou perturbar a eleição ou a aferição de seu resultado, mediante violação indevida de mecanismos de segurança do sistema eletrônico de votação estabelecido pela Justiça Eleitoral:

Pena – reclusão, de 3 (três) a 6 (seis) anos, e multa.

(Vetado)

Art. 359-O. (Vetado).

Violência política

Art. 359-P. Restringir, impedir ou dificultar, com emprego de violência física, sexual ou psicológica, o exercício de direitos políticos a qualquer pessoa em razão de seu sexo, raça, cor, etnia, religião ou procedência nacional:

Pena – reclusão, de 3 (três) a 6 (seis) anos, e multa, além da pena correspondente à violência.

A primeira questão a ser respondida com relação a esses crimes contra o Estado Democrático de Direito é se são eles crimes políticos ou crimes eleitorais.

Luiz Carlos dos Santos Gonçalves (2022) assevera que todos os crimes da Lei nº 14.197/2021 são crimes políticos, ou seja, atentam, em tese, contra o Estado Democrático de Direito, argumentando com a localização topográfica no Código Penal e sustenta que "não é acaso que esta lei tenha justamente revogado a anterior Lei de Segurança Nacional que, de forma indisputada, reunia o catálogo dos crimes políticos em nosso ordenamento". Por esta razão, conclui que são crimes políticos e à luz do art. 109 da Constituição Federal, são crimes de competência da Justiça Federal, a quem cabe julgar "IV – os crimes políticos e as infrações penais praticadas em detrimento de bens, serviços ou interesse da União ou de suas entidades autárquicas ou empresas públicas, excluídas as contravenções e ressalvada a competência da Justiça Militar e da Justiça Eleitoral".

Com a devida vênia ao renomado autor, entendo que os delitos previstos nos arts. 359-N e 359-P se inserem no âmbito de proteção da norma eleitoral, sendo crimes eleitorais por protegerem a regularidade da votação e higidez do pleito eleitoral, assim como a proteção dos crimes políticos. A Lei nº 14.197/2021, que revogou a lei de segurança nacional e inseriu no Código Penal diversos crimes contra o Estado Democrático de Direito, foi cuidadosa ao estabelecer especificamente que esses dois tipo penais tutelam o funcionamento das instituições democráticas no processo eleitoral, uma vez que a lisura do processo eleitoral é pressuposto para a escolha livre e transparente dos representantes do povo, cerne do Estado Democrático de Direito.

Também é preciso não confundir o crime de violência política do art. 359-P do Código Penal (inserido pela Lei nº 14.197/2021) com o crime de violência política contra a mulher do art. 326-B Código Eleitoral (inserido pela Lei nº 14.192/2021). Alguns doutrinadores têm entendido que o crime do art. 359-P do Código Penal – Violência Política – acabou por revogar tacitamente o crime do art. 326-B do Código Eleitoral – Violência Política contra a Mulher.

Esse não parece ser o melhor entendimento, sendo perfeitamente possível a coexistência de ambas as espécies delitivas. O delito de violência política contra a mulher é específico, tendo como sujeito passivo apenas a mulher candidata a cargo eletivo ou mulher detentora de mandato eletivo, o que, desde logo, já nos demonstra a relação com o processo eleitoral. É imperioso rememorar que a jurisprudência consolidada dos tribunais superiores entende ser aplicável a proteção da violência de gênero a transsexuais, assim como parte do próprio conceito de gênero, de modo que entendemos ser possível pessoas transsexuais serem vítimas desse delito. Além disso, importante destacar que a condição de candidata ou candidato só é adquirida com a formalização do pedido de registro de candidatura.

Percebe-se também que o tipo penal do art. 326-B do CE exige um elemento subjetivo especial, isto é, uma finalidade específica, com a intencionalidade de impedir ou de dificultar a campanha eleitoral de mulher candidata ou o desempenho de seu mandato eletivo, ao passo que a finalidade da norma penal do art. 359-P do Código Penal é tutelar os direitos políticos de uma forma mais ampla.

Além disso, a conduta descrita como crime de violência política do art. 359-P do Código Penal não tem a intenção de re-

288 Direito Eleitoral

chaçar somente o menosprezo ou a discriminação de gênero, mas também de cor, raça ou etnia. É o caso, por exemplo, de uma mulher negra candidata a cargo eletivo que é humilhada a partir da discriminação à sua cor. Por tais razões, evidentemente, não seria possível a tipificação penal no crime de violência política contra a mulher, mas sim no crime de violência política do Código Penal.

Uma última e não menos importante distinção entre as espécies delitivas é a de que, no crime de violência política real, como denomino, haverá a utilização da violência (física, sexual ou psicológica) para a prática do ilícito, sendo aplicada a pena correspondente à violência e a pena do crime de violência política. Crime de violência política contra a mulher funciona, assim, como uma tutela mínima de proteção dos Direitos Humanos.

Crime Eleitoral		
Interrupção do processo eleitoral – art. 359-N Código Penal	**Violência política** – art. 359-P Código Penal	**Violência política de gênero** – art. 326-B Código Eleitoral

Relevante mencionar outros delitos veiculados na reforma normativa, que reflexamente se relacionam com o processo eleitoral democrático, mas que de fato possuem natureza política: o crime previsto no art. 359-M do Código Penal ("Tentar depor, por meio de violência ou grave ameaça, o governo legitimamente constituído") e o crime do art. 359-L do Código Penal ("Tentar, com emprego de violência ou grave ameaça, abolir o Estado Democrático de Direito, impedindo ou restringindo o exercício dos poderes constitucionais").

Esses dois novos tipos penais eleitorais inseridos no Código Penal são considerados de médio potencial ofensivo e não ensejarão a aplicação dos institutos despenalizadores previstos na lei dos Juizados Especiais, podendo, todavia, pela análise em abstrato, serem passíveis de acordo de não persecução (à exceção da prática do crime do art. 359-P com violência, conforme proíbe expressamente o art. 28-A do CPP).

No art. 359-N estamos diante de um crime material, que se consuma quando o agente efetivamente impede ou perturba a eleição ou sua apuração, **mediante violação indevida dos mecanismos de segurança**, que não se confunde com o crime do art. 72 da Lei Eleitoral, pois este refere-se a um sistema de tratamento automático de dados usado pelo serviço eleitoral, a fim de alterar a apuração ou a contagem de votos, que não se iguala com o sistema de segurança.

O Brasil adota o processo eletrônico de votação, por meio de urnas eletrônicas. A urna eletrônica é um microcomputador de uso específico para eleições, com as seguintes características: resistente, de pequenas dimensões, leve, com autonomia de energia e com recursos de segurança. Dois terminais compõem a urna eletrônica: o terminal do mesário, onde o eleitor é identificado e autorizado a votar (em alguns modelos de urna, onde é verificada a sua identidade por meio da biometria), e o terminal do eleitor onde é registrado numericamente o voto.

A segurança do sistema eletrônico de votação (formato PDF) é feita em camadas. Por meio de dispositivos de segurança de tipos e com finalidades diferentes, são criadas diversas barreiras que, em conjunto, não permitem que o sistema seja violado. Em resumo, qualquer ataque ao sistema causa um efeito dominó e a urna eletrônica trava, não sendo possível gerar resultados válidos. Com o objetivo de contribuir para o aperfeiçoamento do *software* e/ou do *hardware* da urna eletrônica, demonstrando a transparência do sistema, o TSE realiza o Teste Público de Segurança do sistema eletrônico de votação, ocasião em que investigadores inscritos apresentam e executam planos de ataque aos componentes externos e internos da urna eletrônica ao eleitor (ANDREUCCI, s.d.).

No delito do art. 359-P estamos diante de um crime material, que se consuma com a prática de ato de restringir, impedir ou dificultar o exercício dos direitos políticos de alguém, em razão de seu sexo, raça, cor, etnia, religião ou procedência nacional. A doutrina tem entendido que se trata de forma especial do crime de racismo, configurando-se como delito inafiançável e imprescritível.

290 Direito Eleitoral

17.5 Crimes eleitorais em espécie

Para fins didáticos e pragmáticos, na tabela a seguir estão os principais delitos eleitorais e as mais importantes considerações sobre eles:

Crime eleitoral	Considerações
Art. 289, CE. Inscrever-se fraudulentamente eleitor: **[inscrição fraudulenta]** Pena – reclusão até 5 anos e pagamento de 5 a 15 dias-multa. Pena mínima: 1 ano. Cabe ANPP (art. 28-A do CPP).	Objetividade jurídica: veracidade dos registros pertinentes aos eleitores. É delito formal: consuma-se independentemente do deferimento da inscrição. "4. A leitura do art. 289 do Código Eleitoral evidencia que o crime de inscrição fraudulenta de eleitor não demanda nenhuma finalidade eleitoral específica para sua configuração, de modo que, para subsunção da conduta ao tipo penal, basta a vontade consciente do agente para realizar, mediante expediente ardil, transferência ou inscrição eleitoral (dolo genérico), tal como reconhecido no acórdão recorrido" (Agravo de Instrumento n° 3.158, Acórdão, Rel. Min. Tarcisio Vieira de Carvalho Neto, *DJe* 03.10.2019).
Art. 290, CE. Induzir alguém a se inscrever eleitor com infração de qualquer dispositivo deste Código. **[induzimento à inscrição fraudulenta]** Pena – reclusão até dois anos e pagamento de 15 a 30 dias-multa. Pena mínima: 1 ano. Cabe ANPP (art. 28-A do CPP).	Trata-se de crime formal e se consuma com o mero induzimento, independentemente do deferimento da inscrição. O deferimento da inscrição é mero exaurimento.

Crimes eleitorais e Processo Penal Eleitoral **291**

Crime eleitoral	Considerações
Art. 291, CE. Efetuar o juiz, fraudulentamente, a inscrição de alistando. [fraude no alistamento] Pena – reclusão até 5 anos e pagamento de 5 a 15 dias-multa. Pena mínima: 1 ano. Cabe ANPP (art. 28-A do CPP).	Trata-se de crimes próprios, praticados somente pelo magistrado.
Art. 292, CE. Negar ou retardar a autoridade judiciária, sem fundamento legal, a inscrição requerida. [omissão judicial] Pena: pagamento de 30 a 60 dias--multa.	
Art. 299, CE. Dar, oferecer, prometer, solicitar ou receber, para si ou para outrem, dinheiro, dádiva, ou qualquer outra vantagem, para obter ou dar voto e para conseguir ou prometer abstenção, ainda que a oferta não seja aceita: [corrupção eleitoral] Pena – reclusão até 4 anos e pagamento de 5 a 15 dias-multa. Pena mínima: 1 ano. Cabe ANPP (art. 28-A do CPP). Art. 100-A, Lei das Eleições. A contratação direta ou terceirizada de pessoal para prestação de serviços referentes a atividades de militância e mobilização de rua nas campanhas eleitorais observará os seguintes limites, impostos a cada candidato:	É o denominado **crime de corrupção eleitoral**, e pode ser ativa ou passiva. Corrupção ativa é crime comum: praticado por qualquer pessoa (candidato ou não). Já corrupção passiva, em regra, é cometida por eleitor. A promessa deve ser a pessoa determinada e deve estar vinculada ao voto, destinada a um cidadão apto a votar (TSE. *Habeas Corpus* n° 672, Acórdão de 23.02.2010, Rel. Min. Felix Fischer). É um delito de natureza formal, no próprio tipo penal está a advertência "ainda que a oferta não seja aceita". A entrega dos valores ou vantagem constitui mero exaurimento do crime. Para o TSE, promessas genéricas não constituem crime:

[...] § 5° O descumprimento dos limites previstos nesta Lei sujeitará o candidato às penas previstas no art. 299 da Lei n° 4.737, de 15 de julho de 1965.	**TSE:** "2. Para a caracterização do crime previsto no art. 299 do Código Eleitoral é imprescindível a demonstração do dolo específico do agente, consistente na finalidade de obter ou dar voto ou prometer abstenção mediante a entrega ou promessa de uma benesse ou vantagem a um eleitor (...)" (Agravo de Instrumento n° 9.389, Acórdão, Rel. Min. Edson Fachin, Publicação: *DJe – Diário da Justiça eletrônico*, Tomo 96, Data 27.05.2021). É necessário dolo específico, mas não o pedido explícito de votos, conforme já decidido pelo TSE (Agravo Regimental em Agravo de Instrumento n° 7.758, Acórdão de 06.03.2012, Rel. Min. Fátima Nancy Andrighi).
Art. 300, CE. Valer-se o servidor público da sua autoridade para coagir alguém a votar ou não votar em determinado candidato ou partido: **[coação pelo servidor público]** Pena – detenção até 6 meses e pagamento de 60 a 100 dias-multa. **Parágrafo único. Se o agente é membro ou funcionário da Justiça Eleitoral e comete o crime prevalecendo-se do cargo a pena é agravada. [1/3 a 1/5]** Pena mínima – 15 dias de detenção. Cabe transação penal. CABE ANPP (art. 28-A do CPP)	Coação eleitoral: crime próprio – só o servidor público, membro ou funcionário da Justiça Eleitoral pode ser sujeito ativo. Ex.: anular o voto ou votar em branco, em razão de coação, caracteriza o crime.
Art. 301, CE. Usar de violência ou grave ameaça para coagir alguém a votar, ou não votar, em determinado candidato ou partido, ainda que os fins visados não sejam conseguidos: **[violência ou grave ameaça para coagir eleitor a votar ou não votar]**	Da mesma forma que a corrupção eleitoral, o próprio tipo penal deixou assente ser crime formal, na expressão "ainda que os fins visados não sejam conseguidos", não sendo necessária a alteração efetiva do voto do eleitor (mero exaurimento).

Pena – reclusão até 4 anos e pagamento de 5 a 15 dias-multa.	Importante a decisão do TSE sobre a ameaça de retirada de benefícios dirigida ao eleitor, como forma de coação e ameaça ao eleitor: "3. A circunstância de ausência de poder de gestão de programa social não afasta a eventual configuração do delito do art. 301 do Código Eleitoral diante do fato alusivo à ameaça a eleitores quanto à perda de benefício social, caso não votassem no candidato denunciado" (AgR-REspe n° 5.163.598, Acórdão de 17.02.2011, Rel. Min. Arnaldo Versiani Leite Soares).
Art. 302, CE. Promover, no dia da eleição, com o fim de impedir, embaraçar ou fraudar o exercício do voto a concentração de eleitores, sob qualquer forma, inclusive o fornecimento gratuito de alimento e transporte coletivo: [impedimento, embaraço ou fraude ao exercício do voto] Pena – reclusão de 4 a 6 anos e pagamento de 200 a 300 dias-multa. **Mesmo crime previsto no art. 11, III, da Lei n° 6.091/1974.** **Art. 11. Constitui crime eleitoral:** [...] **III – descumprir a proibição dos artigos 5°, 8° e 10°;** Pena – reclusão de 4 a 6 anos e pagamento de 200 a 300 dias-multa (art. 302 do Código Eleitoral). Não cabe ANPP.	Transporte irregular de eleitor: Exige-se o fim de embaraçar ou fraudar o voto. Obs.: Lei n° 6.091, art. 11, III – é mais aplicada quanto à condução irregular de eleitores. Não se pode transportar eleitor gratuitamente no dia anterior ou no dia da eleição. Jurisprudencialmente tem-se exigido o dolo específico da finalidade de aliciamento eleitoral. Visam garantir a liberdade para o exercício do poder de sufrágio, de voto e de escolha do eleitor.
Art. 317, CE. Violar ou tentar violar o sigilo da urna ou dos invólucros. [Violação ao sigilo da urna] Pena – reclusão de 3 a 5 anos. Cabe ANPP (art. 28-A do CPP)	Violação de urna: crime comum. Resguarda a lei o sigilo do voto. Há previsão do tipo de "violar ou tentar violar", do que se verifica uma quebra da regra ao art. 14 do CP que adota da teoria objetiva na punição da tentativa (enfoque na lesão do bem jurídico). Aqui também importa o elemento subjetivo (enfoque na intenção do agente), tendo-se adotado, neste caso a teoria objetivo-subjetivo. O mesmo ocorre nos delitos dos arts. 309 e 312.

Direito Eleitoral

Crime eleitoral	Considerações
Arts. 323 a 326-A, CE: **Art. 323. Divulgar, na propaganda eleitoral ou durante período de campanha eleitoral, fatos que sabe inverídicos em relação a partidos ou a candidatos e capazes de exercer influência perante o eleitorado: (Redação dada pela Lei nº 14.192/2021.)** **[Divulgação de fatos inverídicos]** Pena – detenção de 2 meses a 1 ano ou pagamento de 120 a 150 dias--multa. **§ 1º Nas mesmas penas incorre quem produz, oferece ou vende vídeo com conteúdo inverídico acerca de partidos ou candidatos.** **§ 2º Aumenta-se a pena de 1/3 (um terço) até metade se o crime:** **I – é cometido por meio da imprensa, rádio ou televisão, ou por meio da internet ou de rede social, ou é transmitido em tempo real;** **II – envolve menosprezo ou discriminação à condição de mulher ou à sua cor, raça ou etnia. (Redação dada pela Lei nº 14.192/2021.)** **[violência política contra a mulher]**	Trata-se de tipo penal novo, e muito importante como medida repressiva de enfrentamento às *fake news* no processo eleitoral. O bem jurídico tutelado pela norma é a veracidade da propaganda política e a hígida formação da opinião do eleitorado. Os fatos inverídicos devem ser graves a ponto de "exercerem influência perante o eleitorado". A expressão "divulgar" tem o sentido de disseminar, levar ao conhecimento de terceiros, de forma que ocorre o crime ainda que o agente não tenha sido o criador do fato inverídico, mas se o divulgou, disseminou, incide também no âmbito de aplicação da norma.
Art. 324. Caluniar alguém, na propaganda eleitoral, ou visando fins de propaganda, imputando-lhe falsamente fato definido como crime: **[calúnia eleitoral]** Pena – detenção de 6 meses a 2 anos, e pagamento de 10 a 40 dias--multa.	Arts. 324 a 326 – Crimes contra a Honra: Injúria Calúnia ou Difamação. Exige-se o elemento subjetivo específico de influenciar ou incutir no leitorado uma impressão negativa do candidato. Mesmo que contra a honra, a ação penal é pública incondicionada. Art. 327: estabelece causas de aumento de pena (são as mesmas previstas no CP). Ressalta-se que

Crimes eleitorais e Processo Penal Eleitoral 295

§ 1° Nas mesmas penas incorre quem, sabendo falsa a imputação, a propala ou divulga.

§ 2° A prova da verdade do fato imputado exclui o crime, mas não é admitida:

I – se, constituindo o fato imputado crime de ação privada, o ofendido, não foi condenado por sentença irrecorrível;

II – se o fato é imputado ao Presidente da República ou chefe de governo estrangeiro;

III – se do crime imputado, embora de ação pública, o ofendido foi absolvido por sentença irrecorrível.

Art. 325. Difamar alguém, na propaganda eleitoral, ou visando a fins de propaganda, imputando-lhe fato ofensivo à sua reputação:

[difamação eleitoral]

Pena – detenção de 3 meses a 1 ano, e pagamento de 5 a 30 dias-multa.

Parágrafo único. A exceção da verdade somente se admite se ofendido é funcionário público e a ofensa é relativa ao exercício de suas funções.

Art. 326. Injuriar alguém, na propaganda eleitoral, ou visando a fins de propaganda, ofendendo-lhe a dignidade ou o decoro:

[injúria eleitoral]

Pena – detenção de até 6 meses, ou pagamento de 30 a 60 dias-multa.

somente será competência da Justiça Eleitoral se existir o dolo específico da finalidade eleitoral, do contrário será da Justiça comum.

De acordo com o STF, os crimes contra a honra previstos na legislação eleitoral (arts. 324, 325 e 326 do Código Eleitoral) possuem paralelismo com os crimes contra a honra previstos nos arts. 138, 139 e 140 do CP e deles se distinguem apenas pelo acréscimo de elementares objetivas (cometidos na propaganda eleitoral ou para fins dela) em suas respectivas figuras típicas, como expressão da aplicação do princípio da especialidade (Inq n° 3.546/BA, 15.09.2015, Rel. Min. Rosa Weber).

Embora os crimes contra honra sejam de ação penal privada no Direito Penal, no Direito Penal Eleitoral eles são de ação penal pública incondicionada, a teor do que dispõe o art. 355 do Código Eleitoral.

Existem causas de aumento estabelecidas no art. 327 do Código Eleitoral.

296 Direito Eleitoral

§ 1º O juiz pode deixar de aplicar a pena:

I – se o ofendido, de forma reprovável, provocou diretamente a injúria;

II – no caso de retorsão imediata, que consista em outra injúria.

§ 2º Se a injúria consiste em violência ou vias de fato, que, por sua natureza ou meio empregado, se considerem aviltantes:

Pena – detenção de 3 meses a 1 ano e pagamento de 5 a 20 dias-multa, além das penas correspondentes à violência prevista no Código Penal.

Pena mínima – 15 dias de detenção.

Cabe transação penal.

CABE ANPP (art. 28-A do CPP).

Denunciação caluniosa eleitoral

Art. 326-A. Dar causa à instauração de investigação policial, de processo judicial, de investigação administrativa, de inquérito civil ou ação de improbidade administrativa, atribuindo a alguém a prática de crime ou ato infracional de que o sabe inocente, com finalidade eleitoral:

Pena – reclusão, de 2 (dois) a 8 (oito) anos, e multa.

§ 1º A pena é aumentada de sexta parte, se o agente se serve do anonimato ou de nome suposto.

§ 2º A pena é diminuída de metade, se a imputação é de prática de contravenção.

Na denunciação caluniosa eleitoral deve ser observada a finalidade eleitoral.

O âmbito de proteção do bem jurídico tutelado do crime de denunciação caluniosa eleitoral não deixa de ter relação direta com o enfrentamento à desinformação na esfera eleitoral, pois pune aquele que sabe ser indevida a instauração de procedimentos investigativos estabelecidos no *caput*, e também o que propala a divulgação, sabendo que o ato ou o fato foi falsamente atribuído.

Sobreleva notar que se a imputação for de prática de uma contravenção penal, em razão da causa de diminuição de pena, caberá a proposição do acordo de não persecução ou, não sendo aceito pela parte, e recebida a denúncia criminal, será possível a suspensão condicional do processo.

§ 3° Incorrerá nas mesmas penas deste artigo quem, comprovadamente ciente da inocência do denunciado e com finalidade eleitoral, divulga ou propala, por qualquer meio ou forma, o ato ou fato que lhe foi falsamente atribuído. CABE ANPP (art. 28-A do CPP).	
Arts. 348 a 354-A do CE: **Art. 348. Falsificar, no todo ou em parte, documento público, ou alterar documento público verdadeiro, para fins eleitorais:** **[falsidade de documento público]** Pena – reclusão de 2 a 6 anos e pagamento de 15 a 30 dias-multa. **§ 1° Se o agente é funcionário público e comete o crime prevalecendo-se do cargo, a pena é agravada.** **§ 2° Para os efeitos penais, equipara-se a documento público o emanado de entidade paraestatal, inclusive Fundação do Estado.** **Ar. 349. Falsificar, no todo ou em parte, documento particular ou alterar documento particular verdadeiro, para fins eleitorais:** **[falsidade de documento particular]** Pena – reclusão até 5 anos e pagamento de 3 a 10 dias-multa. **Art. 350. Omitir, em documento público ou particular, declaração que dele devia constar, ou nele inserir ou fazer inserir declaração falsa ou diversa da que devia ser escrita, para fins eleitorais:** **[falsidade ideológica]**	O objetivo é a preservação da confiança da sociedade em relação aos trabalhos da Justiça Eleitoral. Crimes de falsidade: em regra, possuem correspondente com o CP, diferenciando-se em relação à finalidade. O chamado "crime de caixa 2" se encaixa na modalidade de falsidade ideológica eleitoral, art. 350 do CE. TSE: "A doação eleitoral por meio de 'caixa 2' é uma conduta que configura crime eleitoral de falsidade ideológica (art. 350 do Código Eleitoral)" (STF, 2ª Turma, PET 7.319/DF, Rel. Min. Edson Fachin, j. 27.03.2018. Informativo n° 895). "Candidato que omite, na prestação de contas apresentada à Justiça Eleitoral, recursos utilizados em sua campanha eleitoral, pratica o crime do art. 350 do Código Eleitoral. Vale ressaltar que o delito de falsidade ideológica é crime formal. Não exige, portanto, o recolhimento do material não declarado. Caso concreto: Paulo era candidato a Deputado Federal. A empresa de Paulo pagou R$ 168 mil de materiais gráficos para a campanha, mas o candidato não declarou tais despesas na prestação de contas apresentada à Justiça Eleitoral" (STF, 1ª Turma, AP 968/SP, Rel. Min. Luiz Fux, julgado em 22.05.2018. Informativo n° 903).

298 Direito Eleitoral

Pena – reclusão até 5 anos e pagamento de 5 a 15 dias-multa, se o documento é público, e reclusão até três anos e pagamento de 3 a 10 dias-multa, se o documento é particular.

Parágrafo único. Se o agente da falsidade documental é funcionário público e comete o crime prevalecendo-se do cargo ou se a falsificação ou alteração é de assentamentos de registro civil, a pena é agravada.

Art. 351. Equipara-se a documento (348, 349 e 350), para os efeitos penais, a fotografia, o filme cinematográfico, o disco fonográfico ou fita de ditafone a que se incorpore declaração ou imagem destinada à prova de fato juridicamente relevante.

[equiparação de documentos]

Art. 352. Reconhecer, como verdadeira, no exercício da função pública, firma ou letra que o não seja, para fins eleitorais:

[falso reconhecimento de firma ou letra]

Pena – reclusão até 5 anos e pagamento de 5 a 15 dias-multa se o documento é público, e reclusão até 3 anos e pagamento de 3 a 10 dias--multa se o documento é particular.

Art. 353. Fazer uso de qualquer dos documentos falsificados ou alterados, a que se referem os arts. 348 a 352:

[uso de documento falso]

Pena – a cominada à falsificação ou à alteração. **Art. 354.** Obter, para uso próprio ou de outrem, documento público ou particular, material ou ideologicamente falso para fins eleitorais: [obtenção de documento falso] Pena – A cominada à falsificação ou à alteração.	
Art. 354-A. Apropriar-se o candidato, o administrador financeiro da campanha, ou quem de fato exerça essa função, de bens, recursos ou valores destinados ao financiamento eleitoral, em proveito próprio ou alheio: Pena – reclusão, de 2 a seis 6, e multa. Pena mínima – 1 ano. Cabe ANPP (art. 28-A do CPP).	É o denominado peculato eleitoral ou apropriação indébita eleitoral. Além de tutelar os valores do Fundo Especial de Financiamento de Campanha, o âmbito de proteção da norma pode incidir sobre valores do fundo partidário aplicados nas campanhas eleitorais (art. 31, II, da Lei dos Partidos Políticos), valores arrecadados pelo financiamento coletivo (*crowdfunding*). Importante rememorar que, conforme art. 16-C, § 11, da Lei nº 9.504/1997, os recursos do Fundo Especial de Financiamento de Campanha que não forem utilizados nas campanhas eleitorais, devem ser devolvidos ao Tesouro Nacional, no momento da apresentação das contas.
Arts. 359-N e 359-P, do CP: **Art. 359-N.** Impedir ou perturbar a eleição ou a aferição de seu resultado, mediante violação indevida de mecanismos de segurança do sistema eletrônico de votação estabelecido pela Justiça Eleitoral: Pena – reclusão, de 3 a 6 anos, e multa. Cabe ANPP. **Art. 359-P.** Restringir, impedir ou dificultar, com emprego de violência física, sexual ou psicológica, o	A despeito de a Lei Federal ter acrescido tipos penais no Código Penal com o fim de proteger o Estado Democrático de Direito, os delitos tipificados nos arts. 359-N e 359-P possuem cunho eleitoral, notadamente por estarem relacionados ao processo eleitoral e ao exercício dos direitos políticos, embora haja entendimento diverso, no sentido de que tais delitos seriam de natureza política.

exercício de direitos políticos a qualquer pessoa em razão de seu sexo, raça, cor, etnia, religião ou procedência nacional:

Pena – reclusão, de 3 a 6 anos, e multa, além da pena correspondente à violência.

NÃO CABE ANPP em razão da violência (art. 28-A do CPP).

Lei das Eleições, art. 39. A realização de qualquer ato de propaganda partidária ou eleitoral, em recinto aberto ou fechado, não depende de licença da polícia. (...) **§ 5° Constituem crimes, no dia da eleição, puníveis com detenção, de seis meses a um ano, com a alternativa de prestação de serviços à comunidade pelo mesmo período, e multa no valor de cinco mil a quinze mil UFIR:** **I – o uso de alto-falantes e amplificadores de som ou a promoção de comício ou carreata;** **II – a arregimentação de eleitor ou a propaganda de boca de urna;** **III – a divulgação de qualquer espécie de propaganda de partidos políticos ou de seus candidatos.** **IV – a publicação de novos conteúdos ou o impulsionamento de conteúdos nas aplicações de internet de que trata o art. 57-B desta Lei, podendo ser mantidos em funcionamento as aplicações e os conteúdos publicados anteriormente.**	Os crimes previstos no art. 39 são crimes cometidos no dia das eleições. O presente tipo penal visa resguardar a liberdade do voto, coibindo a chamada "boca de urna". Atenção para o inciso IV, pois os conteúdos já publicados ou divulgados nas redes sociais podem ser mantidos, o que a lei veda é a publicação de novos conteúdos ou impulsionamento no dia das eleições.

Cabe transação penal.

Cabe ANPP (art. 28-A do CPP).

Lei das Eleições, Art. 57-H. (...)

§ 1° Constitui crime a contratação direta ou indireta de grupo de pessoas com a finalidade específica de emitir mensagens ou comentários na internet para ofender a honra ou denegrir a imagem de candidato, partido ou coligação, punível com detenção de 2 (dois) a 4 (quatro) anos e multa de R$ 15.000,00 (quinze mil reais) a R$ 50.000,00 (cinquenta mil reais).

Cabe ANPP (art. 28-A do CPP).

§ 2° Igualmente incorrem em crime, punível com detenção de 6 (seis) meses a 1 (um) ano, com alternativa de prestação de serviços à comunidade pelo mesmo período, e multa de R$ 5.000,00 (cinco mil reais) a R$ 30.000,00 (trinta mil reais), as pessoas contratadas na forma do § 1°.

A racionalidade que informa o art. 57-H da Lei das Eleições é coibir a realização de propaganda eleitoral com falsa atribuição de sua autoria (Representação n° 060168642, Acórdão, Rel. Min. Edson Fachin, Publicação: *DJe – Diário da Justiça eletrônico*, Tomo 221, Data 03.11.2020).

Buscou-se também coibir uma prática cada vez mais comum nas campanhas eleitorais: a profissionalização dos ataques à honra ou imagem de candidatos.

LC n° 64/1990, art. 25. Constitui crime eleitoral a arguição de inelegibilidade, ou a impugnação de registro de candidato feito por interferência do poder econômico, desvio ou abuso do poder de autoridade, deduzida de forma temerária ou de manifesta má-fé:

Pena – detenção de 6 meses a 2 anos, e multa de 20 a 50 vezes o valor do Bônus do Tesouro Nacional (BTN) e, no caso de sua extinção, de título público que o substitua.

Cabe transação penal.

Cabe ANPP (art. 28-A do CPP).

O objetivo é coibir a atuação de pessoas que dariam causa ou início a ações penais com base no desejo de ganhar as eleições, prejudicando a imagem de adversários políticos.

Como se exige a má-fé do agente, é indispensável a comprovação do dolo, não cabendo a conduta a título de culpa.

Segundo Suzana de Camargo Gomes (2006, p. 159): "Verifica-se, portanto, que a arguição de inelegibilidade realizada sem embasamento fático e legal, que se apresente desproposidada, temerária, eivada de má-fé, e de suma gravidade, posto que possa causar a não admissão da

> candidatura pleiteada ou, quando não, o retardamento dos trabalhos eleitorais, diante do incidente infundado que fora provocado. É por isso que a norma penal considera crime a conduta daquele que deduz pretensão no sentido de arguir a inelegibilidade ou de impugnar candidatura, quando o móvel determinante seja a má-fé ou a leviandade, ou decorra da interferência do poder econômico, de desvio ou abuso do poder de autoridade".

Por fim, apenas o destaque vaticinado por Suzana de Camargo Gomes (2006, p. 159), segundo a qual a Lei das Eleições revogou alguns dispositivos previstos no Código Eleitoral, veja-se:

> na atualidade, não constituem mais crimes as condutas antes descritas nos arts. 322, 328, 329 e 333 do Cód. Eleitoral, dado que na nova ordem vigente, tais comportamentos podem caracterizar, tão-somente, infrações de natureza administrativa. É que a Lei nº 9.504/1997, expressamente em seu art. 107, revogou esses dispositivos do Código Eleitoral, pelo que, nesse particular, ocorreu a *abolitio criminis*, restando somente aplicáveis as penalidades administrativas previstas nesse mesmo diploma legal. Desta forma, o delito que era tipificado no art. 322 do CE e que consistia na conduta de fazer propaganda eleitoral por meio de alto-falantes nas sedes partidárias, em qualquer outra dependência do partido ou em veículos fora do período autorizado ou, nesse período, em horários não autorizados, passou a ser disciplinado no art. 39 da Lei nº 9.504/1997, sendo que somente será considerado delito se ocorrer a utilização no dia da eleição.

17.6 Processo Penal Eleitoral

Processo Penal Eleitoral, para Roberto Moreira de Almeida (2017), é o "instrumento através do qual o titular da ação penal plei-

Crimes eleitorais e Processo Penal Eleitoral **303**

teia a aplicação de uma pena ou medida de segurança a determinada pessoa acusada do cometimento de um ou mais crimes eleitorais".

17.6.1 Investigação dos crimes eleitorais

Para a apuração de crimes eleitorais, é possível a utilização do inquérito policial eleitoral, assim como o procedimento investigativo realizado pelo Ministério Público Eleitoral, disciplinado na Resolução CNMP nº 181/2017 e Portaria PGE nº 1/2019, além de outros procedimentos admitidos.

O inquérito policial eleitoral, conforme estabelece o art. 144, § 1º, IV, da CRFB/1988, será presidido pela Polícia Federal, órgão responsável pela investigação dos crimes eleitorais. No entanto, quando no local da infração não existirem órgãos da Polícia Federal, a Polícia do respectivo Estado terá atuação supletiva (art. 2º, parágrafo único, da Resolução nº 23.640/2021).

O inquérito policial eleitoral será instaurado de ofício pela autoridade policial, por requisição do Ministério Público Eleitoral ou determinação da Justiça Eleitoral (art. 5º, I e II, do CPP).

O inquérito policial instaurado para a apuração de crime eleitoral deverá ser concluído nos mesmos prazos estabelecidos pelo art. 10 do CPP: 10 dias para indiciado preso e 30 dias para indiciado solto (art. 10, *caput* e § 1º, da Resolução nº 23.640/2021). Quem faz o controle externo da atividade policial é o Ministério Público Eleitoral.

Ao ser concluído, o inquérito será encaminhado ao Ministério Público Eleitoral, que poderá, à semelhança do procedimento do CPP: requisitar novas diligências à autoridade policial, declinar a competência, promover o arquivamento do inquérito, ou oferecer transação penal ou acordo de não persecução, se cabível, para posteriormente, ofertar a denúncia.

A promoção de arquivamento do inquérito será apreciada pelo juízo criminal eleitoral competente. No entanto, com relação ao arquivamento de procedimento investigativo eleitoral realizado

304 Direito Eleitoral

pelo MPE, em que pese a sistemática processual penal, estabelece a Portaria PGE nº 1/2019 que compete ao Juízo Criminal competente (Código Eleitoral, art. 357, § 1º) ou, alternativamente, à 2ª Câmara de Coordenação e Revisão do MPF (LC nº 73/1993, art. 62, IV, c/c Enunciado nº 29 da 2ª CCR) os casos de arquivamento promovido por Promotor Eleitoral.

Além disso, se o juiz eleitoral não concordar com o arquivamento promovido pelo Ministério Público Eleitoral (seja pelo Promotor Eleitoral ou Procurador Regional Eleitoral), prevalece o entendimento de que não se aplica o art. 28 do CPP, sendo a instância de apreciação será a Câmara de Coordenação e Revisão do Ministério Público Federal, pois o art. 62, IV, da LC nº 75/1993 teria derrogado o art. 357, § 1º, do CE.

Por fim, estabelece o art. 12 da Resolução TSE nº 23.640/2021 que, se o inquérito for arquivado por falta de elementos mínimos para o oferecimento da denúncia, a autoridade policial poderá proceder a nova investigação se de outras provas tiver conhecimento, encaminhando tais elementos ao Ministério Público Eleitoral para formação da *opinio delicti*.

17.6.2 Ação penal

Todos os crimes eleitorais são de ação penal pública incondicionada, devendo a **denúncia ser oferecida em 10 dias (réu preso ou solto)** ou a queixa subsidiária (ação penal privada subsidiária da pública) no prazo de seis meses, contados do dia em que se esgotar o prazo para oferecimento da denúncia (*Habeas Corpus* nº 060029552, Acórdão, Rel. Min. Admar Gonzaga, *DJe* 07.08.2018).

Por serem todos os crimes eleitorais processados mediante ação penal pública, as ações penais por delitos contra a honra do candidato deverão ser propostas pelo Ministério Público Eleitoral, não seguindo as regras especiais do Código Penal.

Tema interessante diz respeito à previsão de **ação penal pública subsidiária da pública**, hipóteses aventadas no art. 2º,

§ 2°, do Decreto-lei n° 201/1967, que trata dos crimes de responsabilidade de prefeitos e vereadores. Em síntese, seria o mesmo caso de inércia do Ministério Público em promover a ação penal, com a diferença de que, no lugar de passar a titularidade ao particular, ofendido, como se dá na Ação Penal Privada Subsidiária da Pública, naquela passa-se à incumbência para outro membro do Ministério Público (por isso pública subsidiária da pública).

A doutrina afirma que o art. 2° do DL n° 201/1967 não foi recepcionado pela CF/1988, já que, ao permitir uma indevida ingerência do Ministério Público Federal (a lei fala em Procurador Regional) no âmbito das atribuições próprias dos Ministérios Públicos Estaduais, pois o Procurador Regional (MPF) designar um Promotor de Justiça (MPE), violaria a autonomia dos Estados.

Princípios	
Obrigatoriedade	O MP é obrigado a propor a ação penal pública se estiverem presentes os requisitos.
	Obs.: mesmo não havendo previsão de juizado especial criminal no âmbito da Justiça Eleitoral, se o acusado preencher os requisitos da Lei n° 9.099/1995, deverá ser concedido a ele os benefícios da transação penal e da suspensão condicional do processo.
	Nesse mesmo sentido é o cabimento do Acordo de Não Persecução Penal (ANPP) se preenchidos os requisitos dos arts. 28-A e seguintes do CPP.
Indisponibilidade	Uma vez iniciada a ação penal, o MP não pode desistir.
Indivisibilidade	A ação penal deve ser proposta em face de todos os infratores. Se algum infrator não for, por algum motivo, processado, caberá o aditamento da denúncia a qualquer tempo.
Oficialidade	A persecução penal de crime eleitoral é feita por órgãos oficiais: MPE, polícia federal e juiz eleitoral.

306 Direito Eleitoral

17.6.3 Procedimento

O rito previsto pelo Código Eleitoral não foi revogado, conforme majoritariamente manifesta a doutrina, mas devem ser aplicadas as garantias introduzidas ao Código de Processo Penal pela Lei n° 11.719/2008, e apenas de forma subsidiária e supletiva, as normas do CPP (art. 364 do Código Eleitoral). A Resolução n° 23.640/2021 do TSE é a norma que consolida as regras com relação ao processo penal eleitoral e traz expressamente esse entendimento.

> Art. 14. A ação penal eleitoral observará os procedimentos previstos no Código Eleitoral, com a aplicação obrigatória dos artigos 395, 396, 396-A, 397 e 400 do Código de Processo Penal, com redação dada pela Lei n° 11.971, de 2008.

A denúncia será oferecida em 10 dias, estando o réu solto ou preso. Após recebida a denúncia, o juiz ordenará a citação do denunciado para responder à acusação, por escrito, no prazo de 10 dias.

Depois da defesa escrita, o juiz eleitoral poderá: a) absolver sumariamente o acusado, caso incida alguma das hipóteses do art. 397 do CPP; b) confirmar o recebimento da denúncia, dando prosseguimento à ação penal com a designação de audiência para oitiva das testemunhas e interrogatório.

O TSE já sedimentou o entendimento de que o disposto no art. 400 do Código de Processo Penal, com redação dada pela Lei n° 11.719/2008, que determina que o interrogatório do acusado deve ser o último ato da instrução, aplica-se aos processos por crimes eleitorais por ser norma mais benéfica ao acusado.

Crimes eleitorais e Processo Penal Eleitoral **307**

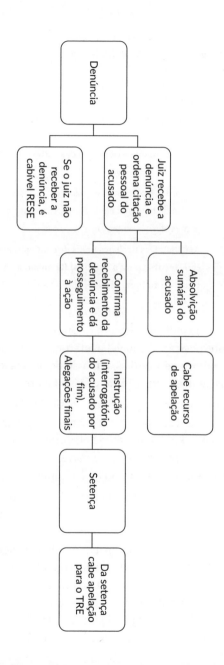

308　Direito Eleitoral

Terminada a audiência de instrução e julgamento, devem-se seguir as disposições do Código Eleitoral, dos arts. 360 e seguintes, transcritos a seguir:

> Art. 360 do CE. Ouvidas as testemunhas da acusação e da defesa e praticadas as diligências requeridas pelo Ministério Público e deferidas ou ordenadas pelo juiz, abrir-se-á o prazo de 5 (cinco) dias a cada uma das partes – acusação e defesa – para alegações finais.
>
> Art. 361. Decorrido esse prazo, e conclusos os autos ao juiz dentro de quarenta e oito horas, terá o mesmo 10 (dez) dias para proferir a sentença.
>
> **Art. 362. Das decisões finais de condenação ou absolvição cabe recurso para o Tribunal Regional, a ser interposto no prazo de 10 (dez) dias.** (Grifos nossos.)

O recurso eleitoral criminal deverá ser interposto no prazo de 10 dias, sem a cindibilidade com relação as razões recursais e o termo de interposição. É cabível a interposição de embargos de declaração, no prazo de três dias, em caso de dúvida, contradição, omissão e obscuridade (art. 275 do Código Eleitoral).

O Código Eleitoral não trata da possibilidade de manejo do Recurso em Sentido Estrito; todavia, diante da aplicação supletiva do CPP, é cabível o RESE em matéria eleitoral, sem efeito suspensivo, no prazo de cinco dias, embora parte da doutrina defenda o prazo de três dias (art. 258 do Código Eleitoral).

Aspecto interessante no que tange à prova no processo penal eleitoral é a decisão já exarada pelo STF de que deve ser admitida como regra a licitude da gravação ambiental realizada por um dos interlocutores, sem o consentimento dos demais, e sem autorização judicial, em ambiente público ou privado, avaliando-se com cautela, caso a caso, a prova obtida mediante gravações ambientais, de modo a ampliar os meios de apuração de ilícitos eleitorais que afetem a lisura e a legitimidade das eleições (STF – Agravo de Instrumento n° 455 02.2016.6.16.0114, Rel. Ministro Og

Fernandes, julgado em 04.04.2019.). No entanto, em 2021, já exarou outra decisão considerando ilícita a gravação ambiental realizada em ambiente privado sem prévia autorização judicial e sem o consentimento ou ciência de todos os interlocutores (Agravo em Recurso Especial Eleitoral n° 0000634-06.2016.6.13.0247, São José da Safira/MG, Rel. Min. Alexandre de Moraes, julgado em sessão de regime híbrido em 07.10.2021).

Aos crimes eleitorais, não há dúvidas sobre o cabimento, em tese, do acordo de não persecução penal no processo-crime eleitoral, importante destacar que apenas três crimes eleitorais possuem pena mínima superior a quatro anos (art. 72 da Lei n° 9.504/1997, art. 302 do Código Eleitoral e o crime da Lei n° 6.091/1974 – transporte irregular de eleitores). Da mesma forma, possível aplicar os institutos da transação penal e suspensão condicional do processo, previstos na Lei dos Juizados Especiais. Nesse sentido, os crimes de menor potencial ofensivo eleitorais não serão processados e julgados pelos juizados criminais, e sim na justiça eleitoral, com a aplicação dos institutos referidos.

Ainda em relação ao acordo de não persecução, instituto previsto no art. 28-A do CPP, impende salientar as seguintes especificidades na seara eleitoral (FERNANDES; MARTINS, 2022):

> Com exceção de apenas três delitos (art. 302 do CE, art. 11, III, da Lei n° 6.091/1974 e art. 72 da Lei n° 9.504/1997), todos os outros possuem pena mínima inferior a quatro anos. Além disso, sua prática, em regra, não se dá mediante violência ou grave ameaça.
>
> (...)
>
> O art. 28-A, *caput*, do CPP estabelece que o acordo só poderá ser proposto se "necessário e suficiente para reprovação e prevenção do crime". O acordo tem de ser o bastante para, ao mesmo tempo, censurar aquele comportamento e prevenir que ocorra novas violações ao bem jurídico, seja através da prevenção geral, seja através da prevenção especial. Não pode, em hipótese alguma, significar impunidade.

310 Direito Eleitoral

> (...)
>
> No processo penal, a inelegibilidade surge como efeito da sentença penal condenatória decorrente da prática de crime eleitoral.
>
> (...)
>
> A inelegibilidade, assim como a reparação do dano, configura, no processo penal, efeito da condenação e, portanto, também pode ser imposta como condição ao acordo.

Desse modo, seguindo entendimento dos juristas supramencionados, a inelegibilidade consiste em meio de reprovação e prevenção do crime eleitoral.

17.6.4 Jurisdição e competência

A competência da Justiça Eleitoral é de natureza material e conforme preceito constitucional. São da competência da Justiça Eleitoral os crimes definidos em lei como crimes eleitorais, não sendo necessário, porém, que tais delitos estejam previstos exclusivamente no Código Eleitoral. Por tratar-se de competência material, absoluta, não haverá prorrogação, e a justiça especializada exerce a *vis atractiva* sempre com relação aos crimes eleitorais. Assim que, existindo crime comum e eleitoral, a Justiça Eleitoral julgará ambos (art. 78, IV, CPP).

Importante registrar que recentemente o Supremo Tribunal, no julgamento do Inquérito n° 4435/DF, decidiu a favor da competência da Justiça Eleitoral para investigar casos de corrupção quando envolverem simultaneamente o denominado "caixa 2" de campanha e outros crimes comuns, como lavagem de dinheiro. Observou ainda que cabe à Justiça especializada analisar, caso a caso, a existência de conexão de delitos comuns aos delitos eleitorais e, em não havendo, remeter os casos à Justiça competente.

"A Justiça Eleitoral é competente para processar e julgar crime comum conexo com crime eleitoral, ainda que haja o reconhecimento da prescrição da pretensão punitiva do delito eleitoral" (Informativo STF n° 1.024).

Os reflexos dessa decisão na estrutura da Justiça Eleitoral foram relevantes. Conforme leciona Moisés Casarotto (2022, p. 533),

> o TSE acabou editando a Resolução nº 23.618/2020, que dispõe sobre a designação de zonas eleitorais específicas para processamento e julgamento das infrações penais comuns contidas na decisão do Supremo Tribunal Federal nos autos do INQ nº 4.435/DF, quando conexas a crimes eleitorais.

Existindo crime contra a vida e eleitoral, haverá o desmembramento, sendo o crime contra a vida julgado pelo Tribunal do Júri. Da mesma forma, existindo crime eleitoral e ato infraconstitucional, ainda que um adolescente pratique ato análogo a crime eleitoral, haverá o desmembramento, sendo ele julgado pela Justiça Comum estadual (Vara da Infância e Juventude).

Na hipótese de ser praticado crime eleitoral e crime comum, em que um dos agentes possui foro por prerrogativa de função, haverá julgamento pela Justiça mais graduada (no exemplo, o TRE julgará ambos), ou desmembramento no caso de o cidadão comum praticar crime doloso contra a vida.

Dentro da macrodivisão dos crimes em crimes comuns e crimes de responsabilidade, é prevalente o entendimento de que os crimes eleitorais são crimes comuns. E essa conclusão é extremamente relevante no que pertine à competência constitucional para o julgamento dos crimes por pessoas com prerrogativa de função.

De acordo com a regra constitucional, será competente o STF para julgar nos crimes comuns o Presidente da República, Vice-Presidente e membros do Congresso Nacional, Ministros de Estado, Ministros do STF, PGR, membros de Tribunais Superiores e comandantes das Forças Armadas. Assim, praticado um crime eleitoral por essas pessoas, a competência será do STF, e não do TSE.

Por sua vez, ao STJ compete julgar e processar nos crimes comuns os Governadores, Desembargadores dos Tribunais de Justiça, membros do MPU que oficiam perante os TREs, membros dos Tribunais de Contas dos Estados, DF e dos Municípios. TRE: Prefeitos, Deputados Estaduais, Juízes de Direito, Juízes Federais, Promotores de Justiça, e de todas as autoridades que detêm foro privilegiado perante o TJ do Estado e TRF. Da mesma sorte, praticado crime eleitoral por essas pessoas, será a Corte Superior que julgará o delito.

Portanto, toda a vez que o texto constitucional utiliza a nomenclatura "crimes comuns", estão incluídos os crimes eleitorais. Assim, crimes eleitorais devem ser julgados pela Justiça Eleitoral, com exceção das hipóteses de foro privilegiado previstas na CRFB/1988.

Tais conclusões são válidas, como regra geral. Porém, em decisão importante (Ação Penal n° 937/RJ, de 03.05.2018), o STF decidiu que apenas nos **crimes praticados no cargo e em razão do cargo, subsiste o foro especial por prerrogativa de função.** Se o crime eleitoral, ainda que praticado por pessoa detentora de foro por prerrogativa de função, não for executado no cargo e em razão do cargo, a competência não será da regra do foro específico, mas da Justiça Eleitoral respectiva. Com essa delimitação pelo STF, as hipóteses de crimes eleitorais nessas condições se tornaram muito restritas. Como exemplo, podemos vislumbrar a hipótese de um Governador que usa recursos públicos para compra de votos para sua reeleição (crime eleitoral praticado no cargo e em razão dele).

17.6.5 Das prisões

As prisões cautelares seguirão a Resolução TSE n° 23.640/2021, com aplicação subsidiária do CPP, a saber:

> Art. 7° As autoridades policiais e seus agentes deverão prender quem for encontrado em flagrante pela prática de crime eleitoral, salvo quando se tratar de infração penal de menor potencial ofensivo, comunicando a prisão imediatamente ao Juiz Eleitoral, ao Ministério Público Eleitoral e à família do preso ou à pessoa por ele indicada (Código de Processo Penal, art. 306, *caput*).

Crimes eleitorais e Processo Penal Eleitoral **313**

§ 1º Em até 24 (vinte e quatro) horas após a realização da prisão, será encaminhado ao juiz competente o auto de prisão em flagrante e, caso o autuado não informe o nome de seu advogado, cópia integral para a Defensoria Pública (Código de Processo Penal, art. 306, § 1º).

§ 2º No mesmo prazo de até 24 (vinte e quatro) horas após a realização da prisão, será entregue ao preso, mediante recibo, a nota de culpa, assinada pela autoridade policial, com o motivo da prisão, o nome do condutor e os nomes das testemunhas (Código de Processo Penal, art. 306, § 2º).

§ 3º A apresentação do preso ao Juiz Eleitoral, bem como os atos subsequentes, observarão o disposto no art. 304 do Código de Processo Penal.

Importante mencionar que em se tratando de crime de menor potencial ofensivo não há que se falar em prisão em flagrante.

Nos demais crimes, a prisão atenderá às normas de audiência de custódia, conforme disciplinado nos artigos seguintes:

Art. 8º Após receber o auto de prisão em flagrante, no prazo máximo de até 24 (vinte e quatro) horas após a realização da prisão, o juiz deverá promover audiência de custódia com a presença do investigado, seu advogado constituído ou membro da Defensoria Pública e o membro do Ministério Público, e, nessa audiência, o juiz deverá, fundamentadamente (Código de Processo Penal, art. 310):

I – relaxar a prisão ilegal; ou

II – converter a prisão em flagrante em preventiva, quando presentes os requisitos constantes do art. 312 do Código de Processo Penal e se revelarem inadequadas ou insuficientes as medidas cautelares diversas da prisão; ou

III – conceder liberdade provisória, com ou sem fiança.

§ 1º Se o juiz verificar, pelo auto de prisão em flagrante, que o agente praticou o fato nas condições constantes dos incisos I a III do art. 23 do Código Penal, poderá, fundamentadamente,

314 Direito Eleitoral

conceder ao investigado liberdade provisória, mediante termo de comparecimento a todos os atos processuais, sob pena de revogação (Código de Processo Penal, art. 310, parágrafo único).

§ 2º Ausentes os requisitos que autorizam a decretação da prisão preventiva, o Juiz Eleitoral deverá conceder liberdade provisória, impondo, se for o caso, as medidas cautelares previstas no art. 319, observados os critérios constantes do art. 282, ambos do Código de Processo Penal (Código de Processo Penal, art. 321).

§ 3º A fiança e as medidas cautelares serão aplicadas pela autoridade competente com a observância das respectivas disposições do Código de Processo Penal.

§ 4º Quando a infração penal for de menor potencial ofensivo, a autoridade policial elaborará termo circunstanciado de ocorrência e providenciará o encaminhamento ao Juiz Eleitoral.

Aqui também se aplicam as medidas cautelares diversas da prisão, previstas no CPP.

Cuidado especial deve-se dispensar ao disposto no art. 236 do Código Eleitoral, ao determinar que no período referido na lei as únicas prisões permitidas serão a prisão em flagrante e a prisão decorrente de sentença criminal condenatória por crime inafiançável, ao que a doutrina denomina de imunidade eleitoral:

> Art. 236. Nenhuma autoridade poderá, **desde 5 (cinco) dias antes e até 48 (quarenta e oito) horas depois do encerramento da eleição,** prender ou deter qualquer eleitor, **salvo em flagrante delito ou em virtude de sentença criminal condenatória por crime inafiançável,** ou, ainda, por **desrespeito a salvo-conduto.**
>
> § 1º Os membros das mesas receptoras e os fiscais de partido, durante o exercício de suas funções, não poderão ser detidos ou presos, salvo o caso de flagrante delito; da mesma garantia gozarão os candidatos desde 15 (quinze) dias antes da eleição.

Crimes eleitorais e Processo Penal Eleitoral **315**

§ 2º Ocorrendo qualquer prisão o preso será imediatamente conduzido à presença do juiz competente que, se verificar a ilegalidade da detenção, a relaxará e promoverá a responsabilidade do coator. (Grifos nossos.)

Desse modo, as demais prisões (preventiva, temporária e oriunda de demais condenações) deverão aguardar o período estabelecido. A finalidade de tal vedação é garantir o exercício do voto e o equilíbrio da disputa, bem como evitar que prisões sejam utilizadas para interferir no resultado das eleições.

17.6.6 Recursos

Das decisões finais no processo penal, conforme já dito, caberá recurso para o TRE no prazo de 10 dias (art. 362 do CE), dotada de efeito devolutivo e suspensivo.

Diante da possibilidade de aplicação subsidiária do CPP (art. 364 do Código Eleitoral), o TSE já se manifestou pelo cabimento do Recurso em Sentido Estrito em matéria eleitoral, o qual não terá efeito suspensivo (TSE – AgR-AI nº 122943).

Por analogia ao art. 621 do CPP, é possível o cabimento de revisão criminal eleitoral. Além disso, tem a previsão do Recurso Ordinário Eleitoral – art. 276, II, *a*, do CE e do Recurso Extraordinário Eleitoral – art. 121, § 3º, c/c art. 102, III, da CF.

Destaques

- São condutas tipificadas no código eleitoral e na legislação esparsa em razão do processo eleitoral e, portanto, puníveis em decorrência de serem praticadas por ocasião do período em que se preparam e realizam as eleições e ainda porque visam a um fim eleitoral.

- No Código Eleitoral, a **pena mínima privativa de liberdade** é definida com o mesmo tempo de duração – se for de detenção, 15 dias; se for de reclusão, um ano – a todos os crimes eleitorais.

- Os delitos previstos nos arts. 359-N e 359-P se inserem no âmbito de proteção da norma eleitoral, sendo crimes eleitorais por protegerem

316 Direito Eleitoral

a regularidade da votação e higidez do pleito eleitoral, assim como a proteção dos crimes políticos.

■ O inquérito policial eleitoral será instaurado de ofício pela autoridade policial, por requisição do Ministério Público Eleitoral ou determinação da Justiça Eleitoral (art. 5°, I e II, do CPP).

■ Todos os crimes eleitorais são de ação penal pública incondicionada, devendo a **denúncia ser oferecida em 10 dias (réu preso ou solto)**.

■ A competência da Justiça Eleitoral é de natureza material e absoluta.

■ Das decisões finais no processo penal caberá recurso para o TRE no prazo de 10 dias (art. 362 do CE), dotada de efeito devolutivo e suspensivo.

■ "A Justiça Eleitoral é competente para processar e julgar crime comum conexo com crime eleitoral, ainda que haja o reconhecimento da prescrição da pretensão punitiva do delito eleitoral" (Informativo STF n° 1.024).

18

Recursos eleitorais

Os recursos eleitorais estão previstos nos arts. 257 a 282 do Código Eleitoral e, em regra, terão o prazo de três dias, sempre que a lei não fixar prazo especial, sem efeito suspensivo, no entanto, o recurso ordinário interposto contra decisão proferida por juiz eleitoral ou por Tribunal Regional Eleitoral que resulte em cassação de registro, afastamento do titular ou perda de mandato eletivo será recebido pelo Tribunal competente com efeito suspensivo.

Releva notar que o Plenário do TSE, por maioria, vencido o Ministro Sérgio Banhos, fixou orientação em que o efeito suspensivo automático referido no art. 257, § 2º, do Código Eleitoral limita-se à cassação de registro, ao afastamento do titular ou à perda de mandato eletivo, não alcançando, portanto, a inelegibilidade, nos termos propostos pelo Presidente, Ministro Luís Roberto Barroso (Embargos de Declaração no Recurso Ordinário Eleitoral nº 0608809-63, Rio de Janeiro/RJ, Rel. Min. Mauro Campbell Marques, julgados em 10.11.2020).

Para os recursos eleitorais, aplicam-se as mesmas regras gerais quanto aos pressupostos recursais: legitimidade, interesse, recorribilidade das decisões, adequação, singularidade (apenas um recurso cabível contra cada decisão), motivação, prequestionamento (no recurso extraordinário e especial eleitoral) e repercussão geral (recurso extraordinário).

318 Direito Eleitoral

No âmbito eleitoral, existem quatro tipos de recursos possíveis a serem interpostos contra as decisões proferidas pelos juízes eleitorais: apelação criminal (também denominada de recurso eleitoral criminal), o recurso em sentido estrito criminal, o recurso eleitoral (também denominado recurso inominado) e embargos de declaração.

Por sua vez, em face das decisões proferidas pela junta eleitoral, são cabíveis o mesmo recurso eleitoral (inominado), recurso contra a diplomação (natureza de ação), recurso parcial e os embargos de declaração.

Das decisões exaradas pelos Tribunais Regionais Eleitorais é possível o recurso parcial ao TSE, o recurso contra o diploma para o TSE (natureza de ação), o agravo interno para o próprio TRE, agravo (agravo de instrumento), embargos de declaração, revisão criminal, recurso ordinário eleitoral e recurso especial eleitoral.

Por fim, das decisões proferidas pelo TSE, são cabíveis o recurso inominado, embargos de declaração, agravo (agravo de instrumento), agravo regimental, revisão criminal, recurso ordinário constitucional e recurso extraordinário.

18.1 Recursos em face das decisões dos juízes eleitorais e das juntas eleitorais

18.1.1 Apelação criminal

Conforme já abordado no tópico de processo penal eleitoral, o art. 362 do Código Eleitoral estabelece que das decisões finais, sejam de condenação ou absolvição, é cabível o recurso eleitoral criminal para o TRE, no prazo de 10 dias. As razões recursais serão aviadas perante o juiz eleitoral e posteriormente encaminhadas ao TRE.

A legitimidade é ampla, havendo interesse recursal, o Ministério Público Eleitoral sempre terá possibilidade de recorrer, tenha atuado como parte ou fiscal da ordem jurídica.

Em regra, esse recurso possui efeito duplo, ou seja, devolutivo e suspensivo, como exceção ao que dispõe o art. 257 do CE. No entanto, ainda que seja hipótese fática raríssima de acontecer, se o recurso for interposto de decisão absolutória, estando o réu preso preventivamente, deverá ele ser recebido apenas no efeito devolutivo, não impedindo a recolocação do réu em liberdade.

18.1.2 Recurso em sentido estrito

Conforme já abordado no tópico de processo penal eleitoral, é recurso utilizado de forma subsidiária na esfera eleitoral, previsto no Código de Processo Eleitoral, por permissão do art. 364 do CE. As hipóteses de cabimento serão as mesmas do art. 581 do CPP, e o recurso será recebido no seu efeito devolutivo e regressivo, ou seja, pode o juiz eleitoral fazer juízo de retratação de sua decisão.

O prazo será aquele geral eleitoral, ou seja, de três dias, conforme art. 258 do CE.

18.1.3 Recurso inominado eleitoral

Vem estabelecido no art. 265 do CE, a ser manejado contra atos, resoluções ou despachos dos juízes ou juntas eleitorais, desde que não afetos à matéria criminal e sem outro recurso específico, e será julgado pelo TRE.

Se o recurso for interposto em face de decisão do juiz eleitoral, são legitimados os candidatos, partidos, coligações, federações e Ministério Público Eleitoral. Mas, das decisões proferidas pelas juntas, ainda possuem legitimidade os fiscais, delegados de agremiações partidárias, coligações ou federações.

Será recurso recebido no efeito devolutivo e regressivo e no prazo geral de três dias, salvo se interposto contra as decisões proferidas nas representações eleitorais (art. 96 da Lei Eleitoral), quando então terá o prazo de 24 horas.

320 Direito Eleitoral

18.1.4 Recurso parcial

Está previsto no art. 261 do CE e é interposto em face de decisões das juntas eleitorais contra matéria de contagem e apuração de votos, ou seja, está praticamente em desuso desde o advento do sistema eletrônico de votação. O recurso tem efeito meramente devolutivo, a ser interposto imediatamente a apuração e contagem dos votos, logo após a ciência do ato impugnado e as razões recursais devem ser juntadas no prazo de 48 horas e será julgado pelo TRE ou TSE, a depender da eleição.

18.1.5 Embargos de declaração

Possuem disciplina no art. 275 do Código Eleitoral e poderão ser manejados em face de decisão de qualquer órgão da jurisdição eleitoral, quando houver, na sentença, acórdão ou decisão, obscuridade, contradição e omissão. Pela disposição complementar do art. 1.022 do CPC, também pode ser cabível para correção de erro material.

Os embargos de declaração interrompem o prazo para a interposição de outros recursos, e devem ser opostos no prazo geral de três dias, com exceção de quando opostos nas representações com base no art. 96 da Lei Eleitoral e nos pedidos de direito de resposta, que terão o prazo de 24 horas.

18.2 Recursos em face das decisões dos Tribunais Regionais Eleitorais

18.2.1 Recurso parcial

Está previsto no art. 261 do CE e é interposto em face de decisões das juntas eleitorais contra matéria de contagem e apuração de votos, ou seja, está praticamente em desuso desde o advento do sistema eletrônico de votação. O recurso tem efeito meramente devolutivo, a ser interposto imediatamente a apuração e

Recursos eleitorais **321**

contagem dos votos, logo após a ciência do ato impugnado e as razões recursais devem ser juntadas no prazo de 48 horas e será julgado pelo TRE ou TSE, a depender da eleição.

18.2.2 Recurso inominado eleitoral

Com previsão no art. 264 do CE, e pode ser interposto contra atos, resoluções ou despachos do presidente do TRE, quando não houver outra forma específica de impugnação. Valem aqui as mesmas observações já feitas quanto ao recurso inominado eleitoral.

18.2.3 Recurso especial eleitoral

Vem previsto no art. 276, I, *a* e *b*, do Código Eleitoral, e deve ser conjugado com o art. 121, § 4°, I e II, da Constituição da República, assemelhando-se ao recurso especial do STJ, sendo ventilada apenas matéria de direito. Poderá ser interposto pelos candidatos, agremiações partidárias, coligações e federações, Ministério Público Eleitoral.

Em suma, será cabível quando: a) for proferida decisão contra expressa disposição de lei federal ou da constituição; b) ocorrer divergência jurisprudencial na interpretação da lei entre dois ou mais tribunais regionais eleitorais (deve haver o cotejo analítico nas razões recursais).

Para essa espécie recursal, deve haver o prequestionamento e não é possível a rediscussão de fatos. O recurso será recebido apenas no efeito devolutivo, sendo possível o manejo de medida cautelar inominada para o pleito de concessão de efeito suspensivo.

Atenção especial para a exceção prevista no art. 28 da Resolução n° 23.679/2022, que estabelece que da decisão de tribunal regional que julgar procedente a representação, cassando o direito de transmissão de propaganda partidária, caberá recurso especial para o Tribunal Superior Eleitoral, no prazo de 3 (três) dias, que será recebido **com efeito suspensivo**, exceção à regra dos recursos especiais.

322 Direito Eleitoral

O prazo será o geral eleitoral, de três dias, a contar da ciência da decisão, e, quando houver sido interposto em caso de direito de resposta ou propaganda eleitoral irregular, será de 24 horas, a contar da sessão de julgamento. Será interposto no TRE, acompanhado das razões recursais. Após o juízo de admissibilidade no tribunal, o recorrido apresentará as contrarrazões e os autos serão encaminhados ao TSE.

Se ao recurso for negado seguimento pelo TRE, poderá ser tal decisão impugnável via agravo, no prazo de três dias, para o TSE, subindo a decisão nos próprios autos.

18.2.4 Recurso ordinário eleitoral

Tem previsão no art. 276, II, *a* e *b*, do Código Eleitoral, em conjunto com o art. 121, § 4°, III a V, da CF.

Dessa forma, é possível o recurso ordinário eleitoral para o TSE, das decisões exaradas pelo TRE, quando:

a) tratarem de inelegibilidade ou expedição de diploma nas eleições estaduais ou federais;

b) anularem diplomas ou decretarem a perda de mandatos eletivos estaduais ou federais;

c) denegarem *habeas corpus*, mandado de segurança, *habeas data* ou mandado de injunção;

d) infidelidade partidária (art. 11 da Resolução n° 22.610);

e) prestação de contas de candidato (art. 30, § 5°, da Lei Eleitoral);

f) prestação de contas dos partidos políticos (art. 37 da Lei dos Partidos Políticos).

Não é cabível o manejo de recurso ordinário eleitoral em face de decisões provenientes de eleições municipais, tampouco sobre questões que tratem de matéria meramente administrativa das eleições.

O recurso terá apenas o efeito devolutivo, não se olvidando da aplicação do art. 257 do Código Eleitoral, e terá o prazo de três dias a contar da ciência da decisão, seja pelo *DOE* ou sessão de julgamento. Será interposto no TRE, acompanhado das razões recursais. Após o juízo de admissibilidade no tribunal, o recorrido apresentará as contrarrazões e os autos serão encaminhados ao TSE. Não cabe agravo de instrumento, pois hipótese não prevista no art. 279 do CE.

18.2.5 Agravo

Agravo de instrumento tem previsão no art. 279 do Código Eleitoral, e terá cabimento quando o presidente do TRE denegar seguimento ao recurso especial eleitoral ou o presidente do TSE negar seguimento ao recurso extraordinário. Possui efeito meramente devolutivo, podendo ser manejada cautelar inominada visando a atribuição de efeito suspensivo. O prazo de agravo de instrumento será de três dias contados da decisão de denegação do recurso, mas será de 24 horas nos casos do art. 96 da Lei Eleitoral.

18.3 Recursos em face das decisões do TSE

Para as espécies recursais de recurso inominado, embargos de declaração e agravo de instrumento valem as linhas já desenvolvidas.

18.3.1 Recurso extraordinário

Com fundamento no art. 281 do Código Eleitoral em conjunto com o art. 121, § 4°, I, e art. 102, III, da CF. Tem legitimidade ativa os candidatos, partidos políticos, federações, coligações e Ministério Público Eleitoral. Também poderá ser manejado por eleitores sempre que em face de decisões exaradas em matéria penal eleitoral.

324 Direito Eleitoral

O recurso extraordinário será cabível quando a decisão do TSE contrariar expressa disposição constitucional ou declarar a inconstitucionalidade de tratado ou lei federal em última ou única instancia. Nesse sentido, aplicável o enunciado da Súmula n° 281 do STF: "É inadmissível o recurso extraordinário, quando couber na Justiça de origem, recurso ordinário da decisão impugnada".

Também nessa espécie recursal é preciso demonstrar o prequestionamento e não haver debate de matéria fática, sem olvidar-se do requisito constitucional da repercussão geral em matéria eleitoral.

Por ser recurso de direito, ou seja, sem veiculação de matéria fática, será recebido apenas no efeito devolutivo, sem prejuízo do manejo de cautelar para a concessão de efeito suspensivo. O prazo será de três dias da ciência quanto a decisão proferida pelo TSE.

O recurso deverá ser interposto no próprio TSE, acompanhado das razões recursais, que fará o juízo de admissibilidade para o STF. Admitido o recurso, será dada vista ao recorrido apresentar as contrarrazões no prazo de três dias e serão os autos encaminhados ao STF. Se for negado seguimento ao recurso extraordinário, é possível a interposição de agravo de instrumento.

18.3.2 Recurso ordinário constitucional

Previsto no art. 281 do Código Eleitoral em conjunto com o art. 102, II, *a*, da Constituição da República, será cabível quando o TSE **denegar** *habeas corpus*, mandado de segurança, *habeas data* ou mandado de injunção, decididos em única instância, em causas originárias do próprio TSE. Portanto, se houver concessão da ordem ou procedência dos pedidos veiculados nessas ações, não será possível o uso do ROC.

Será cabível no prazo de três dias e, para essa finalidade recursal, é admissível a análise de fatos e provas e tem efeito devolutivo, também passível de haver o efeito suspensivo se manejada cautelar para esse fim.

O recurso será interposto para o presidente do TSE, que determinará vista ao recorrido para apresentação de contrarrazões recursais, encaminhado em seguida os autos ao STF.

Súmulas

Súmula – TSE n° 22

Não cabe mandado de segurança contra decisão judicial recorrível, salvo situações de teratologia ou manifestamente ilegais.

Súmula – TSE n° 23

Não cabe mandado de segurança contra decisão judicial transitada em julgado.

Súmula – TSE n° 24

Não cabe recurso especial eleitoral para simples reexame do conjunto fático-probatório.

Súmula – TSE n° 25

É indispensável o esgotamento das instâncias ordinárias para a interposição de recurso especial eleitoral.

Súmula – TSE n° 26

É inadmissível o recurso que deixa de impugnar especificamente fundamento da decisão recorrida que é, por si só, suficiente para a manutenção desta.

Súmula – TSE n° 27

É inadmissível recurso cuja deficiência de fundamentação impossibilite a compreensão da controvérsia.

Súmula – TSE n° 28

A divergência jurisprudencial que fundamenta o recurso especial interposto com base na alínea *b* do inciso I do art. 276 do Código Eleitoral somente estará demonstrada mediante a realização de cotejo analítico e a existência de similitude fática entre os acórdãos paradigma e o aresto recorrido.

Súmula – TSE n° 29

A divergência entre julgados do mesmo Tribunal não se presta a configurar dissídio jurisprudencial apto a fundamentar recurso especial eleitoral.

326 Direito Eleitoral

Súmula – TSE n° 30

Não se conhece de recurso especial eleitoral por dissídio jurisprudencial, quando a decisão recorrida estiver em conformidade com a jurisprudência do Tribunal Superior Eleitoral.

Súmula – TSE n° 31

Não cabe recurso especial eleitoral contra acórdão que decide sobre pedido de medida liminar.

Súmula – TSE n° 32

É inadmissível recurso especial eleitoral por violação à legislação municipal ou estadual, ao Regimento Interno dos Tribunais Eleitorais ou às normas partidárias.

Súmula – TSE n° 34

Não compete ao Tribunal Superior Eleitoral processar e julgar mandado de segurança contra ato de membro de Tribunal Regional Eleitoral.

Súmula – TSE n° 35

Não é cabível reclamação para arguir o descumprimento de resposta a consulta ou de ato normativo do Tribunal Superior Eleitoral.

Súmula – TSE n° 36

Cabe recurso ordinário de acórdão de Tribunal Regional Eleitoral que decida sobre inelegibilidade, expedição ou anulação de diploma ou perda de mandato eletivo nas eleições federais ou estaduais (art. 121, § 4°, III e IV, da Constituição Federal).

Súmula – TSE n° 41

Não cabe à Justiça Eleitoral decidir sobre o acerto ou desacerto das decisões proferidas por outros Órgãos do Judiciário ou dos Tribunais de Contas que configurem causa de inelegibilidade.

Súmula – TSE n° 64

Contra acórdão que discute, simultaneamente, condições de elegibilidade e de inelegibilidade, é cabível o recurso ordinário.

Súmula – TSE n° 65

Considera-se tempestivo o recurso interposto antes da publicação da decisão recorrida.

Súmula – TSE nº 71

Na hipótese de negativa de seguimento ao recurso especial e da consequente interposição de agravo, a parte deverá apresentar contrarrazões tanto ao agravo quanto ao recurso especial, dentro do mesmo tríduo legal.

Súmula – TSE nº 72

É inadmissível o recurso especial eleitoral quando a questão suscitada não foi debatida na decisão recorrida e não foi objeto de embargos de declaração.

Anexo

Consolidação das alterações eleitorais de 2021

1 Emenda Constitucional nº 111/2021 (Minirreforma)

■ Acrescentou a consulta popular sobre assunto local, novo instrumento de cidadania, a ser realizada no mesmo momento das eleições municipais (não pode ser realizada nas eleições gerais) – (art. 14, CF – plebiscito, referendo e iniciativa popular).

A convocação dessas consultas deverá ser feita até 90 dias antes da data das eleições.

Não é permitida a utilização de propaganda gratuita no rádio e na TV para a divulgação dos argumentos favoráveis e contrários aquilo que está sendo consultado.

■ Acrescentou a hipótese de desfiliação partidária com a anuência do partido.

Além da janela partidária e das hipóteses de justa causa, a reforma acrescentou a possibilidade de desfiliação partidária, sem respectiva perda de mandato, quando houver a concordância do partido.

330 Direito Eleitoral

Janela partidária – um prazo de 30 dias para que parlamentares possam mudar de partido sem perder o mandato. Esse período do acontece seis meses antes do pleito.

A regra foi regulamentada pela Reforma Eleitoral de 2015 (**Lei nº 13.165/2015**) e se consolidou como uma saída para a troca de legenda, após a decisão do Tribunal Superior Eleitoral (TSE) segundo a qual o mandato pertence ao partido, e não ao candidato eleito. A decisão do TSE estabeleceu a fidelidade partidária para os cargos obtidos nas eleições proporcionais (deputados estaduais, federais e vereadores).

A norma também está estabelecida na **Emenda Constitucional nº 91**, aprovada pelo Congresso Nacional, em 2016.

Fora do período da janela partidária, existem algumas situações que permitem a mudança de partido com base na saída por **justa causa**: criação de uma sigla; fim ou fusão do partido; desvio do programa partidário ou grave discriminação pessoal. Portanto, mudanças de legenda que não se enquadrem nesses motivos podem levar à perda do mandato.

Mais recentemente, em 2018, **o TSE decidiu que só pode usufruir da janela partidária a pessoa eleita que esteja no término do mandato vigente.** Ou seja, vereadores só podem migrar de partido na janela destinada às eleições municipais, e deputados federais e estaduais naquela janela que ocorre seis meses antes das eleições gerais.

(Alteração legal que encampou a decisão do TSE/STF sobre a tese de mandatos políticos pertencerem aos partidos nas eleições proporcionais.)

■ Alteração da data da posse para Presidente da República e vice e Governadores de Estado e vices.

Antes: a posse e o início do mandato começavam em 1º de janeiro.

Agora:

a) posse do Presidente terá início em 5 de janeiro;

b) posse do Governador se iniciará em 6 de janeiro.

- **Contagem em dobro dos votos a mulheres e negros para fundo partidário.**

O fundo partidário é constituído por dotações orçamentárias da União, multas, penalidades, doações e outros recursos financeiros previstos no art. 38 da Lei n° 9.096/1995 – Lei dos Partidos Políticos.

Os valores contidos no Fundo Partidário são repassados aos partidos políticos por meio de um cálculo previsto no art. 41-A da Lei n° 9.096/1995. Consiste na principal fonte de verbas dos partidos.

Trata-se de uma ação afirmativa temporária para os pleitos 2022 e 2030, de forma a considerar em dobro os votos dados a candidatas mulheres ou candidatos negros.

E se o partido eleger uma candidata negra do sexo feminino, como ficaria contagem dos votos para distribuição dos recursos?

Nesse caso, a contagem em dobro poderá será feita apenas uma vez.

2 Lei Complementar n° 184/2021 (altera a LC n° 64/1990)

Art. 1º São inelegíveis:

I – para qualquer cargo: (...)

g) os que tiverem suas contas relativas ao exercício de cargos ou funções públicas rejeitadas por **irregularidade insanável** que configure **ato doloso de improbidade administrativa**, e por **decisão irrecorrível do órgão competente**, salvo se esta houver sido suspensa ou anulada pelo Poder Judiciário, para as eleições que se realizarem nos 8 (oito) anos seguintes, contados a partir da data da decisão, aplicando-se o disposto no inciso II do art. 71 da Constituição Federal, a todos os ordenadores de despesa, sem exclusão de mandatários que houverem agido nessa condição; (Redação dada pela Lei Complementar n° 135, de 2010.) (*Vide* Lei Complementar n° 184, de 2021.)

332 Direito Eleitoral

(...)

§ 4º-A. A inelegibilidade prevista na alínea *g* do inciso I do *caput* deste artigo não se aplica aos responsáveis que tenham tido suas contas julgadas irregulares **sem imputação de débito** e sancionados **exclusivamente com o pagamento de multa**. (Incluído pela Lei Complementar nº 184, de 2021.)

Inelegibilidade *antes* da LC nº 184	Inelegibilidade *depois* da LC nº 184
Ato doloso de improbidade administrativa	Ato doloso de improbidade administrativa
Irregularidade insanável	Irregularidade insanável
Decisão irrecorrível do órgão competente	Decisão irrecorrível do órgão competente
	Ausência de imputação de débito + imposição exclusiva de multa
	(causas **impeditivas**)

Súmula nº 41 do TSE: "*Não* cabe à Justiça Eleitoral decidir sobre o acerto ou desacerto das decisões proferidas por outros Órgãos do Judiciário ou dos Tribunais de Contas que configurem causa de inelegibilidade".

Atenção!

Em 1º.10.2021, o Ministro Gilmar Mendes deferiu medida cautelar "*ad referendum* do Plenário (art. 21, V, do RISTF; art. 10, § 3º, Lei nº 9.868/1999), com efeito *ex nunc* (art. 11, § 1º, da Lei nº 9.868/1999), inclusive em relação ao pleito eleitoral de 2022, para: **a) conferir interpretação conforme à Constituição ao inciso II do art. 12 da Lei *nº* 8.429/1992, estabelecendo que a sanção de suspensão de direitos políticos não se aplica a atos de improbidade culposos que causem dano ao erário e b) suspender a vigência da expressão 'suspensão dos direitos políticos de três a cinco anos' do inciso III do art. 12 da Lei nº 8.429/1992**" (MC na ADI nº 6678/DF – grifos nossos).

Tal julgamento acabou por reforçar um entendimento sistematizado de que apenas incidia a inelegibilidade em ato doloso de improbidade, já que para culposo não se aplicaria a suspensão dos direitos políticos. Inclusive, com o advento da nova lei de improbidade administrativa, fica expressa a impossibilidade de atos de improbidade baseados na culpa, admitindo-se legalmente apenas atos dolosos.

Essa decisão acabou também por antecipar o entendimento que foi veiculado com o advento da Lei nº 14.230, de 25 de outubro de 2021, no sentido de excluir a sanção de suspensão dos direitos políticos do rol de punições da improbidade administrativa por violação a princípios administrativos, refletindo, portanto, na impossibilidade de inelegibilidade em decorrência disso.

Com relação aos reflexos da nova lei de improbidade administrativa no direito eleitoral, é essencial a deliberação que o Supremo Tribunal Federal (STF) tomará sobre o mérito da tese de repercussão geral alusiva à questão (Tema 1.199), a fim de dirimir a controvérsia sobre a (ir)retroatividade das alterações promovidas pela Lei nº 14.230/2021, em especial: 1. a necessidade da presença do elemento subjetivo – dolo – para a configuração do ato de improbidade administrativa, inclusive no art. 10 da LIA; e 2. a aplicação dos novos prazos de prescrição geral e intercorrente.

Acerca da irretroatividade da lei, é crucial a decisão da Corte, pois impactará na manutenção ou na desconstituição de condenações em sede de improbidade administrativa, com efeitos diretos nas convenções partidárias, na escolha dos candidatos, nos pedidos de registro de candidatura e, até mesmo, na diplomação, a depender do momento que a Suprema Corte delibere sobre a matéria.

Não prestação de contas – acarreta ausência de quitação eleitoral!	Rejeição de contas – tem quitação eleitoral (porque foram apresentadas as contas), mas pode ensejar a representação pela inelegibilidade da alínea *g* do art. 1º da LC nº 64/1990.

Imputação de débito: penalidade aplicável àquele que der causa a prejuízo financeiro à Administração Pública, ocasião em que o Tribunal determinará o ressarcimento do valor total do pre-

334 Direito Eleitoral

juízo aos cofres públicos. O valor do débito imputado deverá ser recolhido pelo devedor ao órgão/entidade que sofreu prejuízo financeiro, e não ao Tribunal de Contas.

Questão: existe irregularidade insanável, que configure ato doloso de improbidade administrativa, sancionada exclusivamente com multa ou sem imputação de débito? **Essa hipótese se refere mais aos casos de contas julgadas irregulares por violação aos princípios, já que as improbidades referentes à lesão ao erário ou enriquecimento ilícito geralmente serão acometidas de imputação de débito.**

A jurisprudência eleitoral já vinha se posicionando restritivamente com relação à aplicação da inelegibilidade da alínea *g*, exigindo o dolo (ainda que geral) para a prática do ato de improbidade administrativa. Na maioria dos casos, quando a irregularidade nas contas enseja apenas multa e não enseja imputação de débito (lesão ao erário), as Cortes eleitorais já não aplicavam a inelegibilidade, por não vislumbrarem o ato doloso de improbidade, e por entenderem que as causas de inelegibilidade, em razão do **direito de elegibilidade**, devem ser interpretadas restritivamente.

Jurisprudência

- **REspEl – Agravo Regimental no Recurso Especial Eleitoral nº 060008225 – Barro/CE**

Acórdão de 02.09.2021

Rel. Min. Luis Felipe Salomão

Publicação:

DJe – Diário da Justiça eletrônico, Tomo 171, Data 16.09.2021

Ementa:

AGRAVO INTERNO. RECURSO ESPECIAL. ELEIÇÕES 2020. VEREADOR. REGISTRO DE CANDIDATURA. INELEGIBILIDADE. REJEIÇÃO DE CONTAS PÚBLICAS. ART. 1º, I, G, DA LC Nº 64/1990. FALHA. REPASSE A MENOR. INSS. IRRF. ISS. RECOLHIMENTO. EXERCÍCIO MENSAL

SEGUINTE. INEXISTÊNCIA DE IMPUTAÇÃO DE DÉBITO. IRREGULARIDADE INSANÁVEL. REQUISITO AUSENTE. NÃO CONFIGURAÇÃO. NEGATIVA DE PROVIMENTO.

1. No *decisum* monocrático, reformou-se aresto do TRE/CE que, por maioria de quatro votos a três, indeferiu o registro de candidatura do agravado ao cargo de vereador de Barro/CE nas Eleições 2020 com base na inelegibilidade do art. 1º, I, *g*, da LC nº 64/1990.

2. Consoante o art. 1º, I, *g*, da LC nº 64/1990, são inelegíveis "os que tiverem suas contas relativas ao exercício de cargos ou funções públicas rejeitadas por irregularidade insanável que configure ato doloso de improbidade administrativa, e por decisão irrecorrível do órgão competente, salvo se esta houver sido suspensa ou anulada pelo Poder Judiciário, para as eleições que se realizarem nos 8 (oito) anos seguintes (...)".

3. Para fins de análise do requisito "irregularidade insanável que configure ato doloso de improbidade administrativa" contido no referido dispositivo, compete à Justiça Eleitoral aferir elementos mínimos que revelem má-fé, desvio de recursos públicos em benefício próprio ou de terceiros, dano ao erário, improbidade ou grave afronta aos princípios que regem a Administração Pública. Precedentes.

4. Conforme a moldura fática do aresto *a quo*, o agravado tivera contas públicas rejeitadas pelo Tribunal de Contas do Ceará, relativas ao cargo de presidente da Câmara Municipal de Barro/CE, quanto ao exercício financeiro de 2015, pelo não repasse integral da contribuição previdenciária – INSS (R$ 3.989,79), IRRF (R$ 15.239,79) e ISS (R$ 1.109,56).

5. Todavia, é incontroverso, o que não se rechaçou no voto vencedor no TRE/CE, que, no exercício mensal imediatamente seguinte, o gestor efetuou o recolhimento dos valores devidos, de forma que as receitas extraorçamentárias foram devidamente repassadas.

6. De todo modo, as contas foram julgadas irregulares com supedâneo no art. 62, I, da Lei Orgânica do Tribunal de Contas do Estado do Ceará, que trata expressamente da hipótese de rejeição "de que não resulte débito", e, em vista disso, apenas foi aplicada multa no montante de R$ 3.000,00.

7. Nos termos da jurisprudência desta Corte Superior reafirmada para as Eleições 2020, a simples ofensa à Lei de Licitações não deve conduzir, por si

336 Direito Eleitoral

só, à caracterização do dolo, sendo necessário aferir caso a caso, à luz dos princípios da proporcionalidade e da razoabilidade, a gravidade da conduta praticada pelo agente público, **entendimento que se aplica, por analogia, à hipótese dos autos.**

8. Em resumo, o exame do vício constatado pelo órgão de contas não permite concluir pela configuração da inelegibilidade do art. 1°, I, g, da LC n° 64/1990 ante a ausência de conduta qualificada.

9. O provimento do recurso especial não demanda reexame de fatos e provas (vedado pela Súmula n° 24/TSE), mas apenas seu reenquadramento jurídico das premissas fáticas contidas no aresto regional.

10. Mantém-se deferido o registro de candidatura do agravado ao cargo de vereador de Barro/CE nas Eleições 2020.

11. Agravo interno a que se nega provimento.

■ **REspEl – Recurso Especial Eleitoral n° 060013502 – Sete Barras/SP**

Acórdão de 23.02.2021

Rel. Min. Edson Fachin

Rel. desig. Min. Tarcisio Vieira De Carvalho Neto

Publicação:

DJe – Diário da Justiça eletrônico, Tomo 50, Data 19.03.2021, Página 0

Ementa:

ELEIÇÕES 2020. RECURSO ESPECIAL ELEITORAL. REGISTRO DE CANDIDATURA. PREFEITO. DEFERIMENTO. HIPÓTESE DE INELEGIBILIDADE. REJEIÇÃO DAS CONTAS. ART. 1°, I, G, DA LEI COMPLEMENTAR N° 64/1990. NÃO INCIDÊNCIA. CONSÓRCIO INTERMUNICIPAL. CONTAS REJEITADAS PELO TRIBUNAL DE CONTAS DO ESTADO. (TCE/SP). OMISSÃO PARCIAL NA PRESTAÇÃO DE CONTAS. IRREGULARIDADE INSANÁVEL. DOLO. ELEMENTO SUBJETIVO. NÃO CONFIGURAÇÃO. APLICAÇÃO DE MULTA. RECURSO DESPROVIDO.

I. Recurso adesivo – Falta de interesse recursal – Não conhecimento

1. A Corte Regional, ao analisar especificamente a prestação de contas anuais do recorrente, na qualidade de prefeito do Município de Sete Barras/SP, relativas ao exercício de 2017, consignou que a Câmara Municipal reprovou

Consolidação das alterações eleitorais de 2021 **337**

as aludidas contas após o registro de candidatura, em 28.10.2020, o que inviabilizaria o conhecimento da matéria com fundamento no art. 11, § 10, da Lei nº 9.504/1997, por se tratar de fato superveniente que, em tese, atrairia a inelegibilidade.

2. Ausente, portanto, o necessário interesse de agir, expresso pelo binômio necessidade/utilidade, uma vez que o entendimento adotado pelo Tribunal *a quo*, na espécie, foi favorável ao recorrente.

II. Recursos especiais eleitorais – Mérito – Inelegibilidade prevista no art. 1º, I, *g*, da LC nº 64/1990

3. À luz da jurisprudência desta Corte Superior, "o art. 1º, inciso I, alínea *g*, do Estatuto das Inelegibilidades reclama, para a sua caracterização, o preenchimento, cumulativo, dos seguintes pressupostos fático-jurídicos: i) o exercício de cargos ou funções públicas; ii) a rejeição das contas pelo órgão competente; iii) a insanabilidade da irregularidade apurada; iv) o ato doloso de improbidade administrativa; v) a irrecorribilidade do pronunciamento que desaprovara; e vi) a inexistência de suspensão ou anulação judicial do aresto que rejeitara as contas" (AgR-REspe nº 130-08/RJ, Rel. Min. Luiz Fux, *DJe* 22.05.2018).

4. Segundo os fatos emoldurados no acórdão regional, no qual foi transcrito o *decisum* do TCE/SP, o recorrido teve rejeitadas as contas do CONVIP, consórcio sob sua responsabilidade enquanto prefeito de Sete Barras/SP, relativas ao ano de 2017, em razão da **omissão parcial na prestação de contas**, tendo sido aplicada ao agente apenas a sanção de multa, sem ressarcimento ao Erário, nota de improbidade ou elementos que indiquem má-fé, malversação de recursos públicos ou conduta que configure ato doloso de improbidade administrativa.

5. Para a limitação do *jus honorum*, "não basta que a conduta configure, em tese, ato de improbidade administrativa, imperioso demonstrar que a conduta revele minimamente o dolo, a má-fé em dilapidar a coisa pública ou a ilegalidade qualificada em descumprir as normas de gestão" (REspe nº 92-29/PE, Rel. Des. Min. Gilmar Mendes, *DJe* 30.10.2017). No mesmo sentido: AgR-RO nº 0600546-53/PB, Rel. Min. Luís Roberto Barroso, PSESS de 27.11.2018; AgR-REspe nº 56-30/BA, Rel. Min. Admar Gonzaga, *DJe* 20.03.2019; REspe nº 28-69/PE, Rel. Min. Luciana Lóssio, PSESS de

338 Direito Eleitoral

1°.12.2016; REspe n° 135-27/RJ, redator para acórdão Min. Napoleão Nunes Maia Filho, *DJe* 02.04.2018.

6. Tal cenário não se mostra caracterizado nos autos, devendo-se preservar o direito fundamental à elegibilidade, pois, a partir do teor do *decisum* da Corte de Contas, não se extrai o elemento subjetivo indispensável à configuração da hipótese de inelegibilidade tipificada no art. 1°, I, *g*, da LC n° 64/1990.

7. Recursos especiais eleitorais desprovidos.

■ **REspEl – Recurso Especial Eleitoral n° 060027234 – Paracuru/CE**

Acórdão de 07.12.2020

Rel. Min. Sergio Silveira Banhos

Publicação:

PSESS – Publicado em Sessão, Data 07.12.2020

Ementa:

ELEIÇÕES 2020. RECURSO ESPECIAL. REGISTRO DE CANDIDATURA. PREFEITO. ELEITO. IMPUGNAÇÕES. INELEGIBILIDADE. REJEIÇÃO DE CONTAS. REEXAME DE FATOS E PROVAS. AUSÊNCIA DE DOLO. DECISÃO LIMINAR. SUSPENSÃO DOS EFEITOS DO ACÓRDÃO DA CORTE DE CONTAS. DESPROVIMENTO.

SÍNTESE DO CASO

1. Trata-se de recurso especial interposto por Domenico Sassone em face de acórdão do Tribunal Regional Eleitoral do Ceará que, por unanimidade, deu provimento ao apelo interposto por Wembley Gomes Costa, candidato eleito ao cargo de prefeito do Município de Paracuru/CE nas Eleições de 2020, a fim de reformar a sentença e deferir seu registro de candidatura, sob o fundamento de que as decisões proferidas pelas Cortes de Contas e que foram objeto das impugnações na origem, não são aptas a caracterizar a hipótese de inelegibilidade do art. 1°, I, *g*, da Lei Complementar n° 64/1990.

2. O registro de candidatura do recorrido foi impugnado por Domenico Sassone e pelo Ministério Público Eleitoral, com base na hipótese de inelegibilidade da alínea *g*, diante da existência de acórdãos proferidos pelo Tribunal de Contas do Município e pelo Tribunal de Contas do Estado do Ceará, transitados em julgado e proferidos em três processos (2010.PRU. PCS.8478/2011; 2011.PRU.TCE.08316/13 e 2012.PRU.PCS.17132/12),

Consolidação das alterações eleitorais de 2021 **339**

em que as contas do recorrido, na qualidade de gestor do Município de Paracuru/CE, foram rejeitadas.

ANÁLISE DO RECURSO ESPECIAL

3. Nos termos da reiterada jurisprudência desta Corte, "a inelegibilidade prevista no art. 1°, I, *g*, da LC n° 64/1990 não incide em todo e qualquer caso de rejeição de contas públicas, sendo exigível o preenchimento cumulativo dos seguintes requisitos: i) rejeição das contas relativas ao exercício de cargos ou funções públicas; ii) decisão do órgão competente que seja irrecorrível no âmbito administrativo; iii) desaprovação decorrente de (a) irregularidade insanável que configure (b) ato de improbidade administrativa, (c) praticado na modalidade dolosa; iv) não exaurimento do prazo de oito anos contados da publicação da decisão; e v) decisão não suspensa ou anulada pelo Poder Judiciário" (REspe n° 670-36, rel. Min. Luís Roberto Barroso, *DJe* 19.12.2019).

4. No caso, o Tribunal *a quo* concluiu pela não incidência da hipótese de inelegibilidade do art. 1°, I, *g*, da LC n° 64/1990, diante da ausência do preenchimento dos requisitos do referido dispositivo legal. Assentou-se: a) a ausência de ato doloso por parte do recorrido no Processo 2011.PRU. TCE.08316/13; b) falta do dolo na conduta e suspensão dos efeitos dos acórdãos de rejeição das contas, devido à decisão liminar proferida pelo Poder Judiciário no Processo 2012.PRU.PCS.17132/12; e c) ausência de recurso em face do trecho da sentença que tratou do Processo 2010.PRU. PCS.8478/2011.

5. Com relação ao Processo 2011.PRU.TCE.08316/13, concluiu-se que "a simples aplicação de multa de reduzido valor (R$ 908,60), sem que tenha sido imputado débito ao responsável ou identificada má-fé ou dano ao erário no acórdão que rejeitou as contas, não enseja a caracterização da inelegibilidade prevista no art. 1°, I, *g*, da LC n° 64/1990" (ID 58639238, p. 10), entendimento que não pode ser revisto em sede extraordinária, a teor do verbete sumular n° 24 do TSE.

6. No tocante ao Processo 2012.PRU.PCS.17132/12, além de o Tribunal de origem ter afastado o elemento dolo da conduta, a existência de decisão judicial suspendendo os efeitos dos acórdãos proferidos pela Corte de Contas Estadual é suficiente para afastar a incidência da inelegibilidade em questão.

340 Direito Eleitoral

7. Em relação ao Processo 2010.PRU.PCS.8478/2011, os impugnantes não devolveram o exame desse fundamento da sentença à Corte de origem, de modo que fica prejudicada a análise dos argumentos apresentados no apelo especial quanto ao referido feito.

8. O recorrente não se desincumbiu do ônus de demonstrar o dissídio jurisprudencial invocado, pois a indicação de decisão monocrática como paradigma não atende aos requisitos do verbete sumular n° 28 do TSE.

■ **RO – Agravo Regimental em Recurso Ordinário n° 060083961 – São Luís/MA**

Acórdão de 20.11.2018

Rel. Min. Jorge Mussi

Publicação:

PSESS – Publicado em Sessão, Data 20.11.2018

Ementa:

AGRAVO REGIMENTAL. RECURSO ORDINÁRIO. ELEIÇÕES 2018. DEPUTADO ESTADUAL. REGISTRO DE CANDIDATURA. INELEGIBILIDADE. ART. 1°, I, G, DA LC N° 64/1990. REJEIÇÃO DE CONTAS. FUNDOS MUNICIPAIS. COMPETÊNCIA. TRIBUNAL DE CONTAS DO ESTADO. FALHAS GRAVES E INSANÁVEIS. CONFIGURAÇÃO. DESPROVIMENTO.

1. Registro da agravante – candidata não eleita ao cargo de deputado estadual pelo Maranhão nas Eleições 2018 – indeferido pela incidência de inelegibilidade do art. 1°, I, *g*, da LC n° 64/1990, segundo o qual são inelegíveis, para qualquer cargo, "os que tiverem suas contas relativas ao exercício de cargos ou funções públicas rejeitadas por irregularidade insanável que configure ato doloso de improbidade administrativa, e por decisão irrecorrível do órgão competente, salvo se esta houver sido suspensa ou anulada pelo Poder Judiciário, para as eleições que se realizarem nos 8 (oito) anos seguintes, contados a partir da data da decisão, aplicando-se o disposto no inciso II do art. 71 da Constituição Federal, a todos os ordenadores de despesa, sem exclusão de mandatários que houverem agido nessa condição".

2. O Tribunal de Contas do Estado do Maranhão – cuja competência no caso decorre do repasse de verbas estaduais para o Município – julgou

Consolidação das alterações eleitorais de 2021   **341**

irregulares contas relativas a fundos municipais dos exercícios financeiros de 2009 (FMAS, FUNDEB e FMS) e 2011 (FMS), figurando a candidata, ex-Prefeita de São João do Soter/MA, como ordenadora de despesas.

3. As teses firmadas pelo STF no julgamento dos Recursos Extraordinários nos 848.826/DF e 729.744/DF – quanto a ser competente a Câmara para julgar contas anuais e de gestão de prefeito – aplicam–se apenas às hipóteses envolvendo recursos oriundos da própria municipalidade. Precedentes.

4. A competência constitucional para fiscalização do patrimônio público adota como critério a origem dos recursos (municipal, estadual e federal) e não o instrumento do repasse (lei, convênio, termo de ajuste, contrato, termo de parceira etc.). Precedentes.

5. Nos termos da jurisprudência desta Corte, condutas que gerem dano ao erário atraem a inelegibilidade da alínea g, dentre as quais: gastos sem licitação, ausência de prova de recolhimento das contribuições previdenciárias retidas e, ainda, fragmentação indevida de despesas com aquisição de medicamentos, com imputação de débito de R$ 14.510,45 e de seis multas no valor total de R$ 21.451,04.

6. Agravo regimental desprovido.

----

3 Lei nº 14.192/2021 – Violência política contra a mulher

Definiu violência política contra a mulher como toda ação, conduta ou omissão com a finalidade de impedir, obstacularizar ou restringir os direitos políticos da mulher, e qualquer distinção, exclusão ou restrição no reconhecimento, gozo ou exercício de seus direitos e de suas liberdades políticas fundamentais, em virtude do sexo.

> Art. 2º Serão garantidos os direitos de participação política da mulher, vedadas a discriminação e a desigualdade de tratamento em virtude de sexo ou de raça no acesso às instâncias de representação política e no exercício de funções públicas.

342 Direito Eleitoral

Parágrafo único. As autoridades competentes priorizarão o imediato exercício do direito violado, conferindo especial importância às **declarações da vítima e aos elementos indiciários**. (Grifos nossos.)

Essa lei também acrescentou o tipo penal específico de violência política contra a mulher:

Art. 326-B. Assediar, constranger, humilhar, perseguir ou ameaçar, por qualquer meio, candidata a cargo eletivo ou detentora de mandato eletivo, utilizando-se de menosprezo ou discriminação à condição de mulher ou à sua cor, raça ou etnia, com a finalidade de impedir ou de dificultar a sua campanha eleitoral ou o desempenho de seu mandato eletivo.

Pena – reclusão, de 1 (um) a 4 (quatro) anos, e multa.

Parágrafo único. Aumenta-se a pena em 1/3 (um terço), se o crime é cometido contra mulher:

I – gestante;

II – maior de 60 (sessenta) anos;

III – com deficiência.

Além disso, houve a alteração pontual de três diplomas legislativos:

- Código Eleitoral (Lei n° 4.737/1965).
- Lei n° 9.504/1997 (Lei das Eleições).
- Lei n° 9.096/1995 (Lei dos Partidos Políticos).

4 Lei n° 14.197/2021 – Crimes contra a democracia

Essa lei revogou os dispositivos da Lei de Segurança Nacional e introduziu no Código Penal os Crimes Contra o Estado Democrático de Direito. Duas novas figuras penais foram inseridas tendo como bem jurídico tutelado o "funcionamento das instituições democráticas no processo eleitoral", que nos parece serem crimes eleitorais.

Interrupção do processo eleitoral

Art. 359-N. Impedir ou perturbar a eleição ou a aferição de seu resultado, mediante violação indevida de mecanismos de segurança do sistema eletrônico de votação estabelecido pela Justiça Eleitoral:

Pena – reclusão, de 3 (três) a 6 (seis) anos, e multa.

Violência política

Art. 359-P. Restringir, impedir ou dificultar, com emprego de violência física, sexual ou psicológica, o exercício de direitos políticos a qualquer pessoa em razão de seu sexo, raça, cor, etnia, religião ou procedência nacional:

Pena – reclusão, de 3 (três) a 6 (seis) anos, e multa, além da pena correspondente à violência.

5 Lei nº 14.208/2021 – Federações Partidárias

As federações constituem a união entre siglas para atuarem de forma unificada durante as eleições e no exercício do mandato, devendo permanecer com a união por no mínimo quatro anos, podendo ser constituída para pleitos proporcionais e majoritários.

Após o julgamento no STF, antes estava concebido até o início de abril, com a data limite até seis meses antes do pleito.

Regulamentada na Resolução nº 23.670/2021 do TSE.

6 Lei nº 14.211/2021 – Regras para o sistema proporcional

Sobras eleitorais são as vagas não preenchidas pelos critérios do sistema proporcional.

Com a alteração legal, somente podem concorrer à distribuição das "sobras" os candidatos que obtiverem votos equivalentes a pelo menos 20% do quociente eleitoral e os partidos que conquistarem um mínimo de 80%.

Referências

ALMEIDA, Roberto Moreira de. *Curso de direito eleitoral.* Salvador: JusPodvim, 2017.

ALMEIDA NETO, Manoel Carlos. *Direito eleitoral regulador.* São Paulo: Revista dos Tribunais, 2014.

ANDREUCCI, Ricardo Antônio. *Violação da urna eletrônica e o novo crime de interrupção do processo eleitoral.* Disponível em: www.emporiododireito.com.br. s.d.

BARREIROS NETO, Jaime. *Direito eleitoral.* Salvador: JusPodivm, 2020.

BECK, Ulrich. *Sociedade de risco:* rumo a uma outra modernidade. 3. ed. São Paulo: Editora 34, 2011.

BONAVIDES, Paulo. *Ciência política.* São Paulo: Malheiros, 2003.

CÂNDIDO, Joel. *Direito eleitoral brasileiro.* 13. ed. São Paulo: Edipro, 2008.

CÂNDIDO, Joel. *Direito eleitoral brasileiro.* 15. ed. São Paulo: Edipro, 2012.

CASAROTTO, Moisés. In: HAMMERSCHMIDT, Denise (org.). *Crimes eleitorais comentados e processo eleitoral.* Curitiba: Juruá, 2022.

CASTRO, Edson de Resende. *Curso de direito eleitoral.* 9. ed. rev. e atual. Belo Horizonte: Del Rey, 2018.

COOK, Rebecca J.; CUSACK, Simone. *Gender stereotyping:* transnational legal perspectives. Pennsylvania: University of Pennsylvania Press, 2010.

COSTA, Adriano Soares da. *Inelegibilidade, elegibilidade, não-elegibilidade e cassação do registro.* 2009. Disponível em: https://capa.tre-rs.jus.br/arquivos/ADRIANO_COSTA_inelegibilidade_cassacao_registro.pdf. Acesso em: 28 abr. 2022.

FERNANDES, Silmar; MARTINS, Fernanda Rocha. *A inelegibilidade na aplicação do acordo de não persecução penal aos crimes eleitorais.* Disponível em: https://www.conjur.com.br/2020-set-25/fernandes-martins-inelegibilidade-aplicabilidade-acordo-nao-persecucao-penal-aos-crimes-eleitorais. Acesso em: 12 fev. 2022.

GOMES, José Jairo. *Crimes e processo penal eleitorais.* 4. ed. São Paulo: Atlas, 2020.

GOMES, José Jairo. *Direito eleitoral.* Belo Horizonte: DelRey, 2008.

GOMES, José Jairo. *Direito eleitoral.* 6. ed. São Paulo: Atlas, 2011.

GOMES, José Jairo. *Direito eleitoral.* 14. ed. São Paulo: Atlas, 2018.

GOMES, José Jairo. *Direito eleitoral.* 18. ed. São Paulo: Gen-Atlas, 2022.

GOMES, Suzana de Camargo. *Crimes eleitorais.* 2. ed. São Paulo: Revista dos Tribunais, 2006.

GONÇALVES, Luis Carlos Ferreira. Nota sobre os crimes de violência política. Disponível em: http://genjuridico.com.br/2021/09/20/crimes-de-violencia-politica/. Acesso em: 2 fev. 2022.

JORGE, Flávio Cheim. A ação eleitoral como tutela dos direitos coletivos e a aplicação subsidiária do microssistema processual coletivo e do CPC. *Revista Brasileira da Advocacia*, 2016, jan./mar. 2016. Disponível em: http://www.mpsp.mp.br/portal/page/portal/documentacao_e_divulgacao/doc_biblioteca/bibli_servicos_produtos/bibli_boletim/bibli_bol_2006/RBA_n.0.07.PDF.

LUCON, Paulo Henrique dos Santos. Relação entre demandas eleitorais. In: *Direito eleitoral*: aspectos materiais e processuais, p. 397-408. Disponível em: http://lucon.adv.br/2016/wp-content/uploads/2018/03/Relacao-entre-demandas-eleitorais.pdf. s.d.

MENDES, Gilmar Ferreira. *Curso de direito constitucional*. São Paulo: Saraiva, 2016.

NETO BARREIROS, Jaime. *Código Eleitoral para concursos*. Salvador: JusPodivm, 2019.

NETO BARREIROS, Jaime. *Direito eleitoral*. Salvador: JusPodivm, 2020.

PELEJA JÚNIOR, Antonio Veloso. *Direito eleitoral*: aspectos processuais, ações e recursos. Curitiba: Juruá, 2016.

PINHEIRO, Igor Pereira. *Condutas vedadas aos agentes públicos em ano eleitoral*. Leme: Editora Jhmizuno, 2020.

PINHEIRO, Igor Pereira. *Novos crimes contra o Estado Democrático de Direito*. Leme: Editora Jhmizuno, 2022.

QUEIROZ, Ari Ferreira de. *Direito eleitoral*. 4. ed. Goiânia: IEPC, 1998.

RAMAYANA, Marcos. *Direito eleitoral*. 15. ed. Niterói: Impetus, 2016.

SILVA, José Afonso da. *Curso de direito constitucional positivo*. São Paulo: Malheiros, 1993.

SOUZA, Renee do Ó de. Compliance e Lei Anticorrupção. Disponível em: https://www.tcm.go.gov.br/escolatcm/wp-content/uploads/2018/12/Compliance-e-Lei-Anticorrup%C3%A7%-C3%A3o-RENEE-DO-O-SOUZA.pdf. Acesso em: 28 abr. 2022.

SOUZA, Renee do Ó; KATAOKA, Leonardo Yukio D. S. A efetivação dos direitos políticos positivos por meio das candidaturas avulsas e o papel do Ministério Público. *Revista do Ministério Público do Estado do Rio de Janeiro*, Rio de Janeiro, n. 72, p. 172, abr./jun. 2019. Disponível em: https://www.mprj.mp.br/documents/20184/1344914/Leonardo_Yukio_D_S_Kataoka.pdf.

TSE. *Guia orientativo*: aplicação da Lei Geral de Proteção de Dados Pessoais (LGPD) por agentes de tratamento no contexto eleitoral – ANPD e TSE. Disponível em: https://www.tse.jus.br/hotsites/catalogo-publicacoes/pdf/guia-orientativo-aplicacao-da--lgpd.pdf. Acesso em: 28 abr. 2022.

VASCONCELOS, Clever; DA SILVA; Marco Antonio. *Direito eleitoral*. São Paulo: Saraiva, 2020.